党校研究成果系列

公共部门
人力资源战略与管理

王健◎主　编
唐巍◎副主编

天津出版传媒集团

天津人民出版社

图书在版编目（ＣＩＰ）数据

公共部门人力资源战略与管理／王健主编. −− 天津:
天津人民出版社, 2017.7
　（党校研究成果系列）
　ISBN 978-7-201-12201-4

　Ⅰ.①公… Ⅱ.①王… Ⅲ.①公共部门—人力资源管
理—中国—研究生—教材 Ⅳ.①D630.3

中国版本图书馆 CIP 数据核字（2017）第 172171 号

公共部门人力资源战略与管理
GONGGONGBUMEN RENLIZIYUANZHANLUE YU GUANLI

出　　版	天津人民出版社
出 版 人	黄　沛
地　　址	天津市和平区西康路35号康岳大厦
邮政编码	300051
邮购电话	（022）23332469
网　　址	http://www.tjrmcbs.com
电子信箱	tjrmcbs@126.com

策划编辑	王　康
责任编辑	林　雨
特约编辑	王　玿
装帧设计	明轩文化

印　　刷	高教社(天津)印务有限公司
经　　销	新华书店
开　　本	710 × 1000毫米 1/16
印　　张	21.25
插　　页	2
字　　数	330千字
版次印次	2017年7月第1版　2017年7月第1次印刷
定　　价	69.00元

序　言

　　当今时代,科学技术是第一生产力,人力资源是第一资源。公共部门人力资源的管理方法与管理水平直接关系公共部门的工作效率和公共部门在社会中的形象。党的十八届三中全会提出:"全面深化改革的总目标是完善和发展中国特色社会主义制度,推进国家治理体系和治理能力现代化。"要推进国家治理体系和治理能力的现代化,就离不开培养一大批立场坚定、业务过硬、作风优良的高素质公共部门工作人员,正如习近平总书记在全国党校工作会议上提出的"要打造一支具有铁一般信仰、铁一般信念、铁一般纪律、铁一般担当的干部队伍"。由此可见,加强公共部门的人力资源管理,从而达到选人精、用人准、培训专、考核严、赏罚明、规划细、职责清、氛围和的目标,显得尤为重要。

　　本书按照从宏观到微观、从历史到现实、从外国到本国、从问题到对策的逻辑顺序对公共部门人力资源管理进行具体阐述,在本书写作的过程中,我们查阅了大量的文献资料,吸收了在本研究领域的最新研究成果,并把理论与实践进行了有效的融合。本书的特点就是注重实际应用,特别是人力资源管理的操作方法与技术、相关案例分析,以及各种量表。为了拓展读者的知识和视野,我们在每章内容的最后提供了大量内容作为进一步阅读资料。

　　本书分为上下两篇,共十二章。上篇为公共部门人力资源战略,包括第一章,我国公共部门人力资源战略概述;第二章,影响公共部门人力资源战略的外部环境。下篇为公共部门人力资源管理,包括第三章,公共部门人力资源管理概述;第四章,公共部门人力资源管理的历史沿革;第五章,公共部门人力资源规划;第六章,公共部门人力资源的招录与甄选;第七章,公共部门人力资源培训与开发;第八章,公共部门人力资源绩效管理;第九章,公共部门薪酬与福利管理;第十章,公共部门劳动关系管理;第十一章,公共部门职业生涯管理;第十二章,公共部门员工心理健康与干预。

　　希望通过此书的出版，能够使读者对公共部门人力资源战略的制定与策划有所认识和了解，对公共部门人力资源管理的基本技术和方法，以及公共部门人力资源管理的基本流程能够掌握并运用，对于公共部门人力资源管理理论能够认真研读，从而在一定程度上提升公共部门人力资源管理的能力和水平。

　　本书的第一章、第三章、第七章、第八章、第九章、第十章、第十二章由王健撰写，第二章、第四章、第五章、第六章、第十一章由唐巍撰写，王健负责全书的统稿工作。在本书撰写的过程中，中共天津市委党校王晓霞教授、康之国教授、刘竞教授、郭岩副主任等专家和领导给予了很大的帮助，并提出了修改的意见和建议，我们在此一并表示感谢！

　　"雄关漫道真如铁，而今迈步从头越"，作为一名理论工作者和干部教育战线上的一名实践者，我们将继续前行，潜心钻研公共部门人力资源管理领域的前沿理论，认真总结公共部门人力资源管理方面的良好实践经验，从而不断提升自己的教学能力和科研水平。

王健、唐巍

2016年11月

目　录

第一篇　公共部门人力资源战略

第一章　我国公共部门人力资源战略概述 / 3
第二章　影响公共部门人力资源战略的环境 / 24

第二篇　公共部门人力资源管理

第三章　公共部门人力资源管理概述 / 49
第四章　公共部门人力资源管理的历史沿革 / 76
第五章　公共部门人力资源规划 / 117
第六章　公共部门人力资源的招录与甄选 / 138
第七章　公共部门人力资源培训与开发 / 173
第八章　公共部门人力资源绩效管理 / 195
第九章　公共部门薪酬与福利管理 / 218
第十章　公共部门员工关系管理 / 245
第十一章　公共部门职业发展管理 / 269
第十二章　公共部门员工心理健康与干预 / 290

参考文献 / 330

第一篇　公共部门人力资源战略

第一章
我国公共部门人力资源战略概述

人力资源战略是组织人力资源管理水平不断提升、层次不断深入的产物，是组织人力资源管理发展到较高层次的产物。作为对组织人力资源管理工作的核心指引，人力资源战略决定着组织人力资源管理的最终成果。本章将介绍人力资源战略的内涵与特征、公共部门人力资源战略的重要作用、公共部门人力资源战略的目标、公共部门人力资源战略的制定与实施等内容。

一、人力资源战略的内涵与特征

（一）公共部门的界定

我们这里所讲的公共部门，是指被国家授予公共权力，并以社会的公共利益为组织目标，管理各项社会公共事务，向全体社会成员提供公共服务的组织。主要包括政府部门、事业单位和主要从事公益性事业的社会团体。

（二）人力资源战略的内涵

人力资源战略就是组织为适应外部环境变化的需要和人力资源开发与管理自身发展的需要，根据组织发展战略而制定的人力资源开发与管理的具有长远性、纲领性的长远规划。[1]

我们认为，公共部门人力资源战略就是按照政府及其他公共部门的总

---

[1] 参见陈维政、余凯文、程文文：《人力资源管理与开发高级教程》（第二版），高等教育出版社，2004年。

体工作战略而制定的公共部门在人力资源的甄选、录用、开发、绩效管理、薪酬福利、职业生涯管理等方面的总体规划。

（三）人力资源战略的特征

詹姆斯·W.沃克将人力资源战略的特征总结为：

（1）通过研究现有人员利用状况以及工作量的预期变化，制订未来人员配置计划；

（2）控制对人员供给的短期需求，增加人才供给，促进招募与留住所需人才；

（3）用管理教育作为促进变革的手段；

（4）对管理人员及一般员工进行有关"抱负"的教育，为他们在新环境中工作提供技能方案和政策支持；

（5）扩展员工激励方案以及员工对组织的所有权；

（6）致力于招募稀缺型技能领域的人才以及特定国籍的人才。[①]

二、公共部门人力资源战略的重要作用

（一）人力资源战略是公共部门发展战略的核心

当今时代，科学技术是第一生产力，人力资源是第一资源。人才是公共部门的核心资源，人力资源战略处于公共部门发展战略的核心地位。公共部门的发展取决于公共部门战略决策的制定，而最终起决定作用的还是公共部门对高素质人才的拥有量。有效地利用与公共部门发展战略相适应的行政管理和专业技术人才，最大限度地发掘他们的才能，可以推动公共部门战略的实施，促进公共部门的飞跃发展。

（二）人力资源战略可提高公共部门的工作绩效

员工的工作绩效是公共部门效益的基本保障，公共部门绩效的实现是

---

① 参见[美]詹姆斯·W.沃克：《人力资源战略》，吴雯芳译，中国人民大学出版社，2001年。

通过向社会成员有效地提供公共部门的产品和服务体现出来的。而人力资源战略的重要目标之一,就是实施对提高公共部门绩效有益的活动,并通过这些活动来发挥其对公共部门成功所做出的贡献。过去,人力资源管理是以事务性人事管理工作为主,主要考虑做什么,而不考虑管理成本和人力的需求,但是经济发展正在从资源型经济向知识型经济过渡,公共部门人力资源管理也就必须实行战略性的转化。人力资源管理者必须把他们活动所产生的结果作为公共部门的成果,特别是作为人力资源投资的回报,使公共部门获得更多的社会效益。从公共部门战略上讲,人力资源管理作为一个战略杠杆,它能有效地影响公共部门的工作绩效。人力资源战略与公共部门业务战略结合,能有效推进公共部门的结构调整和优化,促进公共部门战略的成功实施。

(三)对公共部门管理工作具有指导作用

人力资源战略可以帮助公共部门根据环境变化与人力资源管理自身的发展,建立适合本公共部门特点的人力资源管理方法。如根据内部、外部环境变化确定人力资源的长远供需计划;根据员工期望,建立与公共部门实际相适应的激励制度;用更科学、先进、合理的方法降低人力成本;根据科学技术的发展趋势,有针对性地对员工进行培训与开发,提高员工的适应能力,以适应未来经济社会发展的要求,等等。一个适合公共部门自身发展的人力资源战略可以提升公共部门人力资源管理水平,提高人力资源质量,可以指导公共部门的人才建设和人力资源配置,从而使人才效益最大化,将人力资源由社会性资源转变成公共部门性资源,最终转化为公共部门的现实劳动力。人力资源战略是实现公共部门战略目标,获得公共部门最大绩效的关键。研究和分析人力资源战略,有利于提升公共部门自身的竞争力,是达到人力资本储存和扩张的有效途径。人力资源战略在公共部门实施过程中必须服从公共部门战略,公共部门战略形成的实际中也必须积极考虑人力资源因素,二者只有达到相互一致、相互匹配,才能促进公共部门全面、协调、可持续发展。

三、公共部门人力资源战略的目标

(一)造就一支善于治党理政的党政管理人才队伍

党政管理人才队伍关系党的执政全局和国家的长治久安,关系社会各项事业的长远发展,培养一支靠得住、过得硬、有本事的党政管理人才队伍,是实现党和国家发展战略和各项工作目标的关键。因此,必须坚持科学发展观,必须以"四个全面"战略布局统领公共部门的人才队伍建设工作,高标准、严要求地建设一支全心全意为人民服务、廉洁奉公、甘当公仆、依法行政、依法办事、善于把握宏观形势和勇于改革创新的高素质的公共部门人力资源队伍。

(二)造就一支高素质的专业技术人才队伍

造就一支站在世界前沿水平的学科带头人队伍,能够掌握和运用先进科学技术并且自主创新能力较强的科学技术人才,善于运用科学的世界观和方法论研究和解决经济和社会发展中的实际问题,富于创造性的哲学社会科学人才,高素质的各类专家人才,只有打造这样一支高素质的专业人才队伍,才能提升国家的经济实力、科技实力和国际竞争力。

(三)造就一支素质优良、勇于创新的青年人才队伍

培养造就一批青年人才,是实现各地经济社会可持续发展的需要。必须建立和完善各级各类青年人才管理制度,支持青年优秀人才脱颖而出,引导青年人把个人成长与国家发展、社会进步等各项事业紧密结合起来,鼓励他们在艰苦复杂环境和丰富的社会实践中锻炼成长,在重大科研项目和工程项目实施中把培养青年人才作为一项重要任务。高等院校毕业生是社会宝贵的人才资源,是青年人才的重要来源,各级党委政府必须高度重视,坚持以社会需求为导向,建立完善高校毕业生就业工作机制,切实使用好这一宝贵资源。

(四)造就一支庞大的社会工作人才队伍

一般而言,社会工作是一种由政府、事业单位和民间社会团体提供的福利性和公益性的服务,社会工作人才主要以助人为宗旨,运用专业知识、理论和方法,从事协调社会关系、预防和解决社会问题、促进社会公正的事务,社会工作事关构建和谐社会的大局,是现代文明不可或缺的"润滑剂"和"安全阀",发挥着预防和解决社会问题、维护社会稳定、促进社会和谐进步的重要作用。当前,社会工作面临社会转型带来的深刻变化,在这一转型时期,各种社会问题会大量涌现,而且问题的复杂性、多样性明显增强,解决问题的难度也在不断增大,这些社会问题对社会福利、社会救助、社区服务等专业化社会工作的需求越来越多,要求越来越高,因此必须培养一支高素质的社会工作专业人才队伍,在社会工作中不断创新管理方式,拓宽服务范围,提高工作质量和专业化水平,发挥社会工作在解决社会矛盾、促进社会和谐的重要基础作用。

四、公共部门人力资源战略的制定与实施

(一)公共部门人力资源战略的制定

1. 公共部门人力资源战略制定的特点

一是公共部门人力资源战略目标呈多元化的特点。对于企业来讲,人力资源战略的目标要服从和服务于追求经济效益最大化的目标。而对于公共部门来讲, 追求的目标是多元的, 一方面公共部门要为公众提供更多的公平、公开、公正的环境,满足公众的利益和需求,另一方面也要求公众承担一定的社会责任,同时公共部门要优化流程,构建良好的体制机制。既然公共部门的发展目标和战略是多元化的, 那么公共部门的人力资源战略也应该是多元化的,这意味着在制定公共部门人力资源规划时要考虑更多的因素。

二是公共部门人力资源基础工作较为薄弱。我国大部分公共部门人力资源管理工作还处在传统的人事管理阶段,人力资源管理基础工作比较薄弱,难以发挥人力资源管理对公共部门发展目标的战略支持作用。这主要表

现在日常人力资源管理工作缺乏规范的流程和标准，仍然存在着按照主观经验办事的情况；岗位分析不到位，各个岗位职责和权限不清晰；人员考核形式化，缺乏与岗位相对应的绩效考评指标体系；激励机制不完善，虽然有绩效工资，但是没有真正地按照绩效工资的运行机制去运作，没有充分发挥绩效工资的激励作用。

三是公共部门人力资源战略制定的影响因素较多。一方面，由于企业拥有人事自主权，人力资源管理一般遵循劳动法和相关法规即可，因而在制定人力资源战略时具有较大的灵活性，而公共部门人力资源战略的制定受法律法规和其他影响制约因素很多。以政府部门为例，政府部门的人力资源战略编制需要遵守《中华人民共和国公务员法》等一系列相关法规、规章及政策性文件，涵盖了公共部门人力资源管理的各个环节（包括录用、工资、考核、轮岗、升降、任免、辞职与辞退、培训、奖励等方面）。此外，公共部门人力资源战略的制定还要受到编制、职数以及财政等多方面因素的影响。另一方面，公共部门人力资源战略制定的影响范围大，所受公众制约因素较多。与企业相比，由于公共部门的一举一动都会引起社会的高度关注，因此公共部门的人力资源战略（比如说机关单位精减人员战略）活动可发挥的空间不大，所受制约因素较多。

2. 公共部门人力资源战略制定的信息收集与加工方法

（1）信息收集方法

充足而有效的信息是公共部门人力资源战略制定的保证。信息的收集可以来自文献研究、调查问卷和访谈。

文献研究法是通过阅读公共组织内部的历史资料、相关文件以及国内外标杆公共部门组织的相关人力资源战略资料而获取有用信息的方法。优点是能够获取组织内外纵向与横向大量的人力资源信息，吸取标杆组织的实用经验。

采取调查问卷收集信息的优点是调查范围广、效率高，而且收集来的信息可以通过描述统计和推断统计进行现状研究和预测未来，缺点是问卷信息有限，不易获得更深入的信息。

访谈则和调查问卷相反，它是通过与被调查者面对面，或者电话采访的方式获取信息的方式，适合于询问不具备多项选择答案的问题，容易得到问卷法难以得到的资料，缺点就是样本数量有限，而且费时。

（2）现状分析和预测分析方法

在收集到原始信息的基础上，我们还需要运用统计工具对原始信息进行分析加工，通过加工了解现在和预测未来。现状分析和预测分析方法都是利用调查问卷所收集的资料和内部资料，运用统计工具进行分析的方法。现状分析主要是分析公共组织构成的性别、年龄、职称、学历等人力资源队伍的结构现状以及被调查者对人力资源战略问题的相关看法，运用的描述统计方法主要有频数分布分析、交叉分析、均值分析等。

由于人力资源战略是对未来几年人力资源重点工作的展望，因而预测分析也是常用的统计分析手段。所运用的统计方法主要有回归分析、时间序列分析等方法。

3. 公共部门人力资源战略制定的工具选择

（1）SWOT矩阵法

SWOT矩阵法是比较经典的人力资源战略分析方法，它是一种对公共组织优势、劣势、机会和威胁的分析。优势和劣势是组织内部的因素，而机会和威胁是组织外部的因素。威胁是组织外部对组织运行不利，影响组织无法实现既定目标的因素；机会是指能够不断帮助公共部门实现目标的外部因素。而优势和劣势分别是指公共部门内部实现人力资源战略的有利之处和不利之处。在收集完组织内部和外部的信息之后，再将各因素进行评分，按因素的重要程度加权求和。在制定人力资源战略时应尽可能采取一些措施将威胁消除掉，利用并扩大公共部门已有的优势。

（2）问题导向法

问题导向法是指根据问题确定人力资源战略的一种方法。具体来讲，就是在制定人力资源战略时，围绕公共部门目前和将来会出现的主要问题，在一定的约束条件和可利用的资源下，提出相应对策的一种战略分析方法。由于这种方法牢牢抓住了人力资源战略的关键之处，因此问题导向法也是一种应用广泛的人力资源战略分析方法。

（3）PEST法

PEST法主要是分析人力资源战略制定的宏观环境分析方法，即公共部门人力资源战略所面临的来自政治、经济、社会、技术方面的影响。公共部门的环境中政治因素是首先需要考虑的因素，目前不少政府部门之所以开始制定人力资源战略，这与我国政府高度重视人才工作、提出"人才强国战略"高度相关；从经济方面看，加入WTO与世界经济一体化也同时意味着我国的公共部门政策的制定、政策出台的程序也需要考虑全球性经济因素；从社会方面看,公共部门从管理行政向服务行政转变,由过去重管理轻服务,"以政府为中心"到开始注重公共服务,"以满足公众需求为中心"的转变;从技术方面看,信息革命所引发的电子政务运动也是不可忽视的因素之一。这四个方面的影响意味着公共部门过去的人力资源工作重心应该随之改变,人力资源培养工作也应与时俱进,以适应来自政治、经济、社会、技术方面的要求。

(二)公共部门人力资源战略的实施

1. 公共部门人力资源战略实施的步骤

第一步:明确公共部门人力资源战略的总体目标。

在这一阶段,主要明确公共部门在选人、育人、用人、留人等方面的总体目标,只有在人力资源战略总体目标清晰的前提下,各个下属单位才能有的放矢,制定合理的人力资源规划和具体的工作计划。

第二步:将人力资源战略总体目标进行分解。

在这一阶段,将公共部门的人力资源战略进行分解,细化为人力资源招聘、培训、绩效管理、薪酬福利、员工职业生涯管理等各个分目标,然后将人力资源战术目标分解到各个相关部门。

第三步:各个相关部门认真执行公共部门人力资源的战术目标。

在这一阶段,将公共部门的战略目标分解后的战术目标进行细化,细化为短期和中期的具体工作计划,然后各个相关部门分别认真贯彻和执行。

第四步:对实施结果进行评估和反馈。

在这一阶段,公共部门的人力资源管理机构对人力资源战略的贯彻执行情况进行评估,并听取相关部门的工作汇报,反馈相关问题,从而有效调整公关部门的人力资源战略。

2. 公共部门人力资源战略实施的基本策略

(1)完善用人机制,建立公共部门的人力资源管理体系

人才资源是第一资源,公共部门需要贯彻落实科学的人才发展观,建立健全公共部门的人力资源管理体系。一方面,公共部门需要严格按照国家人社部发布的公共部门公开招聘相关规定的要求开展外部人才的引进工作,保证招聘工作中的公平、公正、公开,广纳贤才、唯贤是举,积极吸引外部高素质人才为公共部门服务,充分发挥公共部门的社会服务型职能;另一方面,公共部门需要转变传统的以人员管理为中心的人力资源管理模式,充分

意识到现代化人力资源管理工作对于公共部门高效开展各项社会服务工作的重要性，提高对人力资源管理的重视程度，坚持以人为本，树立现代化人力资源管理观念，严格遵守国家有关部门的相关规定，科学设置人力资源管理的部门和岗位，合理安排专业人员负责本单位人力资源管理工作，为公共部门顺利开展人力资源管理工作提供制度保障。

（2）建立人才培养机制，为公共部门人才提供更多的发展机遇

建立公共部门的人才培养机制，有利于公共部门的可持续发展，有利于打造一支素质过硬、作风优良的公共部门人才队伍。为此，要做到以下两点：

一是要制定科学有效的人才培养计划。基层机关、事业单位领导要加大对人才管理的重视，认识到人才是新时期做好基层机关、事业单位工作事务的基础，切实把工作人员的培养工作当成一个长效机制来抓，根据本单位的实际情况、岗位设置、工作人员专业类别及综合素养等实际情况，做好摸底调查，制定科学合理的人才培养计划，定期或不定期地对单位员工开展丰富多样的人才培养活动。

二是人才培养工作要体现公平性。公平的竞争环境能够激发基层机关、事业单位工作人员的工作积极性，也有助于建立良性的单位内部竞争机制。基层机关、事业单位在对员工进行培养时，要坚持公平性，让肯付出的人得到机会，让敢付出的人抓住机会，让慵懒的人失去机会。

（3）完善人才激励机制，激励先进带动后进

完善公共部门的人才激励机制，可以充分调动公共部门员工的工作积极性，可以从以下方面进行：

一是建立完善的人才奖惩机制。既要建立奖励激励机制，也要建立惩罚激励机制，对工作中的优秀人员给予精神和物质的奖励，而对于工作中不合格的工作人员则应给予纪律处分和党内处分，切实发挥奖惩机制的双向激励作用。

二是正确发挥绩效考核的激励作用。绩效考核是对公共部门工作人员一定时期内工作状态和工作结果的考评，是对这一考核期中优秀工作人员所取得结果的肯定，是对他们工作热情的赞扬。基层机关、事业单位必须充分发挥绩效考核的激励作用，具体来讲就是制定严格的绩效考核标准，并且严格地将这一标准执行下去。比如根据这一年中的考勤情况、工作态度、工作结果等多重指标，对工作人员进行考核，考核结果为优秀者，绩效奖励可以给予一定程度的提高，同时对其他工作人员也是一种促进和激励。

三是根据公共部门的具体情况，积极探索不同形式的收入分配和激励办法，大胆探索高层次人才、高技能人才的协议工资制和项目工资制等多种分配形式。

（4）端正晋升理念，加快薪酬福利制度改革

一方面，端正公共部门基层单位工作人员的晋升观念，引导基层公共部门工作人员，把更多的精力放在为公众服务的工作上，正确看待工作付出程度与晋升空间之间的关系，肯定基层公共部门工作人员付出。另一方面，加快基层公共部门薪酬福利制度的改革及落实。这两年关于基层公务人员工资福利改革的呼声越来越高，也有不少学者提出按工龄提升基层公共部门工作人员的薪酬福利待遇，让他们通过工龄的增加提高待遇，弥补他们心理的不平衡，杜绝工作人员之间的恶性竞争。当前的当务之急就是尽快确定基层公共部门工作人员的薪酬福利改革机制，切实提高基层公共部门工作人员的工资和福利待遇水平。

知识点提要：

（1）公共部门的界定。我们这里所讲的公共部门，是指被国家授予公共权力，并以社会的公共利益为组织目标，管理各项社会公共事务，向全体社会成员提供公共服务的组织。主要包括政府部门、事业单位和主要从事公益性事业的社会团体。

（2）人力资源战略的内涵。我们认为，公共部门人力资源战略就是按照政府及其他公共部门的总体工作战略而制定的公共部门在人力资源的甄选、录用、开发、绩效管理、薪酬福利、职业生涯管理等方面的总体规划。

（3）公共部门人力资源战略的重要作用。一是人力资源战略是公共部门发展战略的核心；二是人力资源战略可提高公共部门的工作绩效；三是对公共部门管理工作具有指导作用。

（4）公共部门人力资源战略的目标。一是造就一支善于治党理政的党政管理人才队伍，二是造就一支高素质的专业技术人才队伍，三是造就一支素质优良、勇于创新的青年人才队伍，四是造就一支宏大的社会工作人才队伍。

（5）公共部门人力资源战略制定的特点。一是公共部门人力资源战略目标呈多元的特点，二是公共部门人力资源基础工作较为薄弱，三是公共部门人力资源战略制定的影响因素较多。

（6）公共部门人力资源战略实施的基本策略。一是完善用人机制，建立公共部门的人力资源管理体系；二是建立人才培养机制，为公共部门人才提供更多的发展机遇；三是完善人才激励机制，激励先进带动后进；四是端正晋升理念，加快薪酬福利制度改革。

复习思考题：

1. 什么是人力资源战略？
2. 人力资源战略的特征有哪些？
3. 公共部门人力资源战略的作用有哪些？
4. 公共部门人力资源战略的目标是什么？
5. 公共部门人力资源战略制定的特点有哪些？
6. 公共部门人力资源战略制定的工具有哪些？
7. 公共部门人力资源战略实施的基本步骤有哪些？
8. 公共部门人力资源战略实施的基本策略有哪些？

进一步阅读：

人才强国战略

人才强国战略从当代世界和中国深刻变化着的实际出发，根据党和国家事业发展的迫切要求而做出的重大决策。人才强国战略作为一项国家的重大战略，有着丰富而深刻的科学内涵。人才强国战略的提出和实施，解决了中国人才资源发展的指导思想、方针原则、战略目标与重大问题，为中国人力资源开发提供了思想保证、组织保证和制度保证，是改革开放30年来中国经济社会科学发展鸿篇巨制中的一个壮丽篇章。

一、人才强国战略的内涵

人才强国战略的核心是"人才兴国"。国家兴盛，人才为本。依靠人才兴邦，走人才强国之路，大力提升国家核心竞争力和综合国力，是人才强国战略的核心要义，概言之就是"人才兴国"。这里，"强国"，是指增强国力、振兴国家,即大力提升国家核心竞争力和综合国力。对此,《2002—2005年全国人才队伍建设规划纲要》明确指出:抓住机遇,迎接挑战,走人才强国之路,是增强综合国力和国际竞争力,实现中华民族伟大复兴的战略选择。党的前任总书记胡锦涛同志在全国人才工作会议上进一步强调,要"把实施人才强国战略作为党和国家一项重大而紧迫的任务抓紧抓好","大力提升国家核心竞争力和综合国力, 为全面建成小康社会和实现中华民族的伟大复兴提供重要保证"。人才强国战略的目标指向是建设"现代化强国"。作为国家发展战略,人才强国战略必须与国家发展的战略目标保持一致和协调,为实现这一目标提供人才保证和智力支持。进入21世纪,中国现代化建设的总体目标是,到2020年实现全面小康,到21世纪中叶基本实现现代化,把中国建设成为富强民主文明和谐的社会主义国家。在这个意义上,建成全面小康社会和现代化强国,也是中国到2020年和到21世纪中叶实施人才强国战略的目标。

人才强国战略的工作重心是建设"人才资源强国",充分发挥人才的作用。全面建成小康社会和实现中华民族伟大复兴的中国梦,都必须有"人才资源强国"作支撑,充分发挥人才的作用。因此,大力实施人才强国战略的工作重心应当落在"人才资源强国"的建设和充分发挥人才的作用上,要调动各方面的积极性,通过各种途径,大力开发人才资源,加快中国从人口大国向人才资源强国转变的进程,努力造就一支规模宏大、素质优良、结构合理、活力旺盛, 既能满足中国经济社会发展需要, 又能参与国际竞争的人才大军,为实现21世纪我国经济社会发展的宏伟目标提供坚强有力的人才保证。

二、实施人才强国战略的工作重点

当今时代,科学技术是第一生产力,人才资源是第一资源。国以才兴,业以才旺。人才强国战略正是党和国家面对新世纪、新阶段的发展任务和时代挑战提出的一项重大战略。全面贯彻落实科学发展观,建设创新型国家,构建社会主义和谐社会,推进社会主义现代化建设,不断开创中国特色社会主义新局面,确保中国在复杂多变的世界中始终保持战略主动地位,客观要求党和国家必须拥有浩浩荡荡、朝气蓬勃的党政领导人才、经营管理人才、专业技术人才队伍。正是在这个意义上,2007年的《政府工作报告》明确提出要继续实施人才强国战略,并对实施人才强国战略的工作重点作了明确阐述,主要有四个方面:

第一，加快推进以高层次、高技能人才为重点的各类人才队伍建设，大力培养一批自主创新的领军人物和中青年高级专家。一是以创新型科技人才队伍建设为重点，大力加强高层次专业技术人才队伍建设。需要进一步研究制定加强创新型科技人才队伍建设的政策措施，加快各类专业技术人才的培养和继续教育，继续抓好"新世纪百千万人才工程""高等学校高层次创造性人才工程""百人计划"等项目的实施工作，拓宽高层次人才开放式培养渠道，扩大公派出国留学规模，做好高层次人才出国（境）培训工作。通过这些工作，努力培养自主创新的领军人物和中青年高级专家。二是进一步加强高技能人才工作。高技能人才是生产劳动第一线的重要骨干力量，对实现经济又好又快的发展具有重要意义。要继续贯彻落实《关于进一步加强高技能人才工作的意见》，建立健全高技能人才校企合作培养制度，加强公共培训基地建设和职业院校师资队伍建设。

第二，加快人事制度改革，促进人才合理流动。人才培养出来了，能否实现最优化的配置，能否充分发挥作用，有多方面的相关因素。其中一个起着根本作用的要素就是人事制度。经过多年的努力，在人事制度改革方面取得了极大的进展，但仍然存在一些不利于人才合理流动、实现最优化配置的制度障碍。因此，要积极推进事业单位人事制度改革，继续深化机关事业单位工资收入分配制度改革，进一步健全和完善人才激励保障机制。要加快推进市场配置人才资源，健全完善人才市场服务体系，引导各类人才向农村、基层、边远地区和艰苦行业流动，促进人才在城乡、区域、行业间的合理流动和优化配置，促进人才服务业的健康发展。

第三，鼓励出国留学人员回国工作、为国服务，进一步做好吸引、聘用境外高级专门人才工作。实施出国留学政策，是中国改革开放基本国策的一个重要方面。改革开放之初，党和国家就决定派出留学人员，充分表明党和国家始终是将人才队伍建设摆在社会主义现代化建设全局之中的。对于一时没有能力或能力不足的专业领域，向发达国家派出留学生，借助发达国家的力量加快培养。这一政策的实施，取得了巨大成效，对社会主义现代化建设的顺利推进发挥了巨大作用。在充分认识出国留学工作取得的成绩的基础上，着眼国家发展需要，要继续坚持"支持留学、鼓励回国、来去自由"的出国留学工作方针，为中国公民出国留学提供便利的服务。要深刻认识出国留学人员是国家宝贵的人才资源，积极吸引留学人员回国工作，鼓励留学人员以多种方式为国服务。要探索建立有效地吸引留学人才工作机制和工作载体，加快构建留学人员回国服务体系,加大留学人员创业园建设力度。继续推进"春晖计划"等吸引留学人员回国工作、为国服务的工作。与此同时,要进一步重视做好引进国外智力工作,充分发挥高等学校、国家科研院所等在集聚高层次人才方面的战略高地作用,努力吸引、聘用更多的境外高级专门人才。

第四,在全社会弘扬尊重劳动、尊重知识、尊重人才、尊重创造的良好风气。实施人才强国战略,加强各方面人才队伍建设,需要各级党委、政府和社会各界的共同努力。一个重要的方面,就是要在全党全社会形成尊重人才的社会风气。这就不仅需要对科学人才的尊重,尤其重要的是要尊重生产劳动第一线的技能型人才,真正形成科学的人才观,尊重一切有一技之长人才的劳动、知识、创造。只有这样,才能够在全社会形成学习光荣、劳动光荣、创造光荣的观念,引导社会各界人士共同形成有利于人才发挥聪明才智的社会氛围。各级政府应当从当地实际出发,认真解决影响人才队伍建设的认识问题、舆论问题、制度机制问题,把弘扬尊重劳动、尊重知识、尊重人才、尊重创造的良好风气作为践行"三个代表"重要思想、全面贯彻落实科学发展观、实施人才强国战略的重要工作。

三、实施人才强国战略的关键性问题

(一)观念问题

实施人才强国战略,必须解放思想,更新观念。必须充分认识到,在各种资源中,人才资源是第一资源,人才的数量、质量、结构和作用的发挥,直接关系国家、地区和企事业的兴盛衰亡。要尊重人才、爱惜人才,将人才问题置于各项工作的中心位置。要认识到人才有优点,也有缺点,要用其所长,避其所短;要为人才提供用武之地,减少和消除人才的后顾之忧;人才有价,既要重视精神激励,更要重视物质激励;要因需设岗,因岗择人,因能授职,小材不可大用,大材也不可小用;要将人才的使用与开发有机结合起来。只有克服陈腐落后的思想观念,真正树立起现代人才观,才能为实施人才强国战略奠定科学的思想基础。

（二）理论问题

科学的理论,既是对实践经验的科学总结,又对实践具有重要的指导作用。20世纪80年代,人力资本理论、人力资源开发与管理理论传入中国,在中国大地逐渐掀起了人力资源开发与管理理论的研究热潮。与此相伴随,人才问题的理论研究也取得了丰硕成果。但时至今日,结合中国实际的人才理论研究尚显不足,有关人才资源的一些重大理论与实际问题的研究亟待深入。如人才的概念、范围与判断标准;人才的成长规律;人力资源开发系统的优化组合;人力资源开发投入及资金的有效利用;人才资源的合理布局;人力资源配置的市场化与人才合理流动;人才资源的素质能力测评;如何创造优秀人才脱颖而出的环境;如何构建吸引和留住人才的强磁场;如何改革和创新人才资源管理体制,充分发挥人才资源的作用;如何创建科学有效的人才资源激励机制与约束机制,等等。对这些具有现实意义的理论问题与实际问题给予科学的理论解答,能够为有效实施人才强国战略提供具体的理论指导。

（三）开发问题

中国是人力资源大国,但还不是人才资源强国。因此,建设一支宏大的高素质的人才队伍,是实施人才强国战略的重要基础和前提,也是人才强国战略的重要组成部分。中华人民共和国成立以来,特别是改革开放以来,中国人力资源开发成效显著,初步形成了一支数量可观的人才队伍。但这支队伍无论在数量上,还是在整体素质上,都不能完全适应人才强国战略的需要。世界现代化的成功经验表明,人才资源的快速增长是现代化建设的最直接、最重要的推动力量。这一经验及中国人才队伍的现状,要求在实施人才强国战略中,必须实行人力资源开发先导模式,大力开发人力资源,切实提高人才资源的整体素质。必须真正树立人才资源是第一资源的观念,把开发人力资源、提高人才资源的整体素质摆在各项工作的首位,高度重视,常抓不懈。要加大教育和培养的投入力度,切实提高教育经费和培训经费的使用效率。要继续改革教育和培训体制,树立大教育、大培训观念,建立学习型社会、学习型组织、学习型社区,使教育和培训系统真正做到早出人才、多出人才、出高质量人才。

（四）流失问题

20世纪70年代以来,随着科学技术的迅猛发展、产业结构的不断升级和管理科学水平的不断提高,一场世界性的人才争夺战日趋激烈。在这场人才争夺战中,中国一度处于被动和不利的地位,导致人才资源的大量流失。例如,从1978年到2002年底,中国出国留学人员共有58万人。加入WTO前后,中国出现第三次人才外流高峰。为政之道,重在得人。在日趋激烈的国际人才竞争中,中国必须尽快扭转被动和不利的局面,想方设法留住人才。为此,要从管理体制、政策法规、社会环境、舆论氛围、创业条件、薪酬待遇和后勤保障等方面,构建吸引人才和留住人才的强磁场,使中国的各行各业都成为相关人才施展才华、报效祖国、实现人生价值的大舞台。

（五）结构问题

目前,中国人才资源结构存在严重的不合理现象,表现在:

（1）专业结构不合理,长线专业人才较多,信息、金融、财会、外贸、法律、高新技术和复合型人才普遍短缺,特别是熟悉并善于运用世贸组织规则的人才,更是凤毛麟角。

（2）能级结构不合理,初、中级人才较多,高级人才总量严重不足。

（3）产业分布不合理,如第一产业科技人才严重短缺,第三产业内部人才结构也明显失衡。

（4）行业分布不合理,如企业中的专业技术人员比例过低,仅占35%,而美国从事科技开发的科学家、工程师80.8%在企业,英国为61.4%。

（5）地区分布不合理,如西部地区专业技术人才的密度（每万人口中的人才数量）仅为225人,而东部地区为302人,高级人才85%集中在东中部地区,其中绝大多数集中在大中城市。

（6）所有制间的分布不合理,如全国专业技术人才总量的74%集中在国有单位,非国有单位专业技术人才之和仅为26%。因此,必须按照统筹城乡发展、统筹区域发展、统筹经济社会发展、统筹人与自然和谐发展、统筹国内发展和对外开放的要求,大力调整和优化人才资源结构,实施人才资源的战略性重组,有效盘活人才资源存量,改进人才资源增量结构,使人才资源的宏观结构适应产业结构高级化的需要,适应经济、社会与环境协调发展的需要。

(六)体制问题

人才问题,说到底就是人才资源管理体制的问题。有了科学合理的人才资源管理体制,不仅能够使优秀人才脱颖而出,而且能够充分发挥人才资源的作用。近些年,中国通过深化干部人事制度改革,在搞活用人机制方面迈出了较大步伐,取得了明显成效。但从总体来说,科学的人才选拔任用机制和监督管理机制尚未完全建立起来。为此,一要建立健全客观、公正的人才资源评价体系和评价机制,为人才资源的科学管理提供准确的依据。评价人才,主要从两个角度:一是评估绩效,二是测评能力。评估绩效是为了奖惩,测评能力是为了选人用人,二者不能混淆,否则必然造成管理上的负效应。二要建立能力主义的管理体制和竞争机制,为充分发挥人才的作用搭建宽广的舞台。所谓能力主义管理体制,即唯有能者宜在其位。它是由三个系统有机组合而成,即公正评价系统、公正待遇系统和能力开发系统。在能力主义管理中,以公正评价为基础,对人才给予公正待遇。这里的待遇,包括职位、工资福利和荣誉等。经过评价,如果一个人有弱项或不足,则进入能力开发系统,进行培训和提高。很显然,能力主义管理具有鲜明的优点:①能够比较客观、公正地评价人的能力,为能者上、平者让、庸者下提供科学依据;②能够充分发挥人的才能,避免或减少人才资源的浪费;③将人才的使用与开发有机结合,不断提高人才资源的素质和能力,确保人才在较长的时间内持续发挥作用。三要建立更为科学的分配机制和激励机制,做到内部具有公平性,外部具有竞争力。建立科学的分配机制和激励机制,既能够消除人才的后顾之忧,又能够激发人才奋发向上、积极创业,为全面建成小康社会、实现社会主义现代化做出更大贡献。

四、实施人才强国战略的落脚点

(一)促进发展

21世纪头20年,是中国全面建成小康社会、开创中国特色社会主义事业新局面的重要战略机遇期,人才强国战略在这个重要的历史时期提出,必然把促进发展贯穿于人才工作的始终,要求始终坚持把促进经济社会的发展与人的发展作为工作的出发点和落脚点,坚持第一资源与第一要务的有机统一,坚持科学的发展观与科学的人才观的有机统一,坚持经济社会发展和人的全面发展的有机统一,做到人才工作的目标任务围绕发展来确定,人才工作的政策措施根据发展来制定,人才工作的成效用发展来检验。

(二)以人为本

人才强国战略是建立在马克思主义关于生产力和人的发展理论基础之上的,因而具有以人为本的重要特点。马克思主义关于生产力和人的发展理论认为:在社会的各种资源中,人才是最宝贵最重要的资源。人才资源是经济社会发展的动力源泉,人才资源开发是其他一切资源开发的前提条件,人才资源开发是经济社会可持续发展的最终基础。因此,人才强国战略把人才的开发提高到了目的论的战略高度,认为努力促进人的全面发展,不断提高工人、农民、知识分子和其他劳动群众以及全体人民的思想道德素质和科学文化素质,不断提高他们的劳动技能和创造才能,充分发挥他们的积极性、主动性、创造性,始终是社会主义初级阶段的重大战略任务。

(三)改革创新

人才强国战略是在建立健全和完善社会主义市场经济体制的历史条件下提出和实施的,因而带有改革创新的鲜明特点。人才强国战略坚持以改革创新为动力,根据完善社会主义市场经济体制的要求,对创新人才工作的体制机制提出了明确要求。在创新人才评价机制上,提出了建立以能力和业绩为导向的人才评价机制。在创新人才使用机制上,提出要建立以公开、平等、竞争、择优为导向,有利于优秀人才脱颖而出、充分施展才能的选人用人机制。在创新人才激励机制上,提出要以鼓励劳动和创造为根本目的,加大对人才的有效激励。把积极探索人才工作的新思路新方法,在人才的评价、使用、流动、激励等机制方面进行大胆创新,建立充满生机与活力的人才工作机制作为重要的战略目标。

（四）统筹协调

人才强国战略是在党的科学理论指导下逐步发展完善的，因而具有统筹协调的显著特点，高度重视坚持人才资源开发与经济社会发展相协调，坚持各类人才队伍建设相协调，推进人才资源整体开发。主要表现在五个方面：一是地区协调，东部人才开发要与中西部人才开发协调；二是产业、行业协调，要求合理配置三大产业和各个行业的人才，把人才优势真正体现到产业和行业优势中去；三是所有制协调，要求公有制组织人才开发与非公有制组织人才开发协调；四是城乡协调，城市人才开发与农村人才开发协调；五是国际国内协调，国内人才开发与国际人才开发协调，真正用好国际国内两种人才资源。针对中国人才工作协调发展中的薄弱环节，提出要进一步做好西部和民族地区人才工作，要重视非公有制经济组织和社会组织人才工作，要加强高技能人才和农村实用人才队伍建设，要大力抓好青年人才队伍建设。自觉落实科学发展观，全力搞好科学统筹，推进人才工作的协调发展是人才强国战略的基本要求。

（五）对外开放

人才强国战略是在经济全球化不断深入，人才在综合国力竞争中越来越具有决定性意义的历史条件下提出来的，因而具有对外开放的鲜明特点。人才强国战略在强调抓紧做好国内人才培养、吸引和用好各方面人才的同时，强调要充分开发利用好国际人才资源，加大吸引海外高层次留学人才回国工作的力度。重点吸引高层次人才和紧缺人才，加强团队引进、核心人才带动引进、高新项目开发引进，形成符合海外人才、留学人员特点的引才机制。

五、实施人才强国战略的成效

（一）确立科学人才观，党的人才理论成为全社会共识

新世纪新阶段，党和国家领导人顺应时代发展的要求，站在国家发展的

战略高度,立足于改革开放以来的丰富实践,在继承的基础上创新,提出了科学的人才观。科学人才观主要包括:人才资源是最重要的战略资源的观点,必须坚持以人为本的观点,人才在综合国力竞争中具有决定意义的观点,人才存在于人民群众之中的观点。科学人才观从理论上科学地解决了人才定义和人才标准问题,为人才强国战略的实施奠定了思想理论基础和广泛的群众基础。以人为本、"四个尊重"在全党上下和全社会达成了共识。

(二)提出党管人才,人才工作领导体制和运行机制基本形成

《中共中央、国务院关于进一步加强人才工作的决定》提出,大力实施人才强国战略,必须坚持党管人才原则。2003年6月,中央成立了人才工作协调小组。此后,全国各省区市先后成立了人才工作领导或协调机构,并在党委组织部门普遍设立了人才工作机构。在改革实践中,通过贯彻党管人才原则,落实搞好统筹规划,坚持分类指导,注重整合力量,积极提供服务,实行依法管理的工作要求,创新具体制度、程序和方法,一个党委统一领导,组织部门牵头抓总,有关部门各司其职、密切配合,社会力量广泛参与的人才工作领导体制和运行机制初步建立,为人才强国战略的实施提供了坚强的领导和组织保证。

(三)坚持市场导向,人才管理机制制度改革取得突破性进展

实施人才强国战略以来,党和国家坚持市场配置人才资源的改革取向,加强和改善宏观调控,推动人才管理机制制度的改革创新,取得了突破性进展,市场配置人才资源的基础性地位基本确立,"面向市场、自主选择"被越来越多的用人单位和求职者所采用,人力资源市场已经成为用人单位招聘、引进人才的主渠道。干部人事制度改革取得显著成效,《中华人民共和国公务员法》顺利实施;以聘用制改革为重点的事业单位人事制度改革不断深入,企业经营管理人才公开选拔任用机制进一步完善;干部人事宏观管理体系和政策法规体系逐步健全,体现了机关、企事业单位不同特点、分类管理、各具特色的人事管理制度初步建立。人才管理制度改革的不断深入和全面创新,为人才强国战略的实施提供了系统的制度支持。

（四）加大开发力度，人才队伍得到长足发展

通过长期的建设发展，中国已初步建成了规模宏大、专业门类齐全、素质较高的人才队伍。据统计，至2007年10月底，全国公务员达617.2万人；至2006年底，国有企业经营管理人才达475.6万人，事业单位管理人才达450.4万人。截至2006年，中国已有两院院士1402人，有突出贡献中青年专家5206人，享受政府特殊津贴专家15.4万人，百千万人才工程国家级人选总数3307人。目前，中国科技人力资源总量约为3500万人，居世界第1位，其中大学本科及以上学历者约为1450万人。2006年中国研究开发人员总量为142万人，仅次于美国，居世界第2位。仅2000—2005年期间，中国的研究开发人员增长了48%，研究开发科学家工程师总量增长了60.9%。

第二章
影响公共部门人力资源战略的环境

一、影响公共部门人力资源战略的环境概述

公共部门的人力资源战略要服从公共部门的发展战略，影响公共部门人力资源战略的因素有很多,归纳起来主要有外部环境和内部环境两大类。外部环境包括政治环境、经济环境、社会文化环境、技术环境、人口环境、自然环境;内部环境包括公共部门人力资源状况、公共部门总体发展战略、公共部门组织结构、公共部门组织文化等。

总之,外部环境和内部环境相互交织,影响公共部门人力资源管理战略的发展方向,同样,公共部门也要根据内部环境和外部环境的变化来调整人力资源战略。

二、影响公共部门人力资源战略的外部环境

（一）政治环境

政治环境包括一国的政治局面、政府管理方式和政府方针政策的取向,一个国家或地区在一定时期内的政治大背景。政治环境是影响公共部门人力资源战略的重要因素。党的十八大以来党中央提出了经济建设、政治建设、文化建设、社会建设、生态文明建设"五位一体"的总体布局,提出了为实现中华民族伟大复兴的中国梦而奋斗的总体目标,提出了"全面建成小康社会,全面深化改革,全面依法治国,全面从严治党"的"四个全面"战略布局,全国人民都在为实现目标而努力,当前政治稳定,经济发展,社会繁荣,人心

安定,这些都是当前公共部门人力资源战略的政治环境。

　　一个和谐、稳定的政治环境有利于公共部门人力资源的合理配置,有利于人才的合理流动,有利于公共部门人力资源的能力开发与提升。例如,2010—2015年国家公务员报考人数出现"百万雄师过大江"的场面(如图2-1)。然而竞争却十分激烈。2015年国家公务员的报考录取率平均为64:1,2014年国家公务员的报考录取率达到77:1。"千军万马过独木桥"的激烈竞争局面不可避免。当前,在政府严格控制"三公"经费的大环境下,政府工作人员的编制被严格控制,这样就使公务员的录用岗位难以增加,因此竞争会更加激烈。

2010—2015年国家公务员考试报考人数分布图

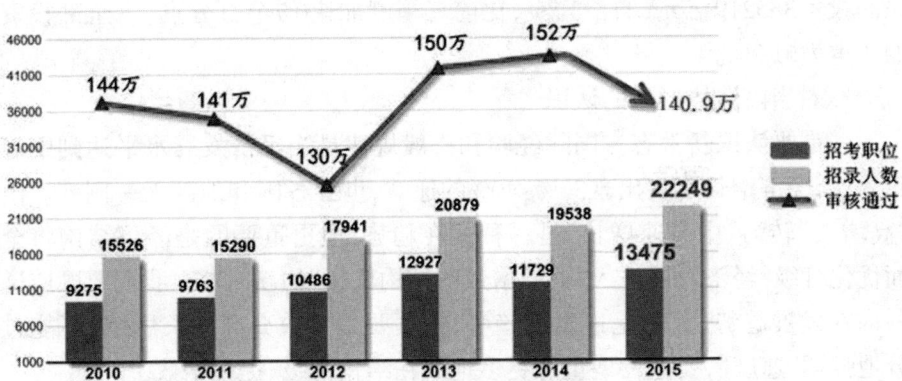

图2-1　2010—2015年国家公务员报考人数分布图(单位:人)

资料来源:http://www.gjgwy.org/201412/144470.html。

　　换个角度讲,在激烈的人才竞争过程中,公共部门可以选择更优秀的人才进入本部门工作,这不仅有利于公共部门未来的工作发展,也有利于公共部门的整体形象提升。

(二)经济环境

　　经济环境是影响公共部门人力资源战略的重要外部因素。经济环境包括国家宏观经济发展状况、产业结构的分布与调整、市场的供求平衡关系等,它直接影响公共部门人力资源战略的调整。例如经济发展繁荣时,公共部门的收入和支出增加,工作岗位的需求量增加,人力资源的成本也会随之增加;经济发展萧条时,公共部门的收入和支出相应减少,工作岗位的需求量减少,人力资源的成本也会随之减少。

1. 宏观经济发展状况

随着世界经济危机的传递，新兴经济体动荡的加剧，欧洲和日本经济复苏的乏力，我们面临经济下行压力增大的趋势越来越明显，2016年全年经济增长为6.7%，分季度看，一季度同比增长6.7%，二季度增长6.7%。三季度增长6.7%，四季度增长6.8%。国内生产总值达到74.41万亿人民币，分产业看，第一产业增加值63671亿元，比上年增长3.3%；第二产业增加值296236亿元，增长6.1%；第三产业增加值384221亿元，增长7.8%。2016年固定资产投资（不含农户）596501亿元，比上年名义增长8.1%（扣除价格因素实际增长8.8%），增速比前三季度回落0.1个百分点。其中，国有控股投资213096亿元，增长18.7%；民间投资365219亿元，增长3.2%，比前三季度加快0.7个百分点，占全部投资的比重为61.2%。

2. 对当前经济形势的认识

一是要认识新常态。国际经验和一般规律是当经济发展水平达到中等收入后，经济增长率将出现30%~40%的递减，世界各国和地区无一例外。由"高增长"转为"中高速增长"是一种内在趋势，但更重要的是经济结构将全面优化升级，经济发展进入"提质增效""结构优化"的新时期。我们要顺应这一内在发展趋势，而不是逆发展趋势，最主要是要放弃高增长思维，不能过分地强调"速度"，要把发展重点更多地放在结构升级、提质增效上。

二是要正确理解"稳中求进""稳中求好"的含义。"稳中求进"就是要把握好中长期经济增长趋势和中短期经济增长速度，促进改革和结构调整不断取得明显成效；"稳中求好"就是在经济平稳增长的基础上，适度调整和优化结构，使经济健康、平稳、可持续发展。

三是采取必要措施，保持经济运行处于合理期间。首先，把转方式、调结构放在更加突出的位置，加快经济结构的全面升级；其次，深化关键领域的重大改革，努力实现改革的重大突破；再次，进一步做好强基础、惠民生的工作。

3. 全面推进供给侧结构性改革

面对世界经济增长速度缓慢，国内经济增速下行的复杂形势，国家先后出台一系列稳增长、调结构、促改革的政策。2015年11月10日，中共中央总书记、国家主席、中央军委主席、中央财经领导小组组长习近平主持召开中央财经领导小组第十一次会议，研究经济结构性改革和城市工作。习近平发表重要讲话强调，推进经济结构性改革，是贯彻落实中国共产党的十八届五中全会精神的一个重要举措。要牢固树立和贯彻落实创新、协调、绿色、开放、共享的发展理念,适应经济发展新常态,坚持稳中求进,坚持改革开放,实行宏观政策要稳、产业政策要准、微观政策要活、改革政策要实、社会政策要托底的政策,战略上坚持持久战,战术上打好歼灭战,在适度扩大总需求的同时,着力加强供给侧结构性改革,着力提高供给体系质量和效率,增强经济持续增长动力。

供给侧结构性改革实质上就是改革政府公共政策的供给方式,也就是改革公共政策的产生、输出、执行以及修正和调整方式,更好地与市场导向相协调,充分发挥市场在配置资源中的决定性作用。说到底,供给侧结构性改革,就是按照市场导向的要求来规范政府的权力。从供给侧结构性改革着力改善供给体系的供给效率和质量等明确指标看,供给侧结构性改革就是以市场化为导向、以市场所需供约束为标准的政府改革。从供给侧结构性改革的阶段性任务看,无论是削平市场准入门槛、真正实现国民待遇均等化,还是降低垄断程度、放松行政管制,也无论是降低融资成本、减税让利民众,还是减少对土地、劳动、技术、资金、管理等生产要素的供给限制,实际上都是政府改革的内容。

推进供给侧结构性改革应当以推进上述三大结构调整为重点:一是经济结构调整。经济结构按层次包括产业结构和产品结构的调整,调整产业结构重点是推进现代第三产业的发展,提高第三产业占国民经济的比重。调整产品结构包括生产性消费品结构和生活性消费品结构,变制造大国为制造强国,推进消费升级和消费结构调整也是供给侧结构性改革的重要任务。二是动力结构的调整。改革开放以来,出口、投资、消费一直是支撑我国经济发展的"三驾马车",其中出口与投资贡献率最高。美国次贷危机以后,特别是我国经济已步入自然回落周期以来,中国经济增长动力结构发生深刻变化,内需逐渐成为主要动力。因此,供给侧结构性改革要适应和推进动力结构的调整。三是经济增长方式的调整。中国经济正由要素驱动、投资驱动转向创新驱动。党的十八届五中全会在制定五年发展规划时,将创新发展确定为五大发展战略之首。供给侧结构性改革应当在供给侧理论、供给侧制度、供给侧技术等方面寻求突破。

(三)社会文化环境

社会文化环境是指一个国家和地区的民族特征、文化传统、价值观、宗教信仰、教育水平、社会结构、风俗习惯等情况。社会文化是经过千百年逐渐形成的,它影响和制约着人们的观念和思维,也影响着人们的行为。

1. 社会文化与组织文化的关系

每个社会都有它与之相适应的社会文化,它以社会物质生产的发展为基础,随着社会的变革而变革,具有自身的规模和历史连续性,不以人的意志为转移。组织文化是与社会文化环境和背景相呼应的,随着社会文化的发展而发展,但它又对周围环境发生作用,并影响整个社会文化。所以组织文化是社会文化的一种亚文化,组织文化的建设和发展与社会文化的建设和发展是相互影响、相互推进的。这种关系具体表现在精神、思想、道德、价值观和作风等方面,组织文化与社会文化是一般与个别的关系。每个社会都继承和发展了一种独特的生活、学习、劳动和生存方式,并将其物质财富与精神财富传给后代,社会文化具有明显的传承性。组织文化也具有这种特征,因为它是社会文化影响、渗透的产物,是社会文化融于组织活动之中而形成的管理的结合物。组织文化依据社会恰当的行为所应共同遵守的信仰、准则、习惯以及规则、规范为主要内容,但又表现为组织员工自觉悟守的特有价值观念。因此,组织文化既以社会文化作为其生长的土壤,又按照自身的规律演变和发展;既是社会文化的具体体现,又是组织中管理最高层次的意识形态的反映。所以说组织文化与社会文化既有共同的结合面,又存在着不容忽视的组织独特的个性。

2. 中国传统文化在组织文化中的积极影响

(1)团队意识

在我国传统文化中,家族团体主义是建立在等级制度基础之上的,在一个家族团体内,以家族利益为最高目标,追求家族利益的最大化,强调团体重于个人,个人无条件服从整体,强调家族内部以伦理关系为基础的和谐与稳定。这种文化固然有压抑个性、不利于创新和竞争的消极作用,但它作为一种持续了几千年的群体精神,对今天的组织文化建设还是具有积极意义的。组织是一个相对封闭的系统,可以视为一个"小家族"。增强组织员工的"家族"观念,有利于组织的整体利益以至国家利益,形成团体凝聚力和竞争力,重构人们以团体利益为重的团体精神。只要我们认真加以引导,处理好个性发展与整体利益、民主管理与行政权威之间的关系,处理好小团体与大团体(国家)的关系,我们更有条件利用这一精神财富。

（2）人本思想

人本思想在我国传统文化中大体包括三层意思。首先是把人看成是天地万物的中心，深信价值之源内在于人心。孔子曰："人能弘道，非道弘人"，这与西方传统文化中以上帝和神为最高标准的神本文化截然有别。其次是强调"爱人"思想。孔子把"仁"作为他学说中一以贯之的唯一原则和最高道德标准，而"仁"的内涵就是"爱人"，强调从无私的动机出发，舍己利人，舍己爱人。再次是人只要努力，皆可成才。孟子云："人皆可以为尧舜。"我国传统文化中的上述人本思想和现代组织以人为中心的管理主旨是完全相符的，对于培养组织"重视人、尊重人、相信人、发展人"的人本文化是非常宝贵的文化资源。

（3）和谐思想

中国传统文化中的和谐思想源于中庸之道和天人合一观。中庸之道于人们追求创新、竞争和成就不利，天人合一观于人们改造自然、向自然索取不利。但其中体现出来的和谐思想还是具有积极意义。如中庸之道，主张人与人要和谐、和亲一致，处理人与人之间的关系要不偏不倚，不说过头话，不做过头事。这对于调整目前组织中人与人之间相互不信任、不合作、钩心斗角、争权夺利的人际关系，尤其是对肃清"左"倾思想中过头的斗争哲学，发扬"仁""爱""和""诚"的传统，克服"争""怨""斗"的旧习，增强团结协作，避免"窝里斗"，都是大有裨益的。此外，中庸之道中提倡"中和"的思想方法，对于我们把握事物的"度"，保证处理管理问题的准确性、合理性，避免左右摇摆、矫枉过正等现象也有实际意义。又如天人合一思想，提倡人与自然要和谐，这对于组织管理中保护自然、顺应自然规律，使人与自然一体，保护生态平衡是有好处的。由此可见，和谐思想作为我国传统文化的精华，应该在我国新型的组织文化中生根、开花、结果。

（4）求实精神

中国传统文化有玄虚蕴奥、重言轻实的一面，但其中也表现出很强的求实精神。这在中国的儒家、道家及法家文化中都有体现，如儒家的经世致用、道家的"无为"之中蕴含的"无不为"、法家的奖励耕战等。我国传统文化中的求实精神主要表现在：一是积极入世的人生态度，重视人生理想，也重视现实；二是朴实无华的民族性格，经商治学都讲究脚踏实地和扎扎实实。这种求实精神的形成也受封建统治推行愚民政策因素的影响。在封建统治下，广大农民在政治上被排斥，个人尊严受到压抑，只能把注意力集中到"如何生存"上来。因此,传统文化中的求实精神的内涵不可能与我国现代组织所要求的求实精神完全吻合,但它作为一种长期养成的文化传统,对目前组织克服"假、大、空"和形式主义的不良作风,改变重言轻实、重精神轻物质的现象,树立一切从实际出发、实事求是的优良作风是有实际价值的。

(5)爱国主义精神

数千年的历史经历演变形成一种追求自由、反对剥削、为国图强的爱国主义传统,尤其是在中华民族遇到危难之时,这种爱国主义又衍发出巨大的凝聚力、向心力和民族责任感。尽管历史上的爱国主义客观上存在着一定的阶级局限性和时代局限性,但这种光荣传统却不失为中华民族历史遗产中的瑰宝,不失为我们的民族魂,它激励着中国人民世世代代为保卫祖国、变革图强、追求社会进步而献身。爱国主义在今天不仅应成为中国人民的巨大精神支柱,也应成为我国组织文化建设的精神支柱。爱国主义不是空洞的,发扬这种优良传统,有利于组织员工增强民族自豪感和强国的自信心,增强工作的责任感和振兴组织的意识,也有利于培养员工大公无私的奉献精神。

(6)吃苦耐劳、勤奋自强的性格

中华民族数千年来一直在这片土地上繁衍生息,辛勤劳作,不仅形成了劳动人民淳朴务实的精神,也锤炼出劳动人民勤劳勇敢、吃苦耐劳、忍辱负重、自强不息的民族性格。在历史上,中国的农业、手工业曾领先于世界其他各国,科学技术的成就也十分显著,指南针、造纸术、火药、印刷术等四大发明对世界文化的发展做出过卓越贡献。还有我国数千万海外侨胞,他们远离故土,创家立业,在海外艰苦奋斗,在世界和中华民族历史上也写下光辉的篇章。这些都是中国人民吃苦耐劳、勤奋自强性格的真实写照。令人担忧的是,在我国的组织文化中,这种优秀的精神非但没有完全得到发扬光大,而且在受到消极无为和懒散作风影响较深的青年一代身上还出现不断丧失和泯灭的征兆。这就需要我们在建设组织文化的过程中解决这种矛盾,使中华民族继续以吃苦耐劳、勤奋自强的形象和精神出现在世界上。与吃苦耐劳、勤奋自强的民族性格相联系,我国劳动人民还把勤俭视为美德,把浪费看成是不道德的,注重财富的积累,节约观念极强。只要我们善于把它与现代经济伦理有机结合,就会形成我国组织文化中一笔不小的精神财富。

(7)求索和开拓精神

我国的传统文化中,有安贫乐道、易于满足的一面,但也不乏向黑暗势力抗争、向命运挑战、向自然索取的开拓精神。尤其是在近一百年的中国近代史中,无数中华优秀儿女前仆后继,寻找救国强国之路;更鲜明地体现了这种性格。中华民族求索、开拓精神具体表现出来的是反抗列强,至死不屈,危急关头奋勇崛起,探索真理锲而不舍,为国为民奋斗不息的性格和强烈的危机意识及振兴国家的信心。历史传统中的求索、开拓精神,其含义虽与我国组织文化的要求有些差别,但它作为一种民族文化是值得我们发扬的,对于我国组织探索改革新路、开拓创新、推进科学技术是有益的。

3. 社会文化环境与公共部门人力资源战略的关系

社会在发展,时代在进步,不同的社会文化环境会使公共部门形成不同的人力资源战略,20世纪80年代,在物质条件不充足的环境下,我们曾经提出"实现四化,振兴中华"的战略;90年代我们提出了"人才强国"战略;当前我们又提出"大众创业、万众创新",这些都是在特定的社会文化环境中产生的。而且不同的社会文化环境造就出不同时代的英雄人物,从焦裕禄到孔繁森,从时传祥到李素丽,都体现出不同社会文化环境背景下公共部门人力资源战略的导向。

（四）技术环境

技术环境是指一个国家和地区的技术水平、技术政策、新产品开发能力以及技术发展动向等,是科研发展、高等教育的重要基础之一。技术环境是制定和实施人力资源战略的重要前提,良好的技术环境既可以为公共部门提供舒适的办公条件,又可以促进公共部门在优越的技术环境下尽快提升员工的能力和素质并适时调整公共部门人力资源战略。

在一些领域,我国的技术水平领先全球,例如:

（1）激光技术。我国激光技术世界第一,领先全世界15年。

（2）超级稻及其他农作物杂交技术。超级稻被世界称为中国的第五大发明。

（3）陶瓷技术。陶瓷技术是我国传统的领先技术。

（4）反卫星武器技术。我国已经发明寄生星多年。寄生星只有中国才有,世界任何国家都没有研制出来,是我国镇国之宝。

（5）建桥技术。我国是造桥王国,有"世界桥梁博物馆"的美称。杭州湾跨海大桥是世界上最长的桥,也是世界跨度最大的桥。

（6）高原铁路建设技术。青藏铁路是世界高原铁路建设技术难度最大的。

（7）巨型水电站建设技术。我国建设的三峡水利枢纽工程,代表世界水电技术的最高水平。

（8）排灌机技术。安装在骆马湖的抽水机直径8米，计划再安装直径12米的机器，代表世界最高水平。

（9）智能机器人技术。我国的水下螃蟹系统，是世界独有的。

（10）气垫船是我国发明的。当时为了保密，没有向全世界公布。

（11）打水井技术。我国在西北能打世界最深的水井。

（12）丝绸技术。丝绸织造是我国的传统技术，现在仍然世界领先。

（13）治理沙漠技术。我国治理沙漠技术世界领先。

（14）防治人畜瘟疫技术。我国在20世纪五六十年代已经基本消灭人畜瘟疫，当时和现在都是世界最高水平。

（15）防治SARS病技术。我国防治SARS病技术世界第一水平。①

除了以上技术之外，在核技术、3D打印技术、航空航天技术、生物制药技术、大型计算机技术等方面也达到或接近世界先进水平。

在技术条件的支撑下，我国目前七大新兴产业得到快速发展。"七大新兴产业"是指国家战略性新兴产业规划及中央和地方的配套支持政策确定的七个领域，即节能环保产业、新兴信息产业、生物产业、新能源产业、新能源汽车产业、高端装备制造业和新材料产业。这标志着我国新兴战略产业框架已初见端倪。技术环境的优化与提升为公共部门人力资源战略提供强有力的保障和支撑。

（五）人口环境

人口环境是指人口的数量、分布、年龄和性别结构等情况。人口环境既是公共部门必要的人力资源条件，又是公共部门人力资源的市场条件，因而是公共部门人力资源战略的重要外部环境。2015年末，中国大陆总人口（包括31个省、自治区、直辖市和中国人民解放军现役军人，不包括香港、澳门特别行政区和台湾省以及海外华侨人数）137462万人，其中，男性人口70414万人，女性人口67048万人，男性人口比女性人口多3366万人。城镇常住人口

---

① 《中国目前哪些科学领域是领先世界的》，http://www.zybang.com/question/3c6d17fee953324e497dcfcb9a4c56fe.html，2014.09.30。

77116万人,乡村常住人口60346万人,城镇人口占总人口比重为56.1%。[1]

从人口政策的角度来看,中国的独生子女政策的推行最早是在1973年12月,第一次全国计划生育工作汇报会确定了"晚、稀、少"的方针,要求晚婚、一对夫妇生育两个孩子、时间要相隔4年,计划生育工作全面推行。1978年10月,修改为提倡一对夫妇生育子女数最好一个最多两个,生育间隔时间3年以上。1979年下半年起,全国不少地方按照独生子女的要求修改计划生育规定。除了部分少数民族外,独生子女政策开始在全国城乡全面实行,仅云南、青海、宁夏、新疆农村可生育两个孩子。可以说,中国推行独生子女的计划生育政策对抑制当时的人口急剧膨胀是起到了十分重要的作用,从而使得中国的人口增长率在短短36年的时间里与发达国家看齐。而独生子女政策一旦形成制度,就容易路径依赖,要改变起来难上加难,一直延续了36年。经过三十多年的计划生育工作,目前中国人口已经完成了生育率转变,进入了低出生、低死亡、低增长的人口转变后阶段。还是在20世纪90年代的时候,就有不少人看到了中国独生子女政策推行可能面临的严重问题提出质疑。目前,我国的老龄化问题越来越严重,"人口红利"消失使中国将陷入"中等收入国家的陷阱"。从目前的人口结构上看,由于独生子女政策使得中国的劳动力人口占比越来越小,但是这些都可能通过劳动力人口的素质提高、人口健康水平提升而延长工作年限、现代科学技术进步来弥补的。比如,近三十年来,中国的人口素质提高出现了前所未有态势,而劳动力素质的提高当然是劳动生产率提高最为主要的推手。

2015年10月29日,党的十八届五中全会闭幕。从五中全会的公布来看,最大的亮点应该是允许一对夫妇可普遍生育二个孩子。该政策调整也意味着自1979年实施了三十多年的独生子女政策已经成为历史。这也是2013年的党的十八届三中全会启动实施单独二孩政策之后的又一次人口政策大调整。

在人才引进政策方面,有些省市的做法值得借鉴,例如2015年天津市委办公厅、市政府办公厅印发《天津市引进人才"绿卡"管理暂行办法》,自2015年6月1日起,实施引进人才"绿卡"制度,向来津的人才分别发放人才"绿卡""A卡"和"B卡",为持有绿卡的人才在办理引进手续和在津生活等方面提供全方位便利化服务。

---

[1] 《2015年中国人口数量》,学习资讯网,2015年12月29日,http://www.xuexila.com/news/384533.html。

"A卡"主要面向以下领域的人才发放：航空航天、生物技术、新型信息与网络、新能源、新材料、节能环保、高端装备制造等战略性新兴产业发展急需的高层次紧缺人才；高效设施农业、绿色生态农业、观光休闲农业等发展急需的高层次紧缺人才；金融、现代物流、电子商务、科技服务、信息服务、文化创意、旅游、会展、社会服务等现代服务业发展急需的高层次紧缺人才；教育、卫生、社科理论、新闻出版、文化艺术领域的优秀人才；拥有自主知识产权和授权发明专利，本人或率团队来本市创新创业的高层次紧缺人才；能够提升天津市在国内外知名度和影响力的各类紧缺人才。持有"A卡"的人才可办理15项服务事项：调入关系接转、留学回国人员来津工作派遣、本人及家属落户、居住登记（居住证）、办理社保卡、人才公寓、子女入学、办理医疗保健证、出入境证件申请、小客车增量指标配置摇号或竞价、留学人员国（境）外学习及工作年限认定、海外高层次留学人才周转房申请、高层次人才科研及教学用品进境免税核准证明、天津市引才专项资金申请、进境携运物品（高层次人才以携运方式进境科研及教学用品的验放、回国定居或者来华工作连续1年以上的高层次人才进境自用物品审批）。

"B卡"主要面向非本市户籍拟来津工作或创业的全日制大学本科毕业生和硕士研究生发放，其中以调动方式来津工作、个人创业或留学回国人员可到市人社局人才综合服务中心进行申领；毕业2年内的全日制大学本科生、硕士研究生可到市教委大中专毕业生就业指导中心办理毕业派遣时一并申领。持有"B卡"的人才可办理关系接转、本人及家属落户、留学回国人员来津工作派遣、大学生创业培训、创业小额担保贷款、创业房租补贴和社会保险补贴7项服务事项。

人才绿卡通过"天天问津"人才网站平台进行信息交互、业务办理，并与相关职能部门和办理机构互联互通，实现"一点采集、多点共享、全程管理、快速办理"，工作环节由56个减少到19个，减少66%；审核要件由84个减少到44个，减少48%；办理时限由最长二三个月减少到90%以上服务事项只要要件齐全即可即时办理、立等可取。持卡人到各相关职能部门办理服务事项时，各职能部门通过人才绿卡信息管理系统，读取持卡人基本信息和要件信息，按使用手册明确的流程、要件、时限办理，做到了高效便捷，为人才来津在津创新创业提供一张"通行证"。

总之，人口环境的变化，特别是人口政策的调整，使得公共部门人力资源战略也要进行调整，随着老龄化社会的到来和二孩家庭的增多，公共服务领域的人力资源需求,人力资源素质提升的要求也会随之增加,因此公共部门要适度调整,满足社会需求。

(六)自然环境

自然环境是人类赖以生存的载体,它自身可以保持适度的均衡。但是由于人类过度地开发,过度地排放污水或有毒气体,使生态环境遭到严重破坏。例如全球变暖、臭氧层被破坏、酸雨、淡水资源危机、能源短缺、森林锐减、土壤荒漠化、有毒化学品污染、物种加速灭绝等,这些充分说明了人类对自然环境的影响力和破坏力。实践证明,自然环境的变化对人类会产生一定的影响。近年来,我国的华北、东北、华东、华南地区的雾霾天气越来越重,持续时间越来越长,这让我们的政府和社会感觉到保护环境的必要性和紧迫性,因此在未来一段时间里,公共部门在环保方面投入的人力、物力、财力会不断增加。同时,公共部门要加大环保的宣传力度,这些都需要在人力资源战略上做出相应的调整。

三、影响公共部门人力资源战略的内部环境

(一)公共部门人力资源状况

公共部门现有人力资源是制定人力资源战略的基础,人力资源战略能否顺利实施取决于公共部门人力资源管理的基础。公共部门现有人力资源的数量必须与公共部门规模和资本实力相匹配,过多过少或与公共部门发展状况不适应都将影响公共部门战略目标的实现。公共部门在岗员工能够胜任当前岗位的需要并且完全可以适应公共部门的发展;更为重要的是,公共部门通过培训能不断提高员工素质的同时使其接受更高岗位的挑战,使员工的知识和能力最大限度地发挥作用。

据国家公务员局网站消息,截至2013年底,全国公务员总数为717.1万人。[1]公务员,是指依法履行公职、纳入国家行政编制、由国家财政负担工资福利的

---

[1]　中国新闻网,2014年10月10日,http://www.chinanews.com/gn/2014/10-10/6664867.shtml。

工作人员。公务员职位按职位的性质、特点和管理需要,划分为综合管理类、专业技术类和行政执法类等类别。国务院根据《中华人民共和国公务员法》,对于其职位特殊性,需单独管理的,可增设其他职位类别。

有统计称,我国有一百多万个事业单位,共计三千多万正式职工,另有九百多万离退休人员,总数超过四千万人。事业单位管理体制改革涉及面广、内涵丰富,包括政府的职责定位、政府与事业单位的关系、政府与社会的关系、政府对事业单位管理的创新等,要按照政事分开、事企分开和管办分离的原则,着力转变政府职能,创新管理方式,可重点研究以下五个方面的问题:

一是转变政府职能。如何明确政府与事业单位的职责划分,切实保证政府与事业单位在职能、机构和运行机制上的分开;如何收回和整合事业单位行使的行政职能,实现行政职能的有机统一,规范依法行政行为;如何加强政府的宏观管理和行业管理,减少对事业单位的行政审批和直接干预。

二是明确事业单位功能定位。如何根据事业单位的不同属性,实施分类改革,将主要承担行政职能和主要从事生产经营活动的事业单位分离出去;如何从财政投入、税收政策、资产管理、人事管理、社会保障等制度方面促进事业单位强化公益属性;如何进一步落实事业单位的用人权、薪酬分配权、职称评聘权、经费设施使用权、自主运营权等法人自主权。

三是创新政府管理方式。如何根据事业单位公益属性的不同,实施分类管理;如何实现政府管理职能和出资举办职能的适度分离;积极探索管办分离有哪些有效的实现形式;如何建立完善事业单位法人治理结构;如何加强对事业单位国有资产的管理。

四是完善政府投入机制。如何加大投入力度、改革投入方式、完善投入监督机制,形成职权明确、分级负担、财力与事权相匹配的事业单位投入机制;如何明确不同层级政府的公益服务责任。

五是积极促进社会力量参与公益服务。一方面,如何营造良好的政策环境,打造政策平台,降低市场准入门槛,鼓励支持社会力量参与公益服务的提供;另一方面,如何加强对社会公益组织行为规范的监管,完善有关收费标准、资产处置、收益分配、服务质量等政策,规范社会力量的公益服务行为。

（二）公共部门总体发展战略

公共部门战略是制定和实施人力资源战略的前提，不同的公共部门战略要求设置与其相匹配的人力资源战略。因此，公共部门必须首先明确公共部门总体发展战略目标，根据总体战略的要求，确定一定时期内人力资源开发利用的总目标、总政策、实施步骤及总预算安排，并制定一套完善的业务计划进行落实。

党的十八大以来，习近平总书记关于做好人才工作、实施人才强国战略的一系列重要论述，体现了党中央对各级各类人才的关心和重视，突出了人才工作在全局中的重要战略地位，极大地丰富了中国特色社会主义人才理论内涵。国家的强盛，归根到底必须依靠人才；我们比历史上任何时期都更接近实现中华民族伟大复兴的宏伟目标，我们也比历史上任何时期都更加渴求人才；没有一支宏大的高素质人才队伍，全面建成小康社会的奋斗目标和中华民族伟大复兴的中国梦就难以顺利实现。这些重要论述，将人才作为党治国理政的关键资源，深刻揭示了人才对于民族振兴、国家富强的重大现实意义和深远历史意义，吹响了全面推进人才强国战略的战斗号角。要从党和国家战略全局出发，切实增强人才工作的机遇意识和忧患意识，加快确立人才优先发展的战略布局，更好发挥人才资源对经济社会发展的基础性、战略性、决定性作用。

实施人才强国战略，实现由人口大国向人才强国转变，是形势发展的必然要求。从全球范围看，日趋激烈的国际竞争对加快建设人才强国提出新挑战。随着经济全球化深入发展，世界范围内创新要素加速流动，知识创造和技术创新进程不断加快，新的科技革命和产业变革呈现加速态势，正在深刻影响和改变着世界经济格局。为在新一轮全球产业结构调整中抢占制高点，赢得未来发展先机，许多国家都把大力引进开发高端人才、增强核心领域创新能力提升到国家发展战略的核心层面。世界主要国家制定了新型产业发展战略，启动了百余项专门计划，各国对人才的争夺日趋白热化，这对我国参与国际人才竞争、引进和留住人才形成巨大挑战。深入实施人才强国战略，加快向人才强国转变，统筹开发利用国际国内人才资源，打造更具国际竞争力的人才制度优势，是增强国家核心竞争力的必然选择。从国内发展看，经济发展新常态对加快建设人才强国提出新的更高要求。随着人口和劳动力结构的逐步变化,人口红利和要素驱动力减弱,传统产业供给能力大幅超出需求,我国经济结构亟须调整优化,向中高端迈进。经济发展要实现新动力、优结构、可持续,必须让创新成为驱动发展的新引擎。人才是创新的根基,是创新的核心要素,我们必须坚持人才优先发展,创新人才体制机制,主动调整人才培养结构,做好人才培养、评价、使用工作,全面提升人力资源素质,加快建设一支规模宏大、结构合理的高层次创新创业人才队伍和高素质技能人才队伍,最大限度释放创新活力,积极推动人才强国建设。

我们相信,在人才强国战略的内部发展环境下,我国公共部门人力资源发展战略、管理理念、管理方式都会发生深刻的变化,从而影响未来我国公共部门人力资源的发展水平。因此,要加强政府人才工作的顶层设计和总体规划,加快制定人才政策法规,深化人才管理制度改革,构建人才公共服务体系,培育和发展人力资源市场,积极破解人才工作重点领域和关键环节的重大问题和难点问题。

(三)公共部门组织结构

公共部门组织结构就是把公共部门的目标任务分解为职位,再把职位综合为部门,由众多的部门组织垂直的权力系统和水平的工作协作系统组成的一个整体机构。公共部门的组织结构决定公共部门的职位数量和岗位要求,人力资源管理的目标之一就是要实现人与岗位的匹配,因此不同的组织结构所导致的人力资源管理的实践活动也不一样。

公共部门的组织结构会影响公共部门人力资源战略的制定和实施。首先,组织结构影响公共部门的战略目标。例如采用直线型组织结构的部门,其人力资源战略的制定可能由该部门最高领导决定。组织结构也决定了组织人力资源战略的表达方式,如在按地区建立组织结构的公共部门中,人力资源战略目标常常以地区性术语来表达,而在按服务建立组织结构的公共部门中,人力资源战略常常以服务性术语来表达。其次,组织结构决定资源配置。组织结构决定了公共部门的资源配置方式,进而影响到组织战略的制定和选择。如果建立事业部制的组织结构,那么组织的资源会按照不同的事业部来进行配置。由于资源配置是组织战略的一项重要内容,因此组织结构通过对资源配置的决定性作用对公共部门人力资源战略的制定和选择产生影响。再次,组织结构的变革影响公共部门战略的变革。在外部环境相对稳定时期,战略的调整和组织结构的变化都是以渐进的方式进行的,组织战略与组织结构的矛盾并不突出。但是在剧烈变化的环境中,公共部门需要实施战略转折和战略创新时,就对组织结构提出了严峻的挑战。这时如果组织结构的变革不力,就会制约和阻碍公共部门战略的革新。

(四)公共部门组织文化

组织文化是一个组织建设和发展的过程中物质财富和精神财富的总和,在现实工作中它既可以是单位文化,也可以是团队文化、部门文化、班组文化。组织文化的提升既能够增强组织的凝聚力、向心力,又可以规范团队成员的行为。组织文化可以分为精神文化、制度文化、行为文化、物质文化。

组织的精神文化包括组织的愿景、宗旨、核心价值观。其中,愿景是组织发展的美好蓝图,即组织在未来是个什么样子,它可以对组织成员起到一定的目标激励作用。组织宗旨是指组织打算去执行的活动或者期望的组织发展类型。核心价值观是指组织成员判别事物的核心标准和行为准则,它对于统一组织成员的思想和行为具有关键性作用。

组织的制度文化包括组织在日常运行中的领导体制、组织结构、管理制度和规章准则。领导体制主要体现在两个方面,一方面是领导的权力是否得到有效的监督;另一方面,领导的决策是否科学化、民主化,这是体现组织制度文化的建设的主要体现。组织结构主要是以提升工作效率为核心,管理学中提倡组织的"扁平化"就是减少组织的层次,提高信息的传递效率。管理制度和规章是能够体现组织制度文化建设标准化、规范化的主要标志,例如出勤制度,报销制度、工作制度、培训制度等。

组织的行为文化包括组织成员的群体行为、个体行为、行为礼仪以及领导行为。群体行为是组织成员在工作和学习中的行为体现,例如上班时组织成员统一着装、步调一致,那么就可以体现出群体行为的一致性。再如,工作之余组织成员共同参与文体娱乐活动,这样既可以交流思想,又可以体现组织行为文化的丰富性。个体行为是指组织成员行为的自我约束,以不影响组织整体形象为大前提,组织成员要严格要求和规范自己的个体行为。行为礼仪是组织成员行为的规范和标准,只有组织成员行为的标准和统一,才能体现出组织文化的高素质、高水平。领导行为主要包括领导在工作中的领导风格、领导能力和领导作风,它对于营造良好的组织文化、塑造良好的组织形象具有至关重要的作用。

组织的物质文化又称为组织的外显文化,主要包括组织的形象标识、设施设备、内部空间设计等,它一般是看得见、摸得着的,例如气势恢宏的大楼、精致完美的园林绿化、人性化的办公空间都能体现出该单位的组织文化。

组织文化是影响公共部门人力资源战略的内部环境之一,只有组织文化的和谐才能促进组织的和谐发展,才能促进公共部门人力资源管理工作朝着积极、健康、有序的方向发展。

知识点提要:

影响公共部门人力资源战略的环境有外部环境和内部环境。影响人力资源战略的外部环境包括政治环境、经济环境、社会文化环境、技术环境、人口环境、自然环境;影响公共部门人力资源战略的内部环境包括公共部门人力资源状况、公共部门总体发展战略、公共部门组织结构、公共部门组织文化。

复习思考题:

1. 公共部门人力资源战略的外部环境包括哪些方面?

2. 公共部门人力资源战略的内部环境包括哪些方面?

3. 经济环境对公共部门人力资源战略制定和实施有何影响?

4. 社会文化环境对公共部门人力资源战略制定和实施有何影响?

5. 人口环境对公共部门人力资源战略制定和实施有何影响?

6. 公共部门的组织文化对公共部门人力资源战略制定和实施有何影响?

进一步阅读:

"十三五"规划解读:为人才战略优化环境

"贤才,国之宝也。"今日世界,所有领域的竞争,归根结底都是人才竞争,人才就是生产力。谁拥有了人才,谁就拥有了先进的技术和先进的管理,谁就能在激烈的竞争中占据制高点。所以,党的十八届五中全会的"十三五"规划建议将人才作为优先发展战略并置于极高位置。在"十三五"规划建议的十四大战略中,只有人才和就业两个优先战略,本质上这两个优先战略都与人才相关。

一、优先创新人才制度

"得人则安,失人则危。"得人才者安天下,古今如一。人才培养是一个系统工程,涉及国家的方方面面。要想人才辈出,就要有一套科学的人才培养体制和使用体制。因此,制度是人才强国的根本保证,也是人才战略的顶层设计。"制度问题更带有根本性、全局性、稳定性和长期性。"

"十三五"规划建议提出:"深入实施人才优先发展战略,推进人才发展体制改革和政策创新,形成具有国际竞争力的人才制度优势。"为实现这样的制度优势,建议还提到了人才的激励和服务保障体系,建议指出:"完善人才评价激励机制和服务保障体系,营造有利于人人皆可成才和青年人才脱颖而出的社会环境,健全有利于人才向基层、中西部地区流动的政策体系。"在人才的方面,建议指出:"加快形成有利于创新发展的市场环境、产权制度、投融资体制、分配制度、人才培养引进使用机制。"

我们的制度要围绕培养人才、激励人才、引进人才、合理使用人才等方面科学规划、大胆创新。习近平指出:"要着力破除束缚人才发展的思想观念,推进体制机制改革和政策创新。""人才者,求之者愈出,置之则愈匮。"关于人才的合理使用,习近平指出:"用好用活人才,建立更为灵活的人才管理机制,打通人才流动、使用、发挥作用的体制机制障碍。"关于人才的体制机制改革,习近平提出要求:"继续完善凝聚人才、发挥人才作用的体制机制,进一步调动优秀人才创新创业的积极性。"习近平希望形成:"开创人人皆可成才、人人尽展其才的生动局面"。

"我劝天公重抖擞,不拘一格降人才。"中国特色社会主义事业需要大量人才,中华民族的伟大复兴同样需要大量人才。对于中国这样一个最大的发展中国家来说,各行各业都缺乏人才,人才多多益善。2015年3月5日,习近平在参加十二届全国人大三次会议上海代表团审议时讲指出:"适应和引领我国经济发展新常态,关键是要依靠科技创新转换发展动力。必须破除体制机制障碍……消除科技创新中的'孤岛现象',使创新成果更快转化为现实生产力……要择天下英才而用之,实施更加积极的创新人才引进政策,集聚一批站在行业科技前沿、具有国际视野和能力的领军人才。"

二、优先开发人才资源

"治国经邦,人才为急。"人才是世界上最宝贵的资源,但是,人才往往又是最稀缺的资源。人才资源需要精心开发,需要精心呵护。

"一年之计,莫如树谷;十年之计,莫如树木;终身之计,莫如树人"。对于一个国家来说,开发人才资源就是储备发展新动能,点燃发展新引擎。"十三五"规划建议提出:"优化学科专业布局和人才培养机制","扩大高校和科研院所自主权,赋予创新领军人才更大人财物支配权、技术路线决策权。实行以增加知识价值为导向的分配政策,提高科研人员成果转化收益分享比例,鼓励人才弘扬奉献精神。""深化市场配置要素改革,促进人才、资金、科研成果等在城乡、企业、高校、科研机构间有序流动。"

"万物生长靠太阳,雨露滋润禾苗壮。"要营造良好的发展环境,才能促进人才顺利成长。2013年3月5日,习近平在参加十二届全国人大一次会议上海代表团审议时指出:"要坚持自主创新、重点跨越、支撑发展、引领未来的方针,以全球视野谋划和推动创新,改善人才发展环境,努力实现优势领域、关键技术的重大突破,尽快形成一批带动产业发展的核心技术。"2013年9月30日,习近平在主持中共中央政治局以"实施创新驱动发展战略"为题的第九次集体学习时指出:"要深化教育改革,推进素质教育,创新教育方法,提高人才培养质量,努力形成有利于创新人才成长的育人环境。要积极引进海外优秀人才,制订更加积极的国际人才引进计划,吸引更多海外创新人才到我国工作。"

我们要在"大众创业,万众创新"中培养更多的人才,并逐步建立创业创新人才辈出的体制机制和先进的人才培养文化。习近平指出:"创新的事业呼唤创新的人才。实现中华民族伟大复兴,人才越多越好,本事越大越好。知识就是力量,人才就是未来。我国要在科技创新方面走在世界前列,必须在创新实践中发现人才、在创新活动中培育人才、在创新事业中凝聚人才,必须大力培养造就规模宏大、结构合理、素质优良的创新型科技人才。"2014年6月9日,习近平在中国科学院第十七次院士大会、中国工程院第十二次院士大会上指出:"要把人才资源开发放在科技创新最优先的位置,改革人才培养、引进、使用等机制,努力造就一批世界水平的科学家、科技领军人才、工程师和高水平创新团队,注重培养一线创新人才和青年科技人才。"2014年8

月18日,习近平主持召开中央财经领导小组第七次会议,强调加快实施创新驱动发展战略,加快推动经济发展方式转变。习近平指出:"创新驱动实质上是人才驱动。为了加快形成一支规模宏大、富有创新精神、敢于承担风险的创新型人才队伍,要重点在用好、吸引、培养上下功夫。要用好科学家、科技人员、企业家,激发他们的创新激情。要学会招商引资、招人聚才并举,择天下英才而用之,广泛吸引各类创新人才特别是最缺的人才。"

三、优先调整人才结构

"玉在山而草木润,渊生珠而崖不枯。"百花齐放春满园,万紫千红迎复兴。中国是一个大团体,中华民族是一个大团队。在这个肩负民族复兴大任的团队中需要各种各样的人才,而人才结构是决定着我们这个团队的力量和未来,没有短板才能逢山开道遇水搭桥。

"十三五"规划建议提出:"推动人才结构战略性调整,突出'高精尖缺'导向,实施重大人才工程,着力发现、培养、集聚战略科学家、科技领军人才、企业家人才、高技能人才队伍。"

优化人才结构,首先必须选好领军人物。领军人物是决定事业成败的关键,所以,选帅、选将最重要。2014年2月27日,习近平主持召开中央网络安全和信息化领导小组第一次会议时指出:"建设网络强国,要把人才资源汇聚起来,建设一支政治强、业务精、作风好的强大队伍。'千军易得,一将难求',要培养造就世界水平的科学家、网络科技领军人才、卓越工程师、高水平创新团队。"

优化人才结构,必须优化年龄结构,形成合理的人才梯队。2014年6月9日,习近平在中国科学院第十七次院士大会、中国工程院第十二次院士大会上发表讲话时指出:"广大院士不仅要做科技创新的开拓者,更要做提携后学的领路人。希望广大院士肩负起培养青年科技人才的责任,甘为人梯,言传身教,慧眼识才,不断发现、培养、举荐人才,为拔尖创新人才脱颖而出铺路搭桥。广大青年科技人才要树立科学精神、培养创新思维、挖掘创新潜能、提高创新能力,在继承前人的基础上不断超越。"

优化人才结构,还要重视技工人才,技工才人是创造奇迹的最后一环,也是成败的关键一环。2014年6月23日,习近平在全国职业教育工作会议上指出:"要牢牢把握服务发展、促进就业的办学方向,深化体制机制改革,创新各层次各类型职业教育模式,坚持产教融合、校企合作,坚持工学结合、知行合一,引导社会各界特别是行业企业积极支持职业教育,努力建设中国特色职业教育体系。要加大对农村地区、民族地区、贫困地区职业教育支持力度,努力让每个人都有人生出彩的机会。"习近平要求各级党委和政府要把加快发展现代职业教育摆在更加突出的位置,更好支持和帮助职业教育发展,为实现"两个一百年"奋斗目标和中华民族伟大复兴的中国梦提供坚实人才保障。

四、优先引进紧缺人才

"青青子衿,悠悠我心。"人才难得,古今同理。越是高端人才越稀缺。如何在激烈的人才竞争中引进英才已经是当今社会的重大课题。"十三五"规划建议提出:"更大力度引进急需紧缺人才,聚天下英才而用之。"

引进人才需要视野阔、胸怀宽,广开进贤之路,广纳天下英才。习近平指出:"中国古人讲,'尚贤者,政之本''为政之要,莫先于用人'。当今世界聚才、用才,应该包括国际国内两方面的人才,也就是要'择天下英才而用之'。一个国家、一个地方,没有这样的眼光,没有这样的胸怀,是很难快速地发展起来的。"习近平还说:"中华民族历来具有尚贤爱才的优良传统。现在,我们比历史上任何时期都更需要广开进贤之路、广纳天下英才。要实行更加开放的人才政策,不唯地域引进人才,不求所有开发人才,不拘一格用好人才,在大力培养国内创新人才的同时,更加积极主动地引进国外人才特别是高层次人才,热忱欢迎外国专家和优秀人才以各种方式参与中国现代化建设。"

引进人才需要主动作为,采取灵活的方针,出台优厚政策,搭建发展平台。2013年10月21日,习近平出席欧美同学会成立100周年庆祝大会时指出:"党和国家将按照支持留学、鼓励回国、来去自由、发挥作用的方针,把做好留学人员工作作为实施科教兴国战略和人才强国战略的重要任务,以更大力度推进'千人计划''万人计划',千方百计创造条件,使留学人员回到祖国有用武之地,留在国外有报国之门。我们热诚欢迎更多留学人员回国工作、为国服务。"

引进人才是为了用人才,要使人才各得其所,各展其长。"人既尽其才,则百事俱举;百事举矣,则富强不足谋也。"习近平强调:"树立强烈的人才意识,寻觅人才求贤若渴,发现人才如获至宝,举荐人才不拘一格,使用人才各尽其能"习近平指出："要积极营造尊重、关心、支持外国人才创新创业的良好氛围，对他们充分信任、放手使用，让各类人才各得其所，让各路高贤大展其长。"

人才的流动是当今国际交流合作最活跃的因子，人才的开放是对外开放的重要内容之一。习近平强调："引进国外人才和智力是中国对外开放的重要组成部分，是我们长期坚持的重要战略方针。"2014年5月22日，习近平参加在上海召开的外国专家座谈会时指出："不拒众流，方为江海。当今世界，经济全球化、信息社会化所带来的商品流、信息流、技术流、人才流、文化流，如长江之水，挡也挡不住。一个国家对外开放，必须首先推进人的对外开放，特别是人才的对外开放。""对外开放要着眼于人、着力于人，推动人们在眼界上、思想上、知识上、技术上走向开放，通过学习和应用世界先进知识和技术，进而不断把整个对外开放提高到新的水平。"2014年6月3日，习近平在国际工程科技大会上指出："我们将加强工程科技人才培养，把国际交流合作作为聚集一流学者的重要平台，联合培养拔尖创新型工程科技人才。工程科技是人类实现梦想的翅膀，承载着人类美好生活的向往，能够让明天充满希望、让未来更加辉煌。希望中外工程科技专家学者加强合作，共同为人类社会进步做出新的更大的贡献！"

"治国经邦，人才为急。"习近平强调："人才是衡量一个国家综合国力的重要指标。没有一支宏大的高素质人才队伍，全面建成小康社会的奋斗目标和中华民族伟大复兴的中国梦就难以顺利实现。"人才优先是尊重知识、尊重人才的现实表现，是兴国强国的必由之路。

（文章摘自：新浪网，2015年11月10日，http://news.sina.com.cn/o/2015-11-10/doc-ifxknivr4429418.shtml）

第二篇　公共部门人力资源管理

第三章
公共部门人力资源管理概述

一、公共部门人力资源管理的基本概念

(一)人力资源的内涵

1919年,约翰·康芒斯(John Rogers Commons)首次使用了"人力资源"一词。我们目前理解的人力资源概念最早是由著名管理大师彼得·德鲁克(Peter F.Drucker)于1954年在《管理的实践》一书中提出的。他认为,人力资源与其他资源相比拥有独特的"协调能力、融合能力、判断力和想象力"[①]。他提出的这一概念,是想表达传统人事管理所不能表达的含义。人力资源是一种特殊的资源,必须通过有效的激励机制才能开发利用,并为组织带来可观的价值。德鲁克虽然提出了人力资源的概念并指出了其重要性,但是未对这一概念进行详细的定义,后来一些学者从不同的角度给出了不同的定义,常见的有以下四种:

(1)人力资源又称劳动力资源,是指能够推动整个经济和社会发展、具有劳动能力的人口总和。

(2)人力资源是存在于人们身上的社会财富的创造力,就是人类可用于生产产品或提供服务的体力、技能和知识。

(3)人力资源是指具有劳动能力的人,不是泛指一切具有脑力和体力的人,而是指能够独立参加社会劳动,推动整个社会经济发展的人。因此,人力资源既包括劳动年龄内具有劳动能力的人, 也包括劳动年龄外参加社会劳

---

① 参见[德]彼得·德鲁克:《管理的实践》,齐若兰译,机械工业出版社,2006年。

动的人。

（4）人力资源主要包括体力和智力，如果从现实的应用形态来看，主要包括体质、智力、知识、技能四个方面。

由此可见，学界对人力资源没有统一的定义，大多数学者主要从人口学、经济学、社会学的不同视角去寻找答案。我们认为，人力资源可以从宏观和微观的不同角度去定义：

（1）人力资源的宏观定义：人力资源是指能够推动特定社会系统不断向前发展，并达成其目标的该系统的人们的各种能力的总和。

（2）人力资源的微观定义：人力资源是实现组织的使命、愿景、战略与目标，做出贡献或潜在贡献的人所具备的可被利用的能力与才干。

（二）人力资源管理的内涵

在彼得·德鲁克之后，1958年怀特·巴克（Wight Bake）出版了《人力资源职能》一书，首次将人力资源管理的普通职能进行论述。此后，随着人力资源管理理论和实践的不断发展，学界产生了人力资源管理的各种流派，从不同的角度对人力资源管理的概念进行阐述，综合起来主要有以下五类：

第一类：从人力资源管理的目的出发对其进行定义，认为借助对人力资源管理来实现组织的目标。例如，认为人力资源管理就是通过各种技术与方法，有效地运用人力资源来达成组织目标的活动（Mondy and Noe，1996）。

第二类：从人力资源管理过程或承担的职能出发来解释，把人力资源管理看作一个活动过程。例如，认为人力资源管理是负责组织人员的招聘、甄选、训练及报酬等功能的活动，以达成个人与组织的目标（Sherman，1992）。

第三类：主要揭示人力资源管理的实体，认为它就是与人有关的制度、政策等。例如，认为人力资源管理包括影响组织和员工之间关系的所有决策和行为（Beer Specktor，1984）。

第四类：主要从人力资源管理的主体出发来解释，认为它是人力资源部门或人力资源管理者的工作，但持这种观点的人所占的比例不大。例如，认为人力资源管理是指那些专门的人力资源管理部门中的专门人员所做的工作（余成凯，1997）。

第五类：从目的、过程方面综合进行解释。例如，认为人力资源管理就是运用现代化的科学方法，对与一定物力相结合的人力进行合理的训练、组织与调配,使人力、物力经常保持最佳比例,同时对人的思想、心理和行为进行恰当地干预与引导、控制、协调,充分发挥人的主观能动性,使人尽其才、物尽其力、事得其人、人事相宜,由此实现组织的既定目标。

综上所述,我们认为人力资源管理(human resource management)就是对人力资源的取得、开发、保持和利用等方面进行计划、组织、指挥和控制的活动,是通过协调社会劳动组织中人与事的关系和共事人的关系,以充分开发人力资源,挖掘人的潜力,调动人的积极性,提高工作效率,实现组织目标的理论、方法、工具和技术。作为人力资源管理部门,要对所拥有的人力资源进行整合、调控和开发,并给予他们报酬,进而有效地开发和利用。

(三)公共部门人力资源管理的内涵

我们认为,公共部门人力资源管理是指以公共部门(政府组织、事业单位、从事公共服务的社会团体)的人力资源为主要研究对象,以社会公正和提升工作效率为目的,依据法律规定对其所属的人力资源进行规划、录用、选拔、培训、考核、工资福利、职业生涯等管理活动的总和。

二、公共部门人力资源管理的特征

第一,利益取向的公共性。公共部门的人力资源管理不允许谋求某一部门的自身利益,公共管理包括公共部门的人力资源管理,必须以公共利益为其最基本的价值取向。

第二,管理行为的政治性。以政府为主体的公共部门掌握社会的公共权力,在社会价值的权威性分配中起关键性作用,所以公共部门的人力资源管理不可避免地具有政治性。

第三,管理层级的复杂性。以政府为主体的公共部门是一个纵横交错、层级分明的庞大的组织结构体系,这就决定了公共部门在人力资源管理权限的划分,人力资源的获取、配置、使用等方面都具有私人部门所不可比拟的复杂性。

第四,绩效评估的困难性。公共部门的产出是公共物品,大多数公共物品具有非竞争性、非排他性的特点,无须通过市场就可以消费,并且难以量化,难以确定个人在其中贡献的份额,因此对公共部门的人力资源进行绩效评估就存在一些技术上的困难。

第五，法律规制的严格性。公共权力具有两重性，既可以用来实现公共利益，也可以用来谋取个人私利。因此必须以专门的法律、法规对公共部门人力资源加以严格的规范，在各个管理环节上以法律形式予以约束，依法进行管理。

三、公共部门人力资源管理的重要性

公共部门如何科学地开发与管理人力资源，不仅对自身工作质量和效率的提高有着举足轻重的作用，而且对社会人力资源的开发和利用有着重要的影响。当前，人力资源管理在许多国家已经成为具有战略高度的问题。在公共部门人力资源管理的重要性上，很多学者和公共部门的管理者已经有所认识。大体说来，公共部门人力管理的重要性体现在以下四个方面。

（一）公共部门人力资源管理是公共部门发展的核心

在整个社会发展中，人的地位都是不可忽视的。人力资源作为一种特殊的资源，对社会的发展起着非常重要的作用。随着世界资本市场的发展，资本优势不再是唯一的竞争要素，而知识与技能正作为比较优势的来源而凸显出来，掌握知识与技能的人力资源成为社会发展的核心资本。因此，尊重知识、尊重人才，在公共行政管理体制改革中就显得尤为重要。在公共部门中，很多资源都是可以共享和模拟的。而唯有人力资源在一定程度是具有隐蔽性，是不可替代的。即便它不公开，竞争对手也难以模拟。由于人力资源管理是一个相互关联的系统，一个非凡的人事功能只有在配合其他人事功能的情况下才可以成功。但是公共部门所具备的人力资源并不是一成不变和固定不变的，比方说招聘到优秀的人才，并不意味着就能够保住他和有效地利用他；即使能够保住他，也不意味着他对组织有高度的承诺。所以先进的人力资源管理和一套完善的人力资源管理体系在公共部门中尤为重要。公共部门人力资源管理既是当今服务竞争时代公共服务管理的客观需求，也是我国公共部门人事制度改革的必然趋势。

（二）公共部门人力资源管理是提升政府执政能力的必然要求

当今世界各国在推动经济改革和发展的同时，都把公共部门人力资源管理放到重要位置。国家竞争力突出表现在公共部门，而以政府为代表的公共部门的行政管理能力很大程度上取决于政府部门人力资源管理水平。目前，我国正处于全面转型时期，特别是社会主义市场经济体制的建立，使政府职能发生重大转变，即从微观管理为主转向宏观调控，从直接控制型转为服务监督型。这种职能转变要求政府机构重新设置，要求人力资源管理在知识、专业、能力素质上有较大提高，特别是建立一支高素质、专业化、年轻化的队伍，更是刻不容缓的重要任务，必须加大公共部门人力资源管理的力度。

（三）公共部门人力资源管理是实现公平竞争环境的有力保障

党的十八大以来，党中央提出"四个全面"战略布局，需要一大批公共部门人力资源参与实施；党风廉政建设和反腐败斗争的任务十分艰巨，需要探索在市场经济新形势下的公共部门人力资源队伍的约束激励机制；在人员数量上远高于公务员队伍而且性质和功能都更为复杂的事业单位需要深化改革，原来按照准公务员体制管理的事业单位数千万人员的分流、安置和使用，直接影响到事业单位改革的成败；国有企业的人力资源管理还带有浓厚的"准公务员制"的管理模式，国企的管理者还有着国家干部身份，劳动人事工资制度的改革还需要进一步深化。如何保证公共部门人力资源实现平等、竞争、择优，在人力资源管理方面的运行机制就非常重要。

（四）公共部门人力资源管理是政府职能转变的关键环节

深化事业单位人事制度改革，寻求社会化、专业化的发展道路，将传统的事业单位管理体制束缚的人力资源的活力释放出来；非政府组织的人力资源开发，发挥非政府组织在参与公共服务、社会管理中的积极作用；坚持执政党的干部路线和用人标准，探索党管干部原则与公共人力资源法律规范的整合协调机制，将执政党的干部人事政策进一步法制化；规范和引导地方政府的人才政策博弈，积极、稳妥、合理地调整地区之间公共人力资源的流动与配置，改善中西部地区由于公共人力资源匮乏导致的公共管理与公共服务功能薄弱问题；发挥公共人力资源开发和使用的市场机制作用，运用市场功能实现公共人力资源的开发、流动和配置，如聘用制工资待遇的市场定价与合同谈判；加强公共人力资源（包括进、用、留、出等环节）职务管理的运行机制研究，转变用人机制上的封闭、保守和僵化的状态；将预防、教育与惩治相结合，建设公职人员反腐倡廉的长效机制；围绕公职人员的基本义务和权利，探索公职人员的责任追究机制与权益保护机制；推进公共人力资源的职业化和职业发展，使公共部门的从业人员在谋求公共利益和维护自身合法权益方面形成动态平衡关系。

四、公共部门人力资源管理的目标

（一）保证公共部门对人力资源的需求

公共部门人力资源管理目标的实现要求公共部门根据组织使命和发展规划，制订中长期人力资源规划，及时向社会发布招聘信息，通过各种形式，广泛招聘社会优秀人才。此外，要完善公共部门的薪酬制度、权益保障制度和健康与安全制度，这样不仅可以吸引社会优秀人才进入公共部门，而且可以留住优秀人才为公共部门服务，从而保证公共部门对人力资源的需求得到满足。

（二）促进公共部门目标的实现

彼得·德鲁克认为，组织的目的是使平凡的人做出不平凡的事。公共部门通过各种途径获取人力资源的目的是充分发挥他们的积极性和创造性，实现组织目标、组织发展。这一方面要求公共部门科学地管理人力资源，通过科学的工作分析，将人才配置到合适的岗位上，做到人事相宜；另一方面要建立科学的绩效考核制度、教育培训制度和竞争激励制度，营造健康和谐的组织文化，使每一个员工都能充分地发挥自身才能，出色地完成岗位工作，实现公共部门的可持续发展。

(三)促进公共部门人力资源的个人成长

"以人为本"是现代人力资源管理的基本理念。公共部门人力资源不是传统管理思维下的"会说话的工具",而是公共部门组织中最宝贵的财富。只有切实考虑员工的个人成长和职业发展,才能从感情和心理上赢得员工的信赖和拥护,才能最大限度地开发他们的潜能,从而充分发挥其能力,实现个人和组织的协调发展。为此必须牢固树立"以人为本"的理念,洞察员工的心理和精神需求,进行科学的职业生涯规划,为员工个人成长和职业发展创造条件。

五、公共部门人力资源管理的任务

(一)营造有利于人才脱颖而出的环境

人的生存与发展是离不开环境的,公共部门人力资源的环境是人力资源健康成长和合理使用的基础。良好的环境将有助于公共部门人力资源的开发与使用;恶劣的环境将阻碍人才的成长,甚至是扼杀人才。所以公共部门人力资源管理的基本任务之一,就是要营造和提供良好的环境,有助于人力资源开发与管理。

(二)改革旧的人事管理体制

公共部门人力资源管理体制是国家政治体制的重要组成部分,它决定了公共部门如何选才与用才;决定了公共部门人力资源成长的方式与途径。良好的人力资源管理体制是国家政权稳定的基础,陈旧落后的人力资源管理体制将会影响到整个社会人力资源的成长与供应,甚至将阻碍社会的进步。所以公共部门人力资源管理的首要任务之一就是要改革我国长期以来,特别是改变计划经济体制下旧的人事管理体制。

　　(三)建立符合社会主义市场经济发展要求的现代人力资源管理机制

　　建立符合社会主义市场经济发展要求的、有助于公共部门人力资源开发与管理的现代人力资源管理机制，是目前公共部门人力资源管理的首要任务和迫切要求。积极实施和完善中国公务员制度,在公共部门人力资源管理中引入竞争机制、保障机制、激励机制、新陈代谢机制、监控机制等行之有效的管理方法与管理手段,将有助于推动我国经济体制和政治体制改革。

　　(四)加强公共部门人力资源管理的法制化建设

　　法制化作为现代社会一个基本的治国原则，它也是现代公共部门人力资源管理应坚持的基本原则。加强公共部门人力资源管理的法制化建设,其目的是为了规范政府的人事管理行为,避免人力资源管理中的失误与偏差,坚持公平、公正、公开的原则,为吸引优秀人才、合理使用人才、周到服务人才提供制度保证。

　　(五)建立一套科学的公共部门人力资源管理方法与管理手段

　　长期以来,在管理方法上我们一直沿用传统的经验式的管理方法,在公共部门人力资源管理上,主要依靠管理人员的经验和悟性,缺乏科学的现代化的管理方法和管理手段。即使有一些"经验",也无非是一些人力资源管理部门领导命令式的行政方法与行政手段，缺乏行之有效的管理方法与管理手段。长期以来我们习惯于定性分析而忽视必要的定量分析,因此随着社会主义市场经济的建立与不断完善,随着政府管理体制的深化改革,我国的公共部门的人力资源管理也急需建立一套与之相适应的现代化的、科学的、完善的人力资源管理方法与管理手段，使得公共部门的人力资源开发与管理更趋于科学化和现代化。

六、公共部门人力资源管理的基本流程

随着公共部门的发展,人力资源管理在组织中越来越重要。人力资源管理部门的日常工作内容主要包括对员工的招募、甄选、录用、培训、岗位调配、绩效考核、奖惩、晋升、工资、福利、社会保险及劳动关系的处理等,分为六大模块——人力资源规划、招聘与配置、培训与开发、绩效管理、薪酬福利管理、员工关系管理。其流程如图3-1所示。

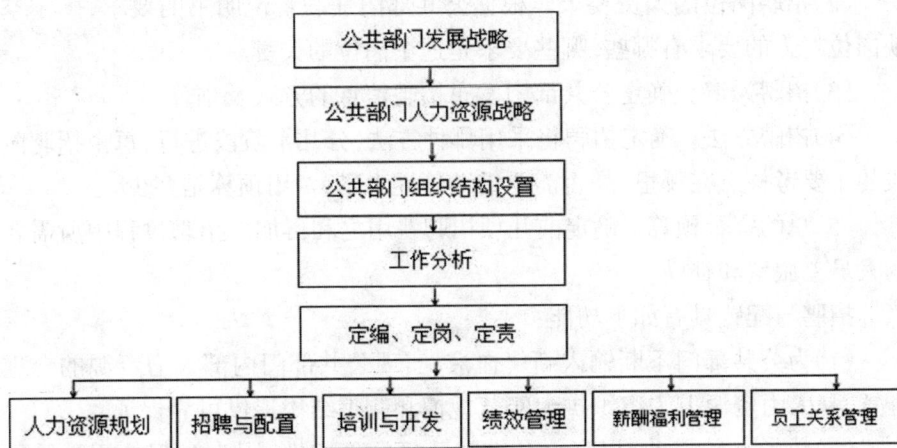

图3-1　公共部门人力资源管理流程图

(一)人力资源规划

人力资源规划是指为使组织稳定地拥有一定质量和必要数量的人力资源,实现包括个人利益在内的组织目标而拟定的一套措施,以求得在组织未来发展过程中人员需求量和人员拥有量之间的相互匹配。

通过制订人力资源规划,一方面可以保证人力资源管理活动与组织的战略方向和目标相一致;另一方面,可以保证人力资源管理活动中各个具体环节协调一致,从而消除各种冲突。同时,在实施此规划时还必须在法律和道德观念层面创造一种公平的就业机会。

(二)招聘与配置

招聘是根据组织发展的需要,针对公共部门将要空缺的职位,找到公共部门需要的人员。招聘对象可以分为两部分:一是新职工的招聘,二是组织的管理人员的选拔。具体内容包括:

(1)招聘的岗位要求和人数。确定空缺岗位的要求,以及该岗位需要员工到位的具体时间。

(2)招聘岗位的人员要求。根据公共部门任职者说明书的要求,确定空缺岗位对人的要求有哪些,哪些要求是这个岗位的关键。

(3)招聘渠道。确定公共部门发布招聘信息的方式及预算。

(4)招聘方法。确定招聘将采用哪种方法,分几个阶段进行,每个招聘阶段的主要考核点在哪里,是否需要借助外界力量,费用预算是多少。

(5)总的资金预算。确定前几项招聘费用之和再加上招聘过程中所需要的人员差旅费和补助。

招聘与配置具有如下功能:

(1)为公共部门不断输入新鲜血液,实现公共部门内部人力资源的合理配置,从人力资源上为组织扩大经营规模和调整结构提供可靠保证。

(2)减少人员流动,提高公共部门队伍的稳定性,因为合理的招聘录用能使人尽其才并从工作中获得高度的满足感。

(3)减少人员培训与开发的成本,或者提高培训的效率。

(4)使管理活动更多地投入到如何使好员工变得更好,而不是花在对不称职员工的改造上,从而提高管理的效率。

(三)培训与开发

培训是传授知识、更新观念及提高技能等方法,使员工具备完成本岗位目前或未来的工作所必需的基本技能,以及提高工作绩效的一系列活动。通过培训可以使员工的工作能力和知识水平得以提升,工作业绩得到提升,从而实现公共部门制定的各项战略目标。

开发是依据员工需求与公共部门发展目标,用各种直接或间接的方法对员工的潜能进行开发,促进员工的全面发展,完成员工职业生涯规划,以实现员工职业生涯发展目标。

　　培训与开发贯穿于人力资源管理的各个环节，培训与开发在公共部门人力资源管理的各项工作中都起到或多或少的作用。

　　（四）绩效管理

　　绩效管理的目的在于通过绩效目标规划、绩效辅导、绩效考核、绩效反馈等过程，并建立一套完整的绩效评价指标体系，促进公共部门的工作人员工作绩效的提高。传统的绩效管理工作只停留在绩效考核方面，而现代绩效管理则更多地关注未来业绩的提高。关注点的转移使得现代绩效管理工作的重点也开始转移。一个有效的绩效管理体系包括科学的考核指标、合理的考核标准，以及与考核结果相对应的薪资福利和奖惩措施。纯粹的业绩考核使绩效管理只能局限在对过去工作的关注，更多地关注绩效的后续作用才能把绩效管理工作的视角转移到未来绩效的不断提高上。

　　无论公共部门处在何种发展阶段，绩效管理对于提升公共部门的竞争力都具有巨大的推进作用，所以进行绩效管理是非常必要的。绩效管理对于处在成熟期的公共部门而言尤为重要，没有有效的绩效管理，组织和个人的绩效都得不到提升，组织和个人都不能适应社会环境发展的需要。绩效管理的作用主要体现在以下四个方面：

　　（1）绩效管理为最佳决策提供了重要的参考依据。绩效管理的首要目的是为公共部门组织目标的实现提供支持，特别是在制定重要决策时，绩效管理可以使管理者及其下属在制订初始计划过程中及时纠偏，减少工作失误，为最佳决策的出台提供重要的行动支持。

　　（2）绩效管理为公共部门发展提供了重要支持。绩效管理的一个重要目标是提高员工的工作业绩，引导员工努力的方向，使其能够跟上组织的变化和发展。绩效管理可以提供相关的信息资料，作为激励或处分员工、提升或降级、职务调动及进一步培训的依据，这是绩效管理最主要的作用。

　　（3）绩效管理为员工的工作报酬变动提供了依据。绩效管理的结果为确定员工的实际工作报酬提供了决策依据。实际工作报酬必须与员工的实际能力和贡献相结合，这是公共部门的分配制度的一项基本原则。为了鼓励员工提高工作效率，增加工作业绩，公共部门必须设计和执行一个公正合理的绩效评估系统，对那些最富有成效的员工和工作团队给予明确的物质和精神奖励。

（4）绩效管理为员工潜能的评价及相关人事调整提供了依据。绩效管理中对能力考评是通过考察员工一定时间内的工作业绩，评估他们的现实能力和发展潜力，看其是否符合现任岗位或现任职务所具备的素质和能力的要求，是否具有担负更重要工作的潜能。公共部门必须依据管理人员在工作中的实际表现，对组织的人事安排进行必要的调整。对能力不足的员工应安排到与其能力相符的岗位上，而对潜能较强的员工应提供更多的展示机会和晋升空间，对另一些能力较为平衡的员工则可保持其现在的岗位或职务。当然反映员工过去业绩的评价要与描述将来潜力的评价区分开来。为此，公共部门需要创设更为科学的绩效考核评价指标体系，为公共部门制订包括降职、提升或维持现状等内容的人力资源调整计划提供科学的依据。

（五）薪酬福利管理

公共部门的薪酬福利包括：基本工资、薪级工资、绩效工资、奖金、住房公积金、基本社会保险、各种补贴、免费体检、班车接送等内容。薪酬福利管理是在公共部门发展战略的指导下，综合考虑公共部门内外部因素，确定自身的薪酬形式、薪酬结构和薪酬水平，并对薪酬福利进行调整和控制的整个过程。公共部门薪酬福利管理应注意以下问题：

（1）薪酬福利管理的直接目的在于吸引并留住优秀的员工进入公共部门，并激发他们的工作热情和潜能。因此，在进行薪酬设计的过程中必须考虑到公共部门内部、外部各种因素的影响和作用，既能保持公共部门的员工薪酬水平的外部竞争性和内部公平性，同时又要保证各种薪酬福利在激励方面的有效性。

（2）薪酬福利管理工作绝不是仅仅为员工发工资和奖金，它同公共部门的其他工作一样需要有科学的管理理念和先进的管理软件作支撑，需要运用计划、组织、领导、控制等管理职能来开展工作，也需要政府的政策支持和社会的理解与认同。

（3）薪酬福利管理是公共部门人力资源管理工作中重要的一个环节，因而公共部门的薪酬福利管理必须服从和服务于公共部门的人力资源管理战略，同时公共部门的薪酬管理工作必须在公共部门统一的规划和指导下，与公共部门其他各项工作相互配合，为公共部门发展战略目标的实现提供有力的支撑。

(六)员工关系管理

员工关系的管理在于以国家相关法规政策及公共部门的规章制度为依据,在发生劳动关系之初明确劳动者和用人单位之间的权利和义务,在合同期限内按照合同的约定处理劳动者与用人单位之间的权利与义务关系。对于劳动者来说,需要借助劳动合同来确保自己的利益得以实现,同时对组织尽到应尽的义务;对于用人单位来说,劳动合同法规更多地在于规范其用工行为,维护劳动者的基本利益,但同时也保障了用人单位的利益,包括依据适用条款辞退不能胜任岗位工作的不合格的劳动者,以及合法规避劳动法律法规,为组织节约人力资源支出等。

对于任何一个公共部门的工作人员来说,工作的开展必须涉及相互的沟通。部门与部门之间的工作交接、相互协调也需要选择正确、有效的沟通渠道和沟通方式。作为公共部门的管理者,必须将公共部门的沟通渠道建立成高效、顺畅的沟通网络,使得工作信息迅速、准确地传达到位,工作进展、员工状态、意见建议也可以及时反映到管理层面。对于各级管理者来说,选择正确的沟通方式也是开展工作的基础技能之一,必须学会在不同工作环境下使用相应的沟通技巧。

七、公共部门人力资源管理的发展趋势

当今在经济全球化与信息技术的推动下,公众对公共部门的期望值日益增高,社会经济的发展也促使公共部门借鉴先进的管理理念,采取更有效的管理手段,提高组织的效能。为适应外部环境剧烈的变化,公共部门人力资源管理出现了一些新的发展趋势。

(一)人本化

"以人为本"的管理理念在人力资源管理中得到充分体现,要求实行人本管理。人本管理的核心内容就是把人的因素当作管理的首要因素和本质因素,其出发点和着眼点是人,强调把人作为管理活动的核心和组织最重要

的资源,重视人的作用,尊重员工的需要,注重员工的个人发展,把组织目标与员工的个人目标结合起来,通过发挥员工的主动性、积极性和创造性,更好地实现组织目标。随着公共部门史无前例地对知识型员工的大量需求,公共部门对员工有更高的绩效期望,员工也对组织有更高的期望值,如希望发现更多的工作价值,有更多机会参与组织的决策,希望被公正对待,并受到尊重。总之,越来越多的公共部门的员工关注工作要求、工作时间对其家庭及个人生活的影响。因此,从尊重员工的权利入手,加大公共部门人力资源开发的力度,促进员工个人健康成长,从而可以更好地实现公共部门的发展目标。

(二)战略化

在21世纪,人力资源是组织获得和保持竞争优势的核心资源,"人力资源管理也被视为不易被其竞争对手模仿的主要竞争优势"①。在经历了二十多年的公共管理改革之后,公共部门对人力资源的管理已经突破了传统的人事管理,而将其作为战略管理中的重要内容,称之为"战略人力资源管理"。因此,现在的公共部门人力资源管理侧重于更具全局性、前瞻性、战略性的管理内容,包括人力资源政策的制定和执行,根据组织目标的变化进行有效的人力资源规划,使各机构能够更好地适应组织及外部环境的要求,使人力资源管理在公共部门的发展进程中扮演着越来越重要的角色。

(三)制度化

任何先进的人力资源管理理论都需要制度来固化,而制度化管理最大的优势在于程序公平,避免了"人治"的弊端。这些制度包括计划与招聘制度、绩效考评制度、薪酬福利制度、公共部门工作人员录用及晋升制度、监督制度等。制度的建立是为了更有效地执行。而自新公共管理运动兴起以来,公共部门为了克服制度化过度的弊端,走向了有选择性的灵活化状态。如放松公务员规制,实行以绩效工资为主的弹性工资制度,在用人上改变终身制度,试点采取聘用制等,以提高公共部门的效率。

---

① 杭广社、苏兆林:《现代人力资源管理的内涵及其发展趋势》,《人才资源开发》2006年第2期。

（四）专家化

由于人具有可变性和复杂性,对人力资源的管理难度也越来越大,对人力资源管理者的专业化程度要求也更高。这要求公共部门的人力资源管理者要具备更多的专业化知识,成为"人力资源战略策划专家、人力资源开发专家、劳动关系专家及组织文化专家"①,其专业化程度决定了人力资源管理的实现程度。与此同时,借助网络等信息技术,在人力资源管理中采用网上招聘、在线课程培训、远程信息发布、视频会议内部沟通等方法,也使人力资源管理模式更加开放。这一方面节约了管理成本,提高了管理效率;另一方面,对公共部门人力资源管理者的职业化水平的要求也更高。因此,开放化需要专家化,也促进专家的职业化。

知识点提要:

1. 人力资源的内涵。

（1）人力资源的宏观定义:人力资源是指能够推动特定社会系统不断向前发展,并达成其目标的该系统的人们的各种能力的总和。

（2）人力资源的微观定义:人力资源是实现组织的使命、愿景、战略与目标,做出贡献或潜在贡献的人所具备的可被利用的能力与才干。

2. 人力资源管理的内涵。我们认为人力资源管理就是对人力资源的取得、开发、保持和利用等方面进行计划、组织、指挥和控制的活动,是通过协调社会劳动组织中人与事的关系和共事人的关系,以充分开发人力资源,挖掘人的潜力,调动人的积极性,提高工作效率,实现组织目标的理论、方法、工具和技术。

3. 公共部门人力资源管理的内涵。它是指以公共部门(政府组织、事业单位、从事公共服务的社会团体)的人力资源为主要研究对象,以社会公正和提升工作效率为目的, 依据法律规定对其所属的人力资源进行规划、录用、选拔、培训、考核、工资福利、职业生涯等管理活动的总和。

4. 公共部门人力资源管理的特征。一是利益取向的公共性,二是管理行

---

① 向郢:《全新干部考核体系即将公开》,《南方周末》2006年6月15日。

为的政治性,三是管理层级的复杂性,四是绩效评估的困难性,五是法律规制的严格性。

5. 公共部门人力资源管理的重要性。一是公共部门人力资源管理是公共部门发展的核心,二是公共部门人力资源管理是提升政府执政能力的必然要求,三是公共部门人力资源管理是实现公平竞争环境的有力保障,四是公共部门人力资源管理是政府职能转变的关键环节。

6. 公共部门人力资源管理的目标。一是保证公共部门对人力资源的需求,二是促进公共部门目标的实现,三是促进公共部门人力资源的个人成长。

7. 公共部门人力资源管理的任务。一是营造有利于人才脱颖而出的环境,二是改革旧的人事管理体制,三是建立符合社会主义市场经济发展要求的现代人力资源管理机制,四是加强公共部门人力资源管理的法制化建设,五是建立一套科学的公共部门人力资源管理方法与管理手段。

8. 公共部门人力资源管理的基本流程。一是人力资源规划,二是招聘与配置,三是培训与开发,四是绩效管理,五是薪酬福利管理,六是员工关系管理。

9. 公共部门人力资源管理的发展趋势。一是人本化,二是战略化,三是制度化,四是专家化。

复习思考题:

1. 人力资源的传统定义有哪些?
2. 人力资源管理的传统定义有哪些?
3. 公共部门人力资源管理的重要性有哪些?
4. 公共部门人力资源管理的特征是什么?
5. 公共部门人力资源管理的目标是什么?
6. 公共部门人力资源管理的任务是什么?
7. 公共部门人力资源管理的基本流程有哪些?
8. 公共部门人力资源管理的发展趋势有哪些?

进一步阅读：

我国事业单位人事制度改革

我国有126万个事业单位，共计3000多万正式职工，另有900万离退休人员，总数超过4000万人。事业单位改革是行政管理体制改革的重要组成部分。推进事业单位改革关键要从体制机制入手，转变政府职能和管理方式，调整和规范政事关系。2011年4月初，中央已经确定了一张事业单位分类改革的时间表，共涉及超过126万个机构，4000余万人。该表预计到2015年，中国将在清理规范基础上完成事业单位分类；到2020年，中国将形成新的事业单位管理体制和运行机制。

一、事业单位管理中存在的主要问题

（一）"政事关系"错乱

长期以来，各项事业一直采取全部由政府直接组织方式，大到机构设立、目标确定、经费供给，小到人员管理、具体业务活动组织等等，几乎全部都要依靠政府。近些年来，虽然进行了一系列改革探索，全面扩大了事业单位的自主权，但总体上看，由政府直接组织社会事业的体制，特别是政府与事业单位的基本关系模式并没有发生实质性变化。我国"政事关系"错乱已成为事业单位管理体制中存在的最突出问题，主要表现为以下三个方面：

1. 政事组织不分

政府机关与事业单位在法律上虽然属于两类不同的组织，由于事业单位法人制度尚未真正建立起来，政府机关不仅通过各种权力、运用多种方式直接管理事业单位，而且政府部门与事业单位之间缺乏严格的组织界限，事业单位往往依附于政府及政府的各个部门，有的甚至出现了以"一个机构两块牌子"（行政的、事业的）的形式存在的行政事业混编机构。此外，许多事业单位套用行政级别，建立科层制组织形式，按行政机关的形式运行，按政府管理的方式提供服务，形成行政化、官僚化组织模式和运行方式。

2. 政事人事管理不分

1993年推行国家公务员制度、2002年事业单位全面推行聘用制,逐步将机关人事制度与事业单位人事制度分离开来,但行政一体化问题依然突出。而所谓的"全员聘用"制度在实际运作中基本上就是"全部聘用",事业单位工作人员拥有的"事业身份","国家干部身份"并未根本取消,能上不能下、能进不能出的问题也并未随聘用制的推行而解决。此外,事业单位领导基本由政府主管部门委任,体现事业单位特点的领导干部选拔任用机制尚未形成。

3. 政事产权不分

首先,政府作为事业单位的出资人,无偿提供事业单位建设资金和运营资金。目前我国事业单位约60%财政全额拨款,约20%财政差额拨款,各项事业经费支出占政府财政支出的30%以上,事业单位日常运营及基本建设高度依赖政府财政,这在一定程度上影响事业单位财产的独立性。其次,个别机关与事业单位资产实行一体化管理,在资产分类上机关与事业单位资产均属于非经营性的"行政事业单位国有资产",长期以来按照一种体制进行管理,事业单位资产难以同行政单位资产彻底分离。同时,一体化管理不利于事业单位通过盘活资产优化配置进而实现资产保值增值。再次,许多事业单位缺乏独立的财产权,尽管随着"搞活""创收"等政策被事业单位积极乃至过度使用,事业单位经济方面的自主权开始扩大,但主管部门调用事业单位财产情况仍经常发生。最后,部分事业单位依托行政权力进行创收,如许多事业单位拥有"政策性收入"权力,"政策性收费"实质是行政权力收费,由此形成的收入明显属于政事不分的产物。

(二)缺乏科学、严格的激励与约束机制

20世纪80年代中期以来,中央政府有关部门及不少地方政府对事业单位的微观管理体制进行了一系列的探索。基本改革内容就是全面扩大事业单位在业务活动及内部分配制度等各个方面的自主权,并允许事业单位利用所占有的资源或结合业务内容进行创收,而且创收收入可以全部或部分由各个机构自主支配,可以或多或少与员工收入和福利挂钩。在计划经济体制下,各种社会事业不仅由政府直接组织,事业单位的所有内部事务也都要接受严格的计划管理。这种僵化体制的结果就使机构及个人都缺乏积极性,运行效率极其低下。

(三)体制僵化、忽视市场作用

在长期的计划经济体制下，人们已经形成了一整套与传统公共事业管理体制相适应的传统观念。例如，长期以来人们认为，科学、教育、文化、体育、卫生等活动都属于"事业"，而凡是"事业"都应该由政府举办，并应由财政供给经费。这些观念既是形成传统事业管理体制的理论基础，又是传统事业管理体制的现实反映。再加上我国长期以来对公共事业资源配置缺乏明确的目标，各事业部门和单位之间不通有无，相互分割，相互封闭，互不开放，从而导致大量低水平的重复建设，造成公共事业资源的大量浪费。这些传统观念已经成了阻碍市场经济体制下我国公共事业管理体制改革的重要因素，必须进行彻底的转变。

(四)法制不健全，法制化管理意识单薄

首先，从立法角度来看，缺乏公共事业组织单行法。政府虽然承认公共事业组织的多样性，但对不同性质的公共事业组织仍然采取了"一法统揽"的做法，这样就使公共事业组织的特殊性在法律上得不到体现。其次，当前我国公共事业管理法规的立法层次较低，立法的权威性不足，约束力不强。中华人民共和国成立以来颁布的三个公共事业管理条例(即1950年的《社会团体登记暂行办法》及1989年和1998年的《社会团体登记管理条例》)都属于程序性法规。虽然现行的《社会团体登记管理条例》较前两个法规多了一些实体性的规定，但从总体上来看，仍然主要是以社团登记管理为核心的程序性规定，缺乏实体性内容的体统规范。

此外，我国事业单位的管理体制中还存在政府监管体制不健全，公共事业运行机制效率低下和财务管理不严，导致资金严重浪费等不良现象，急需推进事业单位管理体制的全面改革。

二、我国事业单位人事制度改革的基本历程

改革开放三十多年来，我国事业单位人事制度改革经历了初步探索、深入发展、改革试点、制度创新几个发展阶段，经历了由单项到综合、由点到面

的逐步深化过程。

(一)初步探索阶段(从1978年到1987年)

这一阶段主要是顺应教育、科技体制改革的要求,恢复职称评审、扩大事业单位人事管理自主权,对聘用制进行初步探索。为满足事业单位改革和发展的需要,一些事业单位开始探索聘用合同制,这在一定程度上缓解了事业单位急需人才的矛盾,调动了一部分优秀人才的积极性。

(二)深入发展阶段(从1988年到1992年)

这个阶段改革的主要内容是下放权力,扩大事业单位人事管理自主权,聘用制实施范围逐步扩大。实行聘用制的不单纯局限于新补充干部,而是扩大到事业单位的各类人员。事业单位行政领导人员、专业技术人员、管理人员等都试行了各种形式的聘用制度,一些改革力度比较大的地区,还对事业单位的全体人员进行了聘用合同制的试点。

(三)建立适应社会主义市场经济的人事管理阶段(从1993年到1998年)

党的十四大明确提出,要按照机关、企业和事业单位的特点,建立分类管理的人事制度。1995年原国家人事部和中编办召开了中华人民共和国成立以来的第一次事业单位人事制度改革会议——郑州会议,启动事业单位人事制度改革试点工作。在总结前一阶段事业单位聘用制经验的基础上,把聘用制作为事业单位的一项基本用人制度,制定出台事业单位聘用制管理办法。到1998年底,全国已有上海、江苏、安徽、文化部、北京市科委系统和文化系统、中科院等十几个地方和部门出台聘用制管理规定,大部分地区的事业单位都不同程度实行聘用制度。

（四）建立符合事业单位特点的人事管理制度的新阶段（从1999年至今）

这个阶段国家全面研究在机关、事业单位、企业建立分类管理的人事制度问题，全面推进事业单位人事制度改革。1999年原国家人事部在天津召开事业单位人事制度改革会议，初步确定了改革的目标任务。2000年《深化干部人事制度改革纲要》出台，明确以推行聘用制度和岗位管理为重点的事业单位人事制度改革方向和总体要求。随后，中组部、人事部下发《关于加快推进事业单位人事制度改革的意见》，对改革进行了具体部署。2002年7月，国务院办公厅转发《关于在事业单位试行人员聘用制度的意见》，为事业单位试行聘用制度提供了政策依据。针对各地各部门在试行聘用制度改革中的实际问题，制定了试行聘用制度的政策解释和与之相配套的工资待遇处理意见。2003年底，中央召开的全国人才工作会议进一步明确了事业单位人事制度改革的总体要求。2004年3月，原国家人事部选择确定了地域上各具代表性、行业上具有典型性、改革内容上各具特点的试点联系点。2006年10月，原国家人事部出台了《事业单位岗位设置管理试行办法》。2008年3月，国务院印发《事业单位工作人员养老保险制度改革试点方案》，并在部分省市开展事业单位工作人员养老保险制度改革试点，事业单位人事制度改革进入攻坚阶段。

三、目前我国事业单位人事制度改革的主要目标

（一）政事职责分开

立足政事分开原则，合理划分事业单位职能和明确政府职责是事业单位人事制度改革的重要前提。无论从性质特点、功能定位，抑或是组织模式的角度来看，事业单位都不应该等同于政府组织，必须通过政事分开创新传统的事业单位管理体制。实现政事分开，从根本上来讲，就是要改变过去国家政府包办统揽社会事业的状况，调整政府部门与事业单位的隶属关系，政府行政主管部门对事业单位进行宏观管理，事业单位自主解决日常管理中

具体事务。具体来说,首先要明确界定政府在公共服务中的角色和地位,重新界定、调整、收缩和转换政府的事业职能范围,从根本上改变国家政府包办一切事业的状况。明确政府公共服务供给中的角色,有利于厘清政府、市场和社会在公共服务供给中的分工与合作,非但没有削弱政府公共服务供给的职责和功能,相反,通过政府、市场和社会的合理分工和有效平衡,可以提升公共服务供给的质量和效率。其次,要求减少政府部门对事业单位的直接干预,下放管理权限,适度借鉴或参考国外公共服务体系建设的有益经验,建立与中国社会主义市场经济体制以及各项社会事业自身发展规律相适应的现代事业制度,以达到事业举办主体多元化、公共服务资源配置社会化、公立事业组织相对独立化、事业单位人事制度科学化、事业监督管理体系有效化的理想状态。

(二)单位自主用人

在计划经济体制下,政府用行政或计划的手段管理事业单位,事业单位实际上成为政府机关的附属物,政事不分的现象严重,虽然"行政"与"事业"分属不同的组织序列,但在行政事业一体化的高度集中的管理体制下,事业单位普遍缺乏用人自主权。事业单位人员作为国家干部,其身份由国家赋予,也由国家所有,国家通过高度集中的管理权限,将所有权延伸至事业单位工作人员个体,事业单位对本组织的人事管理活动缺乏必要的自主权,由此产生"管人和管权分离"的现象。在事业单位改革实践中,虽然扩大用人自主权一直是贯穿事业单位体制改革的核心内容之一,但真正意义上的事业单位法人治理结构并未确立,这也使得落实事业单位用人自主权的改革一定程度上甚至流于形式。20世纪80年代中期开始陆续推行的事业单位行政首长负责制改革,就是扩大事业单位用人自主权的重要举措。行政首长负责制要求确立事业单位行政首长在本部门的中心地位及其业务活动权,尤其是用人方面的自主决定权,在一定程度上打破了事业单位的僵化局面,提高了事业单位的工作效率,也提升了事业单位的公共服务供给效能。但是,这些创新举措由于缺乏相关的配套措施,扩大事业单位用人自主权的改革还缺乏一定的深度,要么用人自主权没有切实授予下属事业单位,要么授权过分随意,对事业单位用人决策缺乏必要的监管,既没有明确的事前审核,也缺乏有效的事后评估。独立的事业单位法人治理结构是真正落实事业单位用人自主权的制度保障。因为法人制度的核心在于人格独立与有限责任,其功能在于维护一个得以永续存在的、区别于其成员的、能以其自身名义从事各种活动,并享有权利和承担义务的组织体。因此可见,只有确立独立的事业单位法人治理结构,才可从真正意义上实现事业单位的用人自主权。

(三)人员自主择业

全面建立和推行人员聘用制度,是事业单位由身份管理走向岗位管理,由单纯行政管理向法制管理,由行政依附关系向平等人事主体转变,实现人员自主择业的前提和突破口。建立和推行人员聘用制度,要求所有事业单位与职工都要按照国家有关法律法规,在平等自愿和协商一致的基础上,通过签订聘用合同,确定单位和个人的平等人事关系,同时明确单位和个人的义务和权利。通过聘用制度的建立和推行,可以实现用人管理上的公开、公平和公正,促进事业单位自主用人的同时,也促进和保障了事业单位人员自主择业的权利。同时,还需要建立健全事业单位的解聘辞聘制度,即事业单位可以按照聘用合同解聘职工,职工也可以按照聘用合同辞聘。通过建立事业单位解聘辞聘制度,疏通事业单位人员的出口渠道,可以增加用人制度的灵活性,解决事业单位人员能进不能出的问题。在此基础上,还应逐步建立固定与流动相结合的事业单位用人制度。要改变现有单一的固定用人方式,有条件的事业单位应积极实行固定岗位与流动岗位相结合、专职与兼职相结合的用人办法,鼓励和支持事业单位人力资源的合理和有序流动,促进事业单位人力资源配置的社会化和市场化。

(四)政府依法管理

从改革的效果来看,政事分开的改革思路确实是盘活事业单位的有效举措,实践中也确实调动了事业单位的积极性,并提升了公共服务的供给效能,但问题的关键在于,放权的同时还需要加强政府的监管,政府监管缺位带来的一系列问题事实上已日益引起公众的诟病。公共是一种聚合,是一种对个人私利所不能涵盖之领域的包容,政府既然是公共利益的代表,那么公共利益就从根本上规定了政府的伦理精神、人性要求以及职能设置。在公共服务供给过程中,必须形成有效的政府监督和约束机制,确保公共服务组织的行为不偏离于公共服务的本原和目标。当然,政府对事业单位的监管,必须是基于法治内核的宏观管理,而非传统计划经济体制下的直接控制或干涉的方式。强调政府的依法管理,首要任务就是建立覆盖更多类型公共服务供给者的法律框架,通过相关立法规范事业单位作为公共服务供给者的权利和责任。

(五)配套措施完善

配套措施完善是事业单位改革进一步向纵深推进的重要保障。为此,首先需要完善公共财政体制。公共财政体制的完善,一个很重要的方面是,应基于公共服务的需求,加强对事业单位预算收入的政府监管,将税收政策方面的决策和公共服务的支出决策联系在一起通盘考虑,建立结果导向的事业单位预算支出评估机制。其次要着力推进事业单位社会保障制度改革。推进事业单位社会保障制度改革,要求理顺社会保障管理体制,建立体现事业单位特点,并与政府机关和企业组织社会保障制度相配套和衔接的事业单位社会保障体系,这一体系应具有资金来源多元化、保险制度规范化、保障方式多层次、管理服务社会化的基本规定性。最后要建立健全社会事业法律法规体系。需要在借鉴国外公共服务供给相关立法经验的基础上,尽快建立健全社会事业的法律法规体系,由此既能巩固前期事业单位体制改革的成果,又可以为日后的事业单位体制创新奠定法制基础。

四、今后我国事业单位人事制度改革的重点

(一)要加快推进事业单位人事管理立法进程

第一,为事业单位人事制度改革创造良好的运行环境。事业单位人事制度改革的实现除了要有完善的事业单位人事制度改革政策以外,还必须要有良好的运行环境为事业单位人事制度改革的实行提供保障,才能加快事业单位人事管理立法的进程,进而保证事业单位人事制度得到较好的贯彻落实,如进行事业单位的分类改革、不断完善岗位管理制度以及激励制度等。

第二,加强法律的支持。加强法律的支持是加快推进事业单位人事管理

立法进程的最重要的保障。因此,国家应重视相关法律法规的制定,并积极出台具体可行可操作的事业单位人事管理细则性规定,对工作人员的考核、处分、聘用及奖励等进行规定,以实现事业单位人事管理的法制化,从而确保事业单位人事管理的法治化、规范化。

(二)要完善聘用合同制度

首先,在实际工作中贯彻落实以岗定酬原则。不同行业以及不同单位都要根据自身实际情况制定出符合本行业、本单位的分配制度,并且要高度重视多劳多得的劳动原则的体现。在定酬过程中,要在岗位职能的基础上按照岗位职责、岗位的工作量、工作的业绩进行岗位定酬,并将职工的实际收入与职工的工作业绩进行挂钩,在国家政策的前提下实行合理的内部分配。此外,还要建立有效的激励机制,以调动职工的积极性,使职工具备良好的职业道德素质,进而更好地为社会服务。

其次,要保证聘用合同制度的有效性就要将以"事"为核心的岗位管理作为该制度制定的基础。随着社会的不断进步以及经济的飞速发展,岗位管理在事业单位人事制度改革中发挥着越来越重要的作用,同时岗位管理也是事业单位聘用合同制度的重点内容,因此,必须要加强岗位管理。在岗位管理过程中要切实执行按需设岗、按岗聘用以及按岗定酬的政策方针,以使每位员工的价值都能得到最大的发挥。

最后,建立健全规章管理制度。聘用合同制度是事业单位人事制度改革的必然要求,要使聘用合同制度在事业单位中有效实行,就要建立起健全有效的规章管理制度,并将之贯彻落实到实际工作当中,才能为聘用合同制度的有效实行提供保障。在制定相关规章管理制度的时候要注意公平公正,也要保证该制度适用于每一位工作人员,还要根据单位自身的实际情况进行及时的调整,以使其价值得到最大的发挥。

(三)要完善岗位设置管理制度

1. 要有岗位设置管理新观念

思想观念的僵化是制约岗位设置管理制度不断完善及事业单位人事制度改革有效进行的重要因素。不少干部和相关职工都对其缺乏足够的认识,相应的工作方式也具有较强的传统性、依赖性以及盲目性,因而都不是很重视岗位的设置管理,这极大地影响着事业单位人事制度改革的发展。所以,在制定岗位设置管理制度的时候,一定要进行岗位设置管理制度的创新,以带动事业单位内部竞争、自立以及效率意识的提高,调动职工工作的积极性,进而推动事业单位人事制度改革的不断完善。

2. 要以灵活的体制来完善岗位设置管理制度

就目前我国事业单位的政事制度来看,还存在职责不分的情况,管理的规范化以及法制化还有待加强。所以建立科学的、健全的岗位设置管理制度已是大势所趋。事业单位要以实际情况为前提,以为社会服务为目标,以事业单位人事制度改革为手段,建立起政事分开,各单位自主选拔人才,政府加强监督管理的科学用人体制,从而使岗位设置管理制度发挥出应有的作用,更好地为事业单位人事制度改革服务。

3. 要有灵活的机制作后盾

目前我国事业单位的人事管理运行机制还比较落后,按人设岗、因人设相关机构和岗位的现象还普遍存在,有些一个人就能做的事却要几个人或者十几个人来完成,极大地制约了事业单位的快速发展。此外,事业单位主体的国办化使得事业单位难以参与到市场竞争中来,也无法有效地进行结构的调整,因而使得事业单位人事制度的社会服务功能日渐渐弱。因此,在制定岗位设置管理制度的时候要有灵活的机制作为后盾,才能使其作用充分发挥出来。

(四)要落实和规范公开招聘制度

要使事业单位人事制度更好地满足社会发展的需要,就要加强对事业单位人事制度改革的创新,而要加强事业单位人事制度改革的创新就要不断地落实和规范公开招聘制度。进一步落实和规范公开招聘制度不仅能够吸引更多的优秀人才进入事业单位,为事业单位注入新鲜的血液,还能为事业单位人事制度改革的提供良好的人员条件,加快改革的进程。所以,政府要不断完善和落实公开招聘制度,为事业单位工作人员的招聘提供理论依据。落实和规范公开招聘制度,首先要保证对新进人员的招聘是公开招聘;其次要确保招聘制度的规范化,要尽量做到招聘信息公开、考试过程公开、考试结果公开,并打破地域以及身份的限制,做到公开、公平的人员招聘。此外,还要采用灵活多样的形式进行公开招聘,以更好地满足招聘的需要及岗位对工作人员的要求。

第四章
公共部门人力资源管理的历史沿革

一、国外公共部门人力资源管理的发展

作为公共部门人力资源管理的核心部分，各国的政府部门人力资源管理经历了不断发展和变革的历程。特别是 20 世纪 80 年代，西方国家开始了一场声势浩大的政府再造运动，或称新公共管理运动。它以引进市场方法改造公共部门为主要特征，如对公有企业实行私有化，强调结果和顾客导向的管理，下放权力，政府业务合同外包，实行绩效评估等。而作为政府管理重要组成部分的人力资源管理也在这场改革浪潮中发生了重大的变化，给传统的公务员制度造成了巨大的冲击。

（一）政治中立原则日渐式微

政治中立是传统公务员制度的一个核心原则。虽然要使公务员做到绝对的政治中立不太可能，因为他们毕竟生活在现实的政治之中，难免受到政党政治的影响，在执行政策的过程中有时可能掺杂着一定的党派倾向。但是应该说在相当长的时间里，政治中立的原则还是得到了基本的维护，公务员只对政府首脑负责，议会也只通过政府首脑向公务员传达政策意愿，而不直接干预行政事务。然而这一长期被奉为圭臬的原则却在新公共管理式的政府再造中变得面目全非了。

新公共管理首先是从英国开始的。它强调政府应该像企业那样面向市场，以顾客为导向满足公众对公共物品的需求，政府及其雇员要对结果负责。为此就需要下放权力，增强执行部门和雇员的自主性和决策权。1988 年，英国出台的《下一步行动方案》(The Next Steps)规定，在政府部门内部设立

执行机构(executive agency),履行政府的政策执行和服务职能。执行机构在中央各部制定的政策和资源框架文件下履行其职责,包括清晰的绩效目标、资源配置和相关责任人等。框架文件以长期规划和年度报告为基础,在机构负责人、部门和部长之间商议决定。当框架文件明确以后,执行机构负责人就对既定框架下达到最佳结果承担个人责任,就政策执行和服务管理向议会承担责任。同时,他们被赋予了充分的自主权,包括机构编制、人员录用标准和程序、工资级别和待遇、内部组织结构、财务管理等方面。

新西兰也进行了类似的改革。1988年新西兰通过了《政府部门法案》,确定了政府首席执行官自主管理的体制。每年由各部部长和首席执行官一起确定绩效协议,详细规定每一个财政年度所要完成的服务项目和标准。然后由首席执行官全权负责实施,如负责与工会组织的谈判,决定所辖范围的人事管理制度,像私人企业那样公开招聘和任用人员,实行市场化工资制度等。

随着权力的下放,责任机制发生了重大的变化。在传统的议会主权和部长责任制下,各部部长就政策和部门内部的操作管理向议会承担个人责任,公共责任(public accountability)通过"公务员—部长—议会"这种单一的责任链条机制加以落实,公务员只向部长负责。现在首席执行官每年需向部长、内阁、总审计长和议会等提交报告,因而出现了全新的责任机制。这一机制虽然有利于对政府机构的控制和提高资源利用的效率,但传统的政治中立价值观却受到严重的挑战。过去,公务员在部长的领导下,只要按照既定的工作程序和规则行事即可,而现在主要负责人却必须在部长、议会和民众等之间周旋。很多情况下,一个人要同时效忠于多个主体是不可能的,因为不同主体之间的利益并不完全一致,有时甚至还相互冲突。因此,他们就必须在各种势力和利益之间寻求一个平衡点,从而卷入政治博弈之中。"它带来了更大的透明度,扩展了公共责任,同时也造成新公共管理者的角色政治化,危及政治中立和独立原则。"①主要负责人还通过参与合同谈判而大大增强了对政府政策的影响力,因而进一步加深了其角色的政治色彩。

不仅如此,公务员的任用也日益受到政治因素的干扰,政治倾向成为一个重要的制约因素。1968年富尔顿报告以后,英国设立了高级公务员开放结构(senior open structure)晋升模式,规定两个最高级别的公务员的任用需得

---

① Barlow, J., National Studies: Britain, In Farnham, D. et al. eds., *New Public Managers in Europe: Public Servants in Transition*, Houndmills: Macmillan Press Ltd., 1996, p.10.

到首相的批准,从而加强了首相对高级公务员任用方面的影响。撒切尔夫人上台后,进一步强化了政治干预人事任用的力度,高层岗位纷纷易手,来自工业部门的人士大量涌入政府部门,公务员任用的政治化更加明显。有证据表明,那些支持政府效率改革的人士被首相认为是"我们的一分子"而更可能受到重用。[①] 1996年,英国实行新的高级公务员系列,岗位对外开放竞争,使公共管理者比过去受到更多的政治影响。"他们作为新公共管理改革的代理人,这一角色本身就意味着是对政府政策和新管理主义的政治认同。"[②]因此,传统的政治中立价值在他们身上变得毫无意义了。

在美国,里根总统对人事政策方面的兴趣要远远超过他的前任,这大大强化了其人事控制权。由于里根特别强调忠诚和意识形态的重要性,有时为了找到一个合适的任职者,政府部门要花费数月的时间与众多人员进行面谈,其目的就是要摸清任职者的政治倾向。他们所关心的不是简单地填补职位空缺,而是要使党派意识扎根于官僚机构之中。[③]正如一些学者所概括的,"与前任相比,里根对内阁以下的人事任命有着更大的兴趣,更愿意以意识形态为石蕊试剂运用于任用过程中,更愿意长时间空置职位直至找到合适的人选为止"[④]。

(二)政府雇佣关系重塑

在传统的政府雇佣关系中,政府以主权者的身份确定任用资格和雇用条件,被任命的当事人没有讨价还价的权利,但一个人一旦被政府雇用就获得了法律规定的职业保障权利,任何人不能随意解雇他。其特点一是雇前法律地位的不对等性,二是雇后的职务常任。一个人要想进入政府系统工作,就必须经过政府部门组织的关于其基本能力的考试,如果合格就被录用。然

---

① See Richards,D., *Appointments in the Higher Civil Service*,In Papers on Government and Politics,University of Strathcly de,1993.

② Barlow,J.,National Studies:Britain,In Farnham,D. et al. eds.,*New Public Managers in Europe:Public Servantsin Transition*,Houndmills:Macmillan Press Ltd.,1996,p.111.

③ See Moe,T.M.,The Politicized Presidency,In Chubb,J. E. and Petersen,P. E. eds.,*The New Direction in American Politics*,Washington,DC:The Brooking Institution,1985.

④ Gormley,W.T.,*Taming the Bureaucracy:Muscles,Prayers and Other Strategies*,Princeton:Princeton University Press,1989,p.134.

后只要服从政府设定的程序和规则,就可能随着自己资历(加上一定的工作效率)的增加而得到晋升,工资福利等也会随之增加。这种稳定的雇佣关系立足于政治中立,有利于培养雇员忠于职守的精神,有利于政府工作的稳定性和连续性,也有利于公务员公正执法。但是它也存在严重的弊端:一是由于晋升的内部循环和僵化的科层制度,政府容易患上"幽闭症",难以适应快速发展的社会需要;二是论资排辈的晋升办法使优秀人才难以脱颖而出;三是习惯于"规则迷宫"者逐渐在政府中占有强势地位,同样,这些拥有话语权的群体也习惯于任用规则的追逐者,排斥异己,最终导致政府的繁文缛节和低效率。因此,要提高政府的效率就必须对传统的僵化的雇佣关系进行改革,发展新型的灵活的雇佣关系。

新公共管理的倡导者认为,公务员的工作可以分为两类,一是给政治领导者提供政策建议,二是执行政策和提供公共服务。为了让公务员能大胆、无顾虑地进行前一类工作,需要职务常任。但是后一类工作多为事务性和技术性工作,它与企业的市场行为没有根本的区别。也就是说,并不是所有的政府工作都需要职务常任,谁能够提供高效的公共产品和公共服务,谁就可以来竞争。此外,新公共管理改革强调下放权力,给予责任人更大的用人自主权。显然,原来的职务常任制难以适应这一要求。于是,一种更为灵活的用人制度——合同聘用制应运而生了。最典型的是合同聘用制,它是政府进行战略规划,确定若干年内要完成的任务,然后把这些任务分解到各个部门,并据此从政府系统内部和外部招聘执行官,以固定期限合同的形式确定双方的权利和义务的制度。这种合同聘用制在众多国家中都存在,如英国、新西兰、澳大利亚等。一些纯粹技术性的工作也有采用该类合同解决用工问题的。另一种是临时性合同,主要是针对一些季节性或临时性的工作。美国1993年联邦政府就共有15.7万名临时雇员,占联邦全部雇员的2%。[1] 1998年,英国全部政府雇员为481000名,其中临时雇员为17700名,约占总数的3.7%。[2]现在,越来越多的政府工作不再由常任公务员承担,转而以合同的形式面向社会公开竞争,职务常任制已经失去了往日的辉煌。

灵活的雇佣关系促进了人才的内外流动,也带来观念上的巨大变化。过

---

① 参见宋世明:《美国行政改革研究》,国家行政学院出版社,1999年,第196页。

② See Horton,S.,The Civil Service,In Horton,S. and Farnham,D. et al. eds.,*Managers in Britain*, Houndmills:Macmillan Press Ltd..

去，人们进入公务员队伍后往往把它作为自己一生的职业追求，而现在更多的人并不把它当作自己安身立命的归宿。英国撒切尔夫人执政时期，为了打破公务员任用方面僵化的局面，实行了"激流计划"（Fast-stream）。到 1993 年，进入"激流计划"内的 40 岁以下的人员流失率达到 50%。高级公务员系列中只有不到一半的人是"终身公务员"。执行机构负责人实行有期限的合同聘用制更加剧了人才流动趋势，他们中的 2/3 通过公开招聘任用。虽然初期能获得聘用的负责人大多还是来自公务员系统的人员，但外部人士在不断增加。[1]另外，46%的高级公务员表示，如果有更高报酬的工作而其他雇用条件又相似，他们将离开公务员队伍。[2]法国也有类似的情况，有经验的公务员乐于在不同公共部门之间流动或到私营部门任职。

随着雇佣关系日益灵活化，政府雇员的身份也发生了重大变化。第一，仍然保留公务员身份，这是主要部分，但雇佣双方法律地位趋于平等。过去，公务员管理高度中央集权，雇用条件等往往由中央统一规定，政府以一个主权者的身份凌驾于雇员之上。而现在，普遍把私营部门的集体谈判制度引入到政府人事管理之中，政府作为雇主方，工会作为雇员方，双方通过谈判决定雇用条件。[3]除了按传统方法录用的普通公务员外，在一些国家按合同方式招聘的人员也具有公务员身份，如法国就是这样。第二，不具有公务员身份，以固定期限合同形式任用的人员，人们把他们称为"新公共管理者"（new public manager），雇用条件多通过政府与个人单独谈判决定。在英国，所有政府执行机构的负责人都以固定期限合同的形式聘用，1996 年这一任用方式推广至高级公务员系列。公共企业和地方政府的管理人员也采取这一形式，只不过合同具有可续性。第三，不具有公务员身份但又不以合同形式任用，是一种授权制，目前对其还没有一种恰当的称谓。在任用之初，政府规定清晰的管理目标，在任用期结束时进行绩效评估，只有目标完成了授权才继续有效。这种形式首先在比利时的一些公共组织实行，如自治性的公共企业，后来延伸至联邦政府的高层岗位。

---

① Barlow, J., National Studies: Britain, In Farnham, D. et al. eds., *New Public Managers in Europe: Public Servants in Transition*, Houndmills: Macmillan Press Ltd, 1996, p.107.

② *Review Body on Senior Salaries: Report No. 34: 16th Repmport on Senior*, Cm 2464, London: HMSO, 1994.

③ See Beaumont, P. B., Public Sector Industrial Relations in Europe, In Belman, D. et al. eds., *Public Sector Employment in a Time of Transition*, Madison: Industrial Relations Research Association, 1996.

新的雇佣关系带来的另一个重要变化就是绩效管理和绩效工资的出现。在传统的政府雇佣关系下，没有科学和系统的绩效管理，导致报酬制度和晋升方式缺乏激励作用，工资多以职务等级工资的形式出现，只要达到某一个等级就可以拿到相应的报酬，是一种"铁饭碗"。而职务晋升主要依据的是一个人的资历。有一种观点认为，公务员都是照章办事的，只要按照规定的程序去做，就会有合理的结果，任何人都一样，因而无须对他们的工作进行考核。另外，公共部门的工作与私营部门的工作不同，很少有客观的标准，难以进行客观公正的考核。因而一直以来人们并没有下大力气对绩效考核进行改进工作，从而造成考核内容和标准过于笼统、方法不够科学等弊端，使它沦为只是每年一次的填表而已，流于形式，考核结果难以作为其他管理环节的依据。新公共管理运动倡导以结果为导向，其重要的一环就是要建立和完善绩效管理制度，实行绩效工资制度。

20世纪80年代中期英国引入绩效工资制度，主要运用于首席执行官和高级别的政府雇员之中。后来，这一制度逐渐得到推广。到1989年，在全部政府58.5万雇员中，40万人工资中的一部分通过绩效考核决定。[1]受其影响，欧洲许多国家如丹麦、芬兰、爱尔兰、挪威、瑞士、德国、比利时、荷兰等也纷纷实行或考虑实行绩效工资制度。现在，英国大多数政府部门都制定了清晰的职位说明书和生涯发展规划，一线管理人员据此对下属进行考核，考核结果成为绩效工资和职务晋升的重要依据。在新西兰，对首席执行官的考核主要根据事先商定的绩效合同进行，每年一次，考核由第三方——国家服务委员会执行，由其撰写报告，最后由总审计长审核。上述工作完成后，再决定首席执行官的绩效奖金。

而美国，早在1978年颁布的《文官制度改革法》(CSRA)就提出完善绩效考核制度和绩效工资制度，但此后多年仍然没有将绩效和付酬直接联系起来。1993年发表的《国家绩效评论》和国会通过的《政府绩效与结果法》提出建立以结果为本的政府。此后，一些州政府和地方政府开始了绩效管理的改革。如佐治亚州经过大量的准备工作，在重新确定岗位工作职责和标准的基础上，从1996年开始实行全新的绩效管理和绩效工资制度。[2]克拉克郡政府

①　See Beaumont, P. B., Public Sector Industrial Relations in Europe, In Belman, D. et al. eds., *Public Sector Employment in a Time of Transition*, Madison：Industrial Relations Research Association, 1996.

②　See Facer II, R.L., Reinventing Public Administration：Reform in Georgia Civil Service, *Public Administration Quarterly*, (Spring), 1998.

引入企业 360 度绩效评估制度，对每一位郡政府的领导人员都进行全方位的绩效评估，评估主体包括上级直接领导、平行部门领导、雇员和顾客（服务对象），结果较为客观。①总之，绩效管理正在西方一些国家蓬勃兴起，其特点和趋势可概括如下：绩效管理与组织战略规划紧密相连，个人生涯规划与组织发展紧密相连；重视任前规定明确的绩效标准；绩效考核与工资和晋升等挂钩；重视引入企业的绩效考核方法。因此，绩效管理正在突破原来绩效考核的瓶颈，有助于促进以绩效为导向的新型雇佣关系的形成和发展。

（三）政府人事管理职能再造

传统政府人事管理部门的主要任务就是按照法律的规定，保护雇员的政治中立和职业安全，使公务员公正执法，其职能往往局限于人事管理本身，如职位分类、人员招聘、职务升降、工资制度的安排、社会保障、公平就业以及员工工作记录等，以技术性和程序性工作为主。在政府再造运动中，这些传统的职能仍然存在，但其内容却发生了很大的变化，特别是增加了过去所没有的一些新职能和新方法。

第一，政治职能的凸显。传统的政府人事部门的工作相对独立，其管辖权不受政治干预，较少涉及政策解释功能，也较少涉及与外部组织的关系问题以及价值冲突问题。但在政府再造浪潮下，人事部门越来越多地卷入政治议题之中，政治功能凸显。前面提到，为了实现政府再造，政府首脑加强了对一些原来非政治任命的人事干预，迫使人事部门在选拔人员时考察其政治倾向，这是其一。其二，在政府再造中，人事部门要与其他部门一起，将政府的战略一步步分解，然后形成绩效目标，据此招聘绩效执行负责人，确定绩效合同，落实政府的政治战略。其三，人事部门充当政策解释和利益平衡者角色。②政府再造的重要一环是组织重构，一些政府工作合同外包，人事管理权下放。这些势必涉及人员裁减和其他许多人事管理变革问题。这时就需要人事部门进行政策解释工作，也需要人事部门平衡相关利益结构，在不同价

① 沈荣华：《美国公共行政管理和人力资源开发的十个问题》，《公共行政与人力资源》2003 年第 1 期。

② See Klingner, D. K. and Lynn, D.B., Beyond Civil Service: The Changing Face of Public Personnel Management, *Public Personnel Management*, (Summer), 1997.

值(如效率与公平、政府变革与雇员保护等)之间取舍和妥协,还需要它们与其他政府机构、工会、政府雇员、非营利组织、企业等多元利益主体之间的互动。这样,人事管理需要的就不仅仅是管理技术了,还需要有高超的政治艺术。过去,人事管理有时也会涉及政府减员等一些政治议题,但从来没有像信息化和全球化竞争背景下的今天这样,政府组织变革和功能调整成为经常化和普遍化的趋势。在这种形势下,政治功能无疑日益成为政府人事管理的题中应有之义了。

第二,灵活雇佣关系带来的人事管理新职能和新方法。新职能主要包括如下内容:成本效益分析和比较,决定哪些业务适合外包;合同谈判、合同管理和合同监督等。新方法主要有如下几种:现代素质测评方法;新的绩效考核方法,如目标管理法、评价中心、360度考核和绩效薪酬设计等;新的薪酬水平决定方法,如集体谈判和个人谈判等。此外,随着权力下放,人事管理权有从人事管理职能部门向其他职能部门转移的趋势。这就要求人事部门要更好地理解组织的战略目标,掌握综合知识和具备综合管理能力,养成从全局战略和组织绩效导向的角度看问题的习惯,突破传统科层制程序化的瓶颈,从而更好地协助其他职能部门人员做好人事管理工作。

(四)放松规制,简化人事规则

在过去的人事管理中,规则繁多且具有不可变通的刚性。其弊端表现在以下方面:僵化的任命规则使政府机构难以雇用到临时性人员;非灵活的资格标准妨碍用人机构对求职者进行自主判断,优秀的大学毕业生往往被拒之门外;复杂而神秘的职位分类制鼓励和奖励狭窄的技术专业化,导致工作的部门化,专才有余,通才难觅;削弱了政府机构运用复合型人才去应付挑战、冲破瓶颈的能力;实行公式化的工资,奖励年资,基本工资的定期增加几乎是自动的和不可改变的,奖金数目限制很严且无足轻重。[①]因此,需要对这些过于僵化的制度与规则进行改革,其方向是放松规制,实行弹性化的管理。这主要表现在两个方面,一是简化人事规则,废除过时、多余和过细的程序性和形式化规则;二是行政机构在经过授权或批准后,在人力资源管理中可以根据实际情况和需要,具有某些不受规则限制的部分"豁免权"。例如,

---

① 周志忍:《当代国外行政改革比较研究》,国家行政学院出版社,1999年,第234页。

美国 1978 年颁布了《文官制度改革法》，其中的一个重要内容是允许开办 10 个人力资源管理创新的实验项目。被众多管理者和学者欣赏的"中国湖"改革试点就是一个典型。这一名为"海军示范项目"的人事制度改革试验在加利福尼亚州一个名叫"中国湖"的海军武器中心和位于圣地亚戈的海军海洋系统中心进行，其目的是要授予专业官员更大的调动、提升和奖励下属的权力，以便提高部门工作效率并增强吸引人才的能力。该项目从 1980 年开始，后经国会批准延长至 1995 年，是示范项目中时间最早、持续时间最长的一个试验。其具体做法是，将原有的 22 个职位分类分成专业性、技术性、专家性、行政性和办事性 5 大类，并把通常的 18 个级别压缩成 4~6 个级别。经改革，职位分类分级异常简单，省去了大量不必要的烦琐的评估工作；招聘新雇员时可以根据市场调节并灵活决定新来人员的工资级别；无须说明理由便可以很容易地将某一雇员晋升或调任，并可以在每个工资范围内增加表现突出人员的工资；拨给所有管理人员的专款由其自由分配，既可以用于增加工资，也可用于发放奖金；精减人员主要根据其工作表现的评语，其次才是资历。[①]人们普遍认为，这一试验获得了巨大成就。人事官员不再需要把全部时间花在处理令人费解的分类问题上，他们可以实实在在地帮助管理人员管理事务。1987 年的一项调查表明，80%以上的雇员不喜欢旧制度而喜欢新制度，70%的雇员甚至支持根据表现支付工资。[②]联邦人事局对改革结果感到非常满意，准备草拟允许其他机构采用同样的制度的法规，但里根政府决定，它必须实行"费用开支保持不变"的原则，政府雇员的几个工会也反对任何功绩工资，这使推广的计划搁浅。但无论如何，"中国湖"的试验指出了现代人事制度的变革方向：工作分类和工资级别划分要宽，实行市场薪金，根据表现支付报酬，根据表现而不是根据资历提升和解雇，允许管理人员在合法的和非歧视的原则下雇用最合适的人才，积极招募最优秀的人才，简化被辞退雇员的上诉程序。[③]

---

① ［美］詹姆斯·威尔逊：《美国官僚政治》，张海涛等译，中国社会科学出版社，1995 年，第 180 页。

② ［美］戴维·奥斯本、特德·盖布勒：《改革政府——企业家精神如何改革着公营部门》，周敦仁译，上海译文出版社，1996 年，第 11 页。

③ 同上，第 110~111 页。

（五）注重人力资源开发

一些国家在能力主义的价值取向下，根据职位对任职者的要求积极实施人力资源开发。如1994年美国政府组织了由37个部门人员组成的人力资源管理委员会，并委托专门机构研究成功的人力资源管理模式，后来形成了《对生产率的投资：成功的人力资源开发实践》的报告。报告的核心观点有如下几点：在信息社会时代，成功的组织视人力资源开发为取得高回报的必要投资。报告贯彻讲究效率的成本—效益观念，对提高能力的培训进行了特别的设计，并对不同层次不同部门的公务员需要的工作能力列出了一份清单。英国公务员培训突出业务和能力，即注重工作效率的提高，培训与提高公务员的潜在能力相结合，对不同层次和类型的公务员制定不同的培训计划。新西兰建立了旨在培养高级管理人才的开发计划，它包括一系列不同等级的管理培训课程，同时强调这些人员在公、私不同部门任职和学习外国的先进经验。此外，西方国家的公共人力资源开发还有一个共同特点，就是利用社会的培训资源，如大学、专门的培训机构和企业，政府采取与它们合作的方式实施培训或者把培训工作承包出去，由这些机构承担。

二、我国公务员制度的确立与完善过程

（一）我国公务员制度改革的背景

我国公务员制度是在替代中国干部人事制度（cadre system）的基础上建立的。尽管中国公务员管理制度的设计和选择，是中国政治体制发展、经济体制改革、社会文化变迁中多因素共同作用的结果，但是原有干部人事制度与社会变革、发展之间的高度不适应性，是国家人事制度进行改革的最直接动力。换句话说，传统的干部人事制度已经积重难返，存在着诸多问题和矛盾，已经到了非改不可的地步。1980年，邓小平在中央政治局扩大会议上的重要讲话——《党和国家领导制度的改革》中，对干部制度的弊端进行了深

入分析,这篇经典文章也为日后干部人事制度的改革指明了方向。① 1953 年建立的干部人事制度脱胎于革命战争中形成的政治、组织路线和管理模式,又受到苏联高度集中统一的人事管理制度的深刻影响。中华人民共和国建立之初,实行的是"一揽子"干部管理。1953 年以后,随着政务院体制的调整和干部数量的急剧增加,国家干部制度必须随之调整,建立起与计划经济相适应的,有效执行党中央的路线、方针、政策的人事配置模式,分部分级的干部管理体制由此形成。

中国干部人事制度的基本特征为:第一,所有干部都是党的干部,党管干部是干部人事制度最根本的原则。干部的审查、任用、考核、考察、晋升、奖惩、统一调配、纪律等重要的人事管理事项归属于各级党委及其组织部门。第二,所有干部必须坚持党的路线、方针和政策,在政治上、组织上和意识形态上与中央保持高度的一致,服从组织的分配和安排。第三,分部管理干部。为了适应国家干部数量增加的要求,加强对干部的领导和管理,根据干部们的工作需要和所在行政部门的性质,将所有国家干部分为军队、计划与工业、财贸、交通运输、农林水利、宣传文教、政法工作、统战和其他类九类干部。按照由中央和地方各级党委统一管理、组织部门统一协调的基本管理原则,将九类干部归属在中央和地方各级党委下设的各个部门中,进行集中、统一的管理。第四,分级干部管理。各级党委及其组织部门实行下管两级干部的制度。凡是在各级党政机关、企事业单位中担任主要领导职务的干部,要开列出职务名称表,分别由中央和各级党委、各部门党组按照管理两级的原则进行管理。一级党委和部门党组分别管理下两级党政机构中担任主要领导职务的干部。1984 年,随着改革的需要,中央下放了干部管理的权限,赋予地方党委较大的人事权。《中共中央组织部关于修订中共中央管理的干部职务名称表的通知》决定,改革下管两级干部的体制,采取分级管理、层层负责,减少中央管理干部的人数,原则上实行下管一级干部的垂直管理体系。

干部人事制度的建立是在中国特定的历史时期建立和发展的。它适应了当时政权和计划经济体制对干部集中统一调配的需要,适应了国家快速工业化和建设社会主义任务的要求,所以其产生具有一定的历史意义。但是随着社会主义建设的不断发展,特别是中央决定实行改革开放政策,建设社会主义市场经济的目标和方向被确定以后,在计划经济时期建立的干部人

① 参见《邓小平文选》(第二卷),人民出版社,1994 年,第 320~343 页。

事制度越来越偏离中国政治、经济和社会发展的需要。干部人事制度的内在弊端暴露无遗，甚至阻碍了政治与行政改革的发展。干部人事制度的问题集中地表现在：

第一，领导干部的年龄严重老化，整个干部队伍的文化素质低下，专业技术管理人员十分匮乏。据相关统计，1980年中央和地方各级党政机关的干部中，拥有大学本科、大专、中专学历的人数仅占干部总数的4%左右，而36%的工作人员是通过工农速成班或各类夜校扫盲班摘掉文盲帽子的，[①]长期的领导干部终身制使得各级党政机关的领导干部队伍高度老龄化。由此造成了政府管理能力和效率低下。正是针对这个最直接的问题，以邓小平为核心的党的第二代中央领导集体提出了干部"革命化、年轻化、知识化、专业化"的"四化"人才标准。

第二，"国家干部"概念笼统、宽泛，范围不清，缺乏科学的管理分类。我们很难对国家干部作出明确而准确的定义，只能大致了解这个群体的范围。虽然干部制度有分部分级的分类管理规定，但它只是将一个大群体分小，而不是根据工作的性质和人员所需资格进行科学分类。这使得国家不能按其性质和发展路径的特点对所有干部进行培养和锻炼，而是采用单一的管理方式，由此，严重阻碍了专业技术人才的发展，形不成人才脱颖而出的机制，用人制度暮气沉沉。另外，缺乏科学的分类，使企业、事业单位也按照党政机关的干部制度进行人事管理，走行政序列，套用行政级别，形成"千军万马走官道"的景象，进一步强化了中国"官本位"文化的特征。

第三，人事管理权限高度集中，管理方式陈旧单一，用人与治事严重脱节。由于人事管理权集中在中央以及地方各级党委的组织部门，用人单位缺乏任用人才的自主权，使自身的用人与治事严重脱节，进一步阻碍了人才特别是专业技术人才的发展。同时，只强调人事控制的管理手段，导致人事管理大都采用行政命令或指令、控制等方式，难以给各类人才留下成长与发展的广阔空间。而中国特有的单位制度，固化了干部的单位所有制，人才流动受到诸多限制，一方面造成了人才浪费，另一方面使得单位的人员管理丧失了应有的活力。

第四，干部人事制度中人治因素干扰过强，导致政府用人中不正之风的蔓延。一方面，人事权过于集中，特别是集中在党委领导手中，缺乏必要的监

---

① 参见《中国劳动人事统计年鉴》（1988—1989），劳动人事出版社，1989年。

督机制;另一方面,干部人事制度没有明确工作人员与政府间法定的权利、义务关系,没有科学的分类管理制度,因此也就没有衡量人才适用性和依法管理的客观标准,使人治成为必然的结果。人治使个人偏好、利益、情感等因素成为人事任用的主导,最终放弃了党的组织路线,出现任人唯亲、裙带关系、山头主义等一系列用人的弊端。

第五,政府中的人事主管部门职能缺位,机构设置不稳定。从1949年政务院下设人事局到1988年人事部建立的39年间,除去"文化大革命"期间没有政府人事主管机构的10年,在不到30年的时间里,政府的人事主管机构被改组过8次。虽然其中不乏国家机构改革调整的原因,但更重要的原因是,政府人事主管部门的干部管理权限一直比较小,没有独立的干部管理权。它的职能长期定位在对全国政府机关干部进行统计、党委决定干部任免调动事宜后的行政手续办理、大学生统一分配和军队转业干部的统计、干部工资标准的拟订等,这使其机构变化较大。资料表明,中华人民共和国成立后,几乎每一次政府机构改革,国家人事主管机构都被列入撤销、合并或调整之列,有时划给内务部(1959—1969),有时划给民政部(1978—1980),有时又成为政务院、国务院的直属局(1949—1950、1954—1959、1980—1982),机构具有明显的不稳定性。

面对这种人事管理状况和国家工作人员素质结构,中国的现代化任务显然是难以实现的。中国的最高领导层认识到,只有进行人事行政管理制度的改革,破除流弊,政府才能获得优秀的治理国家的栋梁,国家的改革开放大计才会实现。

(二)我国公务员制度建立的目标及其实施

针对干部制度存在的问题,面对中国社会主义市场经济发展和政府职能转变的要求,政府组织、事业组织以及公共部门力求形成一支为人民服务、高效、廉洁、精干、高素质的公职人员队伍,实现对公共事务的有效管理,满足公众对公共服务品质的需要。在选择公务员制度作为中国政府组织主要人事管理制度的过程中,改革者建立了一套目标体系。首先,政府需要建立一个法治化的人事管理系统,防止出现传统干部制度下由人治管理模式造成的随意性和不规范的状况,杜绝用人中的不正之风;其次,保证党的部门和政府部门、中央机关和地方机关合理地划分人事管理权,给政府部门和地方政府一定的用人自主权,防止党的机关在人事管理中过分"行政化"的倾向,建立比较完备的人事管理机构系统,创造优秀人才成长与发展的良性机制和制度,实现用人与治事的有机统一;最后,采用规范、先进的公共部门人事管理方法和技术,吸收和开发现代人力资源管理科学、客观、理性、有效的手段,为获取和培养适合于社会主义市场经济需要的干部队伍提供技术保证。总之,中国人事制度改革旨在寻找一种科学化、规范化和高效化的政府人事管理制度。

中国全面改革国家干部人事管理制度是从 1984 年开始的。但在 1984 年之前,人事行政制度的一些改革举措已经逐步出台和展开。最著名的就是以邓小平为核心的党的第二代中央领导集体提出的干部"四化"方针,并以此废除了领导干部职务终身制,建立正常的干部退休、退职制度,而知识分子政策、干部培训政策等一系列配套政策的出台也不断地改善着干部知识化、专业化的状况。然而 1984 年以前的人事制度改革只是局部的,没有针对整个干部人事管理制度。1984 年以后,国家才思考从制度建构上对干部人事制度进行根本的改革。从 1984 年到 1993 年,中国公务员制度的探索与确立经历了风风雨雨。1993 年至 2005 年,中国公务员制度不断完善,公务员制度终以国家立法形式确立。中国公务员制度的发展历程大致包括以下五个阶段:

第一阶段:政府人事管理制度改革立法准备阶段(1984 年 8 月—1986年底)。中国政府人事管理制度的改革应该说是首先从制定政府工作人员管理的法律开始的,目的是促进人事管理的法制化进程。1984 年中共中央组织部和国家劳动人事部根据中央指示,组织相关单位的工作人员和一部分专家学者,开始草拟《国家机关工作人员法》,后因国家机关工作人员的范围太广,于 1985 年改为《国家行政机关工作人员条例》,这就是《国家公务员暂行条例》的前身。在广泛听取意见的基础上进行修改后,1986 年形成第十稿。1986 年下半年,中共中央政治局下设政治体制改革领导小组,其中又设干部人事制度改革专题小组,专门讨论中国政府人事制度改革的方向。专题小组借鉴西方国家公务员制度的普遍规律和特点,结合我国的具体国情和实际,对《国家行政机关工作人员条例》作了重大修改。在这里,第一次使用了"国家公务员"的概念,建议实行国家公务员制度。条例的名称定为《国家公务员暂行条例》。由此,国家公务员制度作为我国政治体制改革的一项重要内容被提上了政府工作日程。

第二阶段:决策与正式宣布阶段(1987 年—1988 年 4 月)。党和国家最高权力机构经过反复讨论、酝酿,决定推行国家公务员制度。1987 年党的十二届七中全会通过,同年党的十三大正式宣布,我国将建立和推行具有中国特色的国家公务员制度。1988 年 4 月七届全国人大一次会议强调,在机构改革的同时,抓紧建立和逐步实施国家公务员制度,尽快制定"国家公务员暂行条例",并研究制定国家公务员法。

第三阶段:建立、完善公务员主管机构和公务员制度试点阶段(1988 年 4 月—1993 年 9 月)。1988 年国家人事部成立,专门负责管理国家公务员制度的运作。1989 年在国务院 6 个部门,即审计署、海关总署、国家统计局、国家税务局、国家环保局和国家建材局进行公务员制度的试点。1990 年在哈尔滨和深圳两个地方政府进行试点工作,并逐步推广。在党的十四大上,中央提出要尽快建立国家公务员制度。1993 年 1 月,中央政治局全体会议听取了人事部的汇报,原则上同意了《国家公务员暂行条例(草案)》的内容及实施设想。同年 4 月 24 日,国务院第二次常务会议通过了《国家公务员暂行条例》,于 1993 年 8 月 14 日公布,自 1993 年 10 月 1 日施行。

第四阶段:国家公务员制度的确立与制度的推行阶段(1993 年 10 月—2005 年 4 月)。首先,在中央政府中实行公务员制度,在完成"三定"的基础上实现过渡, 按照公务员制度的功绩制原则和其他管理机制管理公务员;其次,地方各级政府逐步推行国家公务员制度;再次,陆续出台了一系列公务员管理的规章或单行条例,如《国家公务员考核暂行规定》《国家公务员奖励暂行规定》等十几个配套的实施细则,保证公务员制度的顺利推行;最后,建立公共部门整体性人力资源开发的机制,从传统的"管"和"用"观念,发展到现代的"使用"和"开发"观念,不断地适应社会主义市场经济对公务员素质提高的要求。

第五阶段:《中华人民共和国公务员法》颁布,国家公务员制度进一步发展、完善阶段(2005 年 4 月至今)。中国公务员制度将在法律新设定的一套管理制度和管理机制的推动下,不断回应和改善干部制度遗留的问题,开拓人力资源管理价值发展的空间,实现中国公务员制度建构的目标,提高中国政府公职人员的社会治理能力,体现中国党和政府的执政能力。

（三）我国公务员制度的特征

我国国家人事行政制度的改革，选择了公务员制度的发展道路。一方面，它引入了竞争、激励、保障等公务员管理共有的精神和机制，实现了对政府公务人员法治化、规范化的管理；另一方面，我们必须注意到，产生于社会主义初级阶段的中国公务员制度，其赖以生存和发展的政治背景与西方的政党政治完全不同，这就决定了中国政府实施的公务员制度有自己的特征和运行方式上的独特性。

1. 公务员是党的干部，党管干部是公务员管理的根本原则

中国公务员制度不实行西方的政治中立原则。我国的公务员是在党的组织路线和干部政策的指导下确立的，是党的干部人事制度的组成部分。在公务员的管理中，必须坚持和贯彻党管干部的原则，不能脱离或削弱党对政府人事工作的领导作用。其具体表现为：第一，公务员制度的各项规定应根据党的干部工作方针和政策制定；第二，公务员中各级政府组成人员由各级党委考察、推荐，依法由各级国家权力机关选举或任命，而且其中的共产党员由各级党委负责监督。对于不属于政府组成人员但担任重要职务的公务员，党委也根据工作需要进行直接的管理和监督。中国的公务员制度不存在政务官和业务官的划分，公务员队伍也没有构成一个相对独立的、封闭的管理系统。

2. 公务人员要坚持四项基本原则，坚持党的基本路线，坚决执行党的路线、方针和政策

中国公务员制度是适应社会主义现代化建设的需要而建立的，同时也是实现党的改革开放方针、政策的组织保证，它要为党以经济建设为中心的政治路线服务。因此，党的基本路线是中国特色社会主义公务员制度的根本指导原则，公务员的各项管理制度应体现党的基本路线。中国公务员制度明确规定：公务员必须坚持四项基本原则，在一切公务活动中，必须认真执行党的路线、方针、政策，在政治上、思想上与党中央保持高度一致；公务员应积极参加党和国家的政治生活；公务员中的共产党员，要遵守党的纪律，服从党的决议，参加党的组织生活，接受党组织的监督、检查，按照党员的标准严格要求自己，发挥党员的先锋模范作用。

3. 坚持德才兼备的人才任用和管理原则

中国公务员制度在选拔、任用和考核、培训干部的各个环节中,始终坚持既重德又重才的人才使用和发展标准,并将公务员的政治态度和思想品德放在首位。这是对党和国家长期以来形成的选人用人制度的优良传统的继承和发扬。

4. 坚持全心全意为人民服务的宗旨

中国国家政权的性质和国家行政机关的职能本质上决定了各级政府是人民的政府,国家公务员是人民的公仆,代表人民执行国家公务。他们没有也不应有自己特殊的利益,不能成为特殊的利益集团。因此,中国公务员制度强调公务员必须全心全意为人民服务,廉洁奉公,不谋私利,不搞特权,接受人民群众的监督。

5. 建立了富有中国特色的公务员分类管理制度

第一,根据中国的国情,采用了结合职位分类和品位分类优势的职务分类管理方式,既保证公务员分类的科学性,又保证公务员体系有一定的弹性。与此同时,《中华人民共和国公务员法》进一步将中国公务员职位分类体系精细化,将依法履行公职、纳入国家行政编制、由国家财政负担工资福利的公务员职位划分为三类,即综合管理类、专业技术类和行政执法类。这样的分类管理体系将进一步明晰公务员不同的工作性质和人力资源发展特质,从而将公职人力资源的录用、评价、开发、薪酬等管理措施更加明确地与职位工作性质及其能力素质要求紧密联系起来,体现不同类别公职人力资源对于组织的价值和贡献能力,确定人力资源任用发展的规律,为建立公平、富有激励性的公职人力资源管理体系提供合法的依据。

第二,不实行政务官和业务官的分野。公务员系统划分为政府组成人员和非政府组成人员,领导职务序列与非领导职务序列,虽然在产生方式上有所不同,但所有公务员不论职务高低,都是人民的公仆,而且他们之间可以根据需要相互转任,管理体系有较大的开放性。

(四)中国公务员制度的不断完善

中国公务员制度建立至今刚刚经历了二十几年的时间,这意味着这一制度体系还处于起步和磨合阶段,其完善还有很长的路要走。经历了二十多年公务员制度的实践,政府不断地积累着经验和教训,发展的目标也更加明确。随着中国政治、行政体制改革的进一步推进,公务员制度将进一步走向规范化。目前,党和政府都高度重视公务员制度的建设,力求在更为复杂的环境下,逐步完善公务员管理的法律、政策和措施,以保障治国安邦人才的获取与发展。中国公务员制度建设近期的发展趋势主要是:

第一,制定并颁布相关法律法规,推进公务员管理的法治化进程。2005年4月27日,《中华人民共和国公务员法》经中华人民共和国第十届全国人民代表大会常务委员会第十五次会议通过, 由中华人民共和国主席令第三十五号公布。这标志着中国公务员制度将由国家法律规范和调整,《国家公务员暂行条例》这一过渡性的法律规范文件将完成其历史使命,公务员管理向法治化方向更加迈进了一步。《中华人民共和国公务员法》进一步明确了中国公务员管理的基本精神和理念、原则,清晰界定了国家公务员管理的体制和内在运行机制,阐明了公务员管理措施的目的和走向,完善了公务员的权利、义务、责任、职业道德规范的体系,借鉴了十多年各级政府公务员管理实践的经验,深化了公务员职位分类、领导干部任用、绩效考核、引咎辞职等管理制度及其管理措施,提升了中国公职人员管理的水平。这必将推动中国公务员管理的法制化进程,促进公务员管理的制度化和规范化。

第二,引入人力资源管理的精神,进一步完善公务员管理的各项机制。中国公务员制度建立时, 适逢人力资源管理的理念和精神逐渐渗透到包括公共部门在内的各类组织中, 需要用新型的人力资源管理思想改革传统公共人事行政不合时宜的东西。对于中国公务员制度的发展进程来说, 一方面,政府需要形成公务员管理的完整体系;另一方面,需要将人力资源管理的价值融入公务员制度,改造公务员制度中一些陈旧的思想。这就势必要在公务员制度完善的过程中,加入现代人力资源管理的方式方法。因此,伴随着公共部门组织结构、机构设置的变革,公务员管理的一项重要任务就是完善各项内在的运行机制, 在这些机制中体现现代人力资源管理的主要精神和目标,这其中包括战略性人力资源管理、体现人本主义原则的员工职业生涯发展和能力开发、调动员工积极性和创造性的公平的竞争与激励机制等。

第三,运用先进的分析和评估方法,不断开发公务员管理的技术手段。发展公务员管理的技术、方法,也是中国国家公务员制度完善的重要内容。因为在干部人事制度下, 对国家干部的人治式管理基本上抹杀了科学管理技术的必要性,所以人事管理手段是我国公共部门人事管理最薄弱的环节。今天,政府充分意识到,没有良好、科学的管理操作手段,公务员管理的目标、原则和政策规定都可能无法实现。开发公务员管理技术的主旨在于：为组织有效地评价公务员的能力与综合素质，评估公务员的潜能提供公正的、客观的、可靠的依据，这关系政府及公共部门能否获得人才并保住人才，关系人事管理的有效性。为此，公务员制度的完善势必伴随着工作分析与职位分类、人事测评与甄选技术、人力资源规划、职业生涯发展规划、绩效评估与绩效管理、培训需求分析与培训评估、薪酬设计、劳动关系管理、员工法律事务管理等诸多技术的发展。这必然推动中国公共部门的公职人员管理不断走向职业化。

三、我国事业单位人事制度改革的历程

事业单位人事制度改革肇始于相对独立的事业单位人事制度体系的初步形成之际。虽然事业单位人事管理活动的变革与完善在其产生之后就已经开始了，但由于事业单位人事制度长期隶属于大一统的传统干部人事制度，这种变迁是在既有框架内的改革，不具备事业单位人事制度变迁的独有特质。因此，从严格意义上讲，只有当相对独立的事业单位人事制度从大一统的干部人事制度中剥离出来后，才有了真正意义上的事业单位人事制度的改革。

（一）事业单位人事制度的初步探索

1993 年，随着大一统的传统干部人事制度逐步分解，事业单位独立的人事制度体系基本形成并由此开始了初步的改革探索。在前期充分调研和试点的基础上，《国家公务员暂行条例》于 1993 年颁布实施，国家公务员制度正式推行，对公务员的人事管理就此逐步从干部人事制度体系中分解出来。与此同时，企业人事管理制度也进行了相应调整。党的十四大后，围绕贯彻落实《中华人民共和国公司法》，企业全面推行聘用制度。1993 年党的十四届三中全会后，企业（主要是国有企业和全民所有企业）干部的人事管理制度改革步入了进一步深入探索的阶段。随着现代企业制度的建立和成熟，企业干部的人事管理也逐步从传统干部人事制度框架中剥离出来。至此，相对独立的事业单位人事管理制度得以初步形成。在事业单位人事制度形成之后，对传统干部干部人事制度的遗传性顽疾进行了初步的改革探索，在人事制

度的某些方面进行了试点并取得初步成就。为探索建立与社会主义市场经济体制相适应的事业单位人事制度，一些地区和有条件的部门率先进行了全员聘用合同制的改革试点。

1993年10月，全国第三次工资制度改革确立了在国家宏观调控下区别对待、分类管理的工资管理新体制，事业单位工资制度开始与国家机关工资制度脱钩，初步建立事业单位工资制度的基本框架。根据党的十四大提出的"加快工资制度改革，逐步建立起符合企业、事业单位和机关各自特点的工资制度与正常的工资增长机制"①的要求，机关事业单位工资制度进行了第三次重大改革，事业单位的工资制度从机关工资制度中分离出来。按照工资制度改革方案，在科学分类的基础上，依据按劳分配原则建立体现事业单位不同类型、不同行业特点的工资制度。根据事业单位特点和经费来源实行不同的工资管理办法，初步形成了"分类管理、分类指导"的管理模式。其中，全额拨款的事业单位实行目标任务与奖金挂钩；自收自支的事业单位实行工资总额同承包指标挂钩；差额补贴或削减一定比例事业费的单位，实行承包指标或目标管理指标。此外，改革方案要求根据专业技术人员、管理人员和工人的不同工作特点，实行不同类型的工资制度。以专业技术人员为例，根据其所处行业的不同，分别实行专业技术职务等级工资制、专业技术职务岗位工资制、艺术结构工资制、体育津贴和行员等级工资制等。这次工资制度改革的另一个亮点在于引入竞争激励机制，加大工资中活的部分，通过建立符合事业单位不同类型、不同行业特点的津贴、奖励制度，使工作人员的报酬与其实际贡献紧密结合起来，克服长期以来的分配制度上的平均主义。这次工资制度改革是事业单位人事制度改革的初步探索，为建立适应市场经济需要的事业单位工资制度奠定了基础。

同时，通过建立和推行职员制改革探索事业单位管理人员的管理制度创新。许多地区和部门结合实行职员职务等级工资制，积极进行了职员制的改革试点。比如，中国科学院从1992年开始研究探讨职员制问题，在其所属的8个研究所进行改革试点，并相应出台了一些具体的改革举措。从1991年起，中国科学院打破长期存在的科研机构行政化、管理人员官员化倾向，实行科技职员制，该院123个研究所及院部的7520余名各类管理人员，全

---

① 江泽民：《加快改革开放和现代化建设步伐，夺取有中国特色社会主义事业的更大胜利——在中国共产党第十四次全国代表大会上的报告》，《人民日报》1992年10月21日。

部脱离原有的套用党政机关的职务身份,成为不同级别的科技职员。1995年11月,原国家人事部下发《事业单位职员管理暂行办法》,对事业单位管理人员的管理制度改革提出了指导性意见,对稳定事业单位管理岗位的优秀人才,保证事业单位的高效运转起到了积极的推动作用。

1995年5月,为加快事业单位人事制度改革步伐,探索建立与社会主义市场经济体制相配套的人事管理体制,原国家人事部决定选择一些地区、部门和单位作为人事制度改革试点的联系点,以加强事业单位人事制度改革试点工作。在首批试点名单中,选择中国科学院和江苏省盐城市进行事业单位人事制度综合配套改革试点,选择浙江省杭州市进行事业单位津贴分配制度改革试点,选择清华大学进行教育事业单位津贴分配试点,等等。这次事业单位人事制度改革试点的重点内容是:进行管理体制、人事制度、工资制度、社会保险制度等方面的综合配套改革试点;对管理人员实行职员制的试点;对自收自支事业单位进一步下放人事管理权的试点。这次改革试点为事业单位人事制度改革在某些重点、难点问题上的突破取得了第一手的新鲜经验。

1995年底,原国家人事部和中央编办在郑州召开全国事业单位机构和人事制度改革工作会议。这次会议确立了事业单位改革的思路,即科学化的总体布局、社会化的发展方向、多样化的分类管理、制度化的总量控制,以及"脱钩、放权、分类、搞活"的改革原则。此外,这次会议还讨论起草了《关于事业单位人事制度综合配套改革意见》《事业单位聘用制暂行办法》。这是中华人民共和国成立后首次召开的研究和部署事业单位人事制度改革的全国性会议,为事业单位人事制度的进一步探索指明了方向。郑州会议推进了事业单位人事制度改革的进程,全国绝大多数省市此后都陆续开展了事业单位人事制度改革的试点工作。与此同时,一些地区和有条件的部门进行了全员聘用合同制改革试点。比如,上海市人事局1995年12月下发了《上海市事业单位实行聘用合同制暂行办法》;江苏省南京市确立27家事业单位推行聘用制改革试点,南京市政府于1995年印发《南京市全民所有制事业单位全员聘用合同制管理暂行办法》;江苏省盐城市在事业单位综合配套改革的基础上也进行了职员制试点,等等。到1996年,全国大部分地区的事业单位都推行了程度不同、形式各异的聘用制度。

1999年8月,全国专业技术人员暨事业单位人事制度改革工作会议在天津召开,事业单位人事制度改革的思路日渐清晰。这次会议要求根据经济体制、政治体制改革的需要,结合事业单位管理体制改革的进程,按照"脱钩、分类、放权、搞活"的路子,精简冗员、鼓励竞争、促进流动、提高素质,调动各类人员的积极性和创造性,增强事业单位的活力和自我发展的能力,减轻国家财政负担,逐步建立起符合各类事业单位自身特点的一套符合专业技术岗位、管理岗位和工勤岗位人才成长规律的管理制度,形成一个人员能进能出、职务能上能下、待遇能升能降,优秀人才能够脱颖而出,公开、平等、竞争、择优的充满生机与活力的用人机制。这次会议还提出了推行事业单位人事制度改革的重点,即推行符合事业单位特点的聘用制度、岗位管理制度、分配制度、人事监督制度和未聘用人员的安置制度。

(二)事业单位人事制度的全面启动

随着中国现代化建设第二步战略目标的顺利完成,以及社会主义市场经济体制的初步建立,国家各项改革也步入一个以制度创新为主要内容的发展新阶段,事业单位也在积极寻求新的突破和创新。2000 年 6 月,中央下发《深化干部人事制度改革纲要》,针对事业单位用人机制不灵活、效率不高、存在实际上的干部身份终身制等弊端,提出了事业单位人事制度改革的重点和基本要求,即围绕实施科教兴国战略,适应事业单位管理体制改革的要求,以推行聘用制和岗位管理制度为重点,逐步建立适应不同类型事业单位特点的人事管理制度,形成有利于优秀人才成长和发挥作用的用人机制和重实绩、重贡献的分配机制,建设高素质的科学技术干部队伍。①《纲要》明确了事业单位人事制度改革的方向和总体要求。

2000 年 7 月,中央组织部、原国家人事部联合发出《关于加快推进事业单位人事制度改革的意见》,对事业单位人事制度改革作了具体部署。事业单位人事制度改革的前期探索积累了有益的经验,但从总体上看,事业单位人事制度改革的进程,与社会主义市场经济体制和各项事业发展还不适应,加快推进事业单位人事制度改革由此成为促进国家整体改革和发展的一项重要而紧迫的任务。为推进事业单位人事制度改革的进程,《关于加快推进事业单位人事制度改革的意见》根据《深化干部人事制度改革纲要》的总体要求,对事业单位人事制度改革的指导思想、目标任务、基本思路等问题都

---

① 中共中央办公厅:《深化干部人事制度改革纲要》,《人民日报》2000 年 8 月 21 日。

作出了明确部署，①《深化干部人事制度改革纲要》和《关于加快推进事业单位人事制度改革的意见》这两个文件的颁发标志着事业单位人事制度改革的全面启动。《关于加快推进事业单位人事制度改革的意见》提出了事业单位人事制度改革的指导思想和目标任务。该《意见》要求事业单位人事制度改革坚持以邓小平理论为指导，认真贯彻党管干部原则、干部队伍"四化"方针和德才兼备的用人标准，适应事业单位体制改革的要求，建立政事职责分开、单位自主用人、人员自主择业、政府依法管理、配套措施完善的分类管理体制；建立一套适合科、教、文、卫等各类事业单位特点，符合专业技术人员、管理人员和工勤人员各自岗位要求的具体管理制度；形成一个人员能进能出，职务能上能下，待遇能升能降，优秀人才能够脱颖而出，充满生机与活力的用人机制，实现事业单位人事管理的法制化和科学化。该《意见》还明确了事业单位人事制度改革的基本思路。一是取消行政级别，即按照"脱钩、分类、放权、搞活"的路子，改变用管理党政机关工作人员的办法管理事业单位人员的做法，逐步取消事业单位的行政级别，不再按行政级别确定事业单位人员的待遇；二是实行分类管理，即根据社会职能、经费来源的不同和岗位工作性质的不同，建立符合不同类型事业单位特点和不同岗位特点的人事制度，实行分类管理；三是扩大人事管理自主权，即在合理划分政府和事业单位职责权限的基础上，进一步扩大事业单位的人事管理自主权，建立健全事业单位用人方面的自我约束机制；四是引入竞争激励机制，即贯彻公开、平等、竞争、择优的原则，引入竞争激励机制，通过建立和推行聘用制度，搞活工资分配制度，建立充满生机活力的用人机制。

建立以聘用制为基础的用人制度是这次人事制度改革的重要内容之一。建立以聘用制为基础的用人制度要求从以下方面展开：一是全面推行聘用制度。破除干部身份终身制，引入竞争机制，在事业单位全面建立和推行聘用制度，把聘用制度作为事业单位一项基本的用人制度。二是改革事业单位领导人员单一的委任制，在选拔任用中引入竞争机制。实行直接聘任、招标聘任、推选聘任、委任等多种形式。同时，扩大事业单位内部分配自主权，允许事业单位在职务科技成果转化取得的收益中提取一定比例，用于奖励项目完成人员和对产业化有贡献的人员，允许事业单位经批准高薪聘用个别

---

① 中共中央组织部、国家人事部：《关于加快推进事业单位人事制度改革的意见》，《人民日报》2000年8月4日。

拔尖人才。随后，原国家人事部还先后会同中组部、中宣部、科技部、教育部、文化部、卫生部、国家广电总局发布了一系列不同行业事业单位人事制度改革的具体实施意见，与行业主管部门共同推进事业单位人事制度改革。这些分行业的改革文件包括：《关于深化高等学校人事制度改革的实施意见》（2000 年）、《关于深化科研事业单位人事制度改革的实施意见》（2000 年）、《关于深化卫生事业单位人事制度改革的实施意见》（2000 年）、《关于深化广播影视事业单位人事制度改革的实施意见》（2003 年）、《关于深化文化事业单位人事制度改革的实施意见》（2003 年）等，上述文件分别对不同行业事业单位的人事制度改革工作作了具体部署。

2002 年 7 月，国务院转发原国家人事部《关于在事业单位试行人员聘用制度的意见》，为事业单位试行人员聘用制度提供了政策依据。该《意见》要求在事业单位试行人员聘用制度，通过实行人员聘用制度，转换事业单位用人机制，实现事业单位人事管理由身份管理向岗位管理转变，由行政任用关系向平等协商的聘用关系转变，建立一套符合社会主义市场经济体制要求的事业单位人事管理制度。该《意见》明确，除按照国家公务员制度进行人事管理的以及转制为企业的以外，所有事业单位都要逐步试行人员聘用制度，人员聘用制度主要包括公开招聘、签订聘用合同、定期考核、解聘辞聘等具体制度。该《意见》还规定，对事业单位领导人员的任用，根据干部人事管理权限和规定的程序，可以采用招聘或者任命等形式。①

2003 年 12 月，中共中央首次召开中央人才工作会议，会议下发了《中共中央、国务院关于进一步加强人才工作的决定》，强调实施人才强国战略是党和国家一项重大而紧迫的任务，并进一步明确了新世纪新阶段中国人才工作的重要意义，全面部署了人才工作的根本任务，制定了一系列有关加强人才工作和人才培育的方针政策。这次会议还重申了事业单位人事制度改革的目标、任务和措施，强调要"以推行聘用制和岗位管理制度为重点，深化事业单位人事制度改革。按照政事职责分开、单位自主用人、个人自主择业、政府依法监管的要求，建立符合各类事业单位特点的用人制度"②。

2004 年 7 月，原国家人事部在河北省石家庄市召开了事业单位人事制

①　参见人事部专业技术人员管理司：《新编事业单位人事制度改革与人事管理实用政策法规》，中国人事出版社，2007 年，第 157~165 页。

②　同上，第 1~16 页。

度改革试点联系点工作座谈会,这是继郑州会议和天津会议后,我国事业单位人事制度改革的又一次重要会议。会议提出要以推行聘用制度和岗位管理制度为重点,加大事业单位改革力度,加快建立符合社会主义市场经济要求,符合各类事业单位特点的用人制度。会议还要求各试点联系点单位在贯彻落实人事部关于改革试点工作总体部署和要求的同时,结合各自的实际情况创新管理体制,转换用人机制,推动配套改革,在改革中求发展,在探索中寻规律,边试点边总结,走出一条有利于发展公益事业、符合各类事业单位特点的人事管理新路子,使改革试点工作真正做到出经验、出成果。

(三)事业单位人事制度的重点突破

随着社会主义市场经济体制的逐步完善,以及事业单位各项人事制度改革政策,尤其是公开招聘制度的全面推行,事业单位用人机制得到初步转换。但是随着各项改革的逐步深入,原有的事业单位人事管理模式已不能完全适应社会事业发展的要求,传统的身份管理的积弊和影响依然困扰着事业单位的人事管理工作,在此背景下,设计科学规范的岗位管理制度的重要性和必要性日益显现。因此,在上一阶段人事制度改革经验积累的基础上,为配合聘用制度改革的推进,国家对事业单位人事管理及改革政策进一步细化,选择以事业单位岗位设置管理为分类改革的突破口。之所以选择岗位设置管理制度改革作为人事制度改革的突破口,原因在于岗位设置是组织人事管理链的首要环节,事业单位人事管理的若干环节,如招聘、培训、激励、绩效评估和报酬等都离不开对组织岗位及其结构的界定和安排。总之,科学设置岗位,实施分类管理,有利于事业单位转换用人机制,实现由身份管理向岗位管理的转变。

为配合事业单位岗位管理改革相关政策的出台,原国家人事部于2006年初颁发了《事业单位公开招聘人员暂行规定》,首次就事业单位进人问题作出专门规定。按照该《暂行规定》的要求,事业单位新进人员除国家政策性安置、按干部人事管理权限由上级任命及涉密岗位等确需使用其他方法选拔任用的人员外,招聘专业技术人员、管理人员和工勤人员,都要实行公开招聘。该《暂行规定》还进一步明确了事业单位公开招聘的范围、条件、程序,以及招聘计划、信息发布与资格审查制度、备案、回避等制度。①该《暂行规定》的出台是事业单位人事制度改革逐步深化的必然结果,不但有利于扩大事业单位选人用人的视野,拓宽选人进人的渠道,而且通过强化制度建设,规范了事业单位进人的程序,有效加强了政府对事业单位人事管理的监督,保证事业单位客观公正地选用人才。此后,事业单位岗位设置管理实施工作顺利开展,截至2008年,事业单位84%的新进人员实行了公开招聘,推行聘用制度的事业单位数和签订聘用合同的人员数均达到总数的74%。②

2006年底,原国家人事部相继颁发《事业单位岗位设置管理试行办法》和《〈事业单位岗位设置管理试行办法〉实施意见》两个文件,着力推进事业单位人事管理从身份管理向岗位管理的转变。该《试行办法》和《实施意见》明确了事业单位的岗位类别、等级、岗位结构比例、设置程序及权限,要求事业单位结合收入分配制度改革和实施聘用制,规范岗位设置管理。该《试行办法》将事业单位岗位分为不同类别,并在此基础上形成了事业单位人事分类管理的基本框架,有利于进一步提高事业单位人事管理的效能和科学化水平。该《试行办法》规定,事业单位岗位分为管理岗位、专业技术岗位和工勤技能岗位3种类别,这3种类别岗位又细分10个、13个和5个等级。具体来说,事业单位现行的部级正职、部级副职、厅级正职、厅级副职、处级正职、处级副职、科级正职、科级副职、科员、办事员依次分别对应管理岗位中的一到十级职员岗位;专业技术岗位分为13个等级,其中高级岗位分7个等级,即一至七级,中级岗位分3个等级,即八至十级,初级岗位分3个等级,即十一至十三级;工勤技能岗位包括技术工岗位和普通工岗位,其中技术工岗位分为5个等级,即一至五级;普通工岗位不分等级。③该《试行办法》及其实施意见形成了事业单位人事分类管理的基本框架,是事业单位人事制度改革的重要举措,对建立符合社会主义市场经济体制要求和事业单位特点的人

① 参见人事部专业技术人员管理司:《新编事业单位人事制度改革与人事管理实用政策法规》,中国人事出版社,2007年,第260~264页。

② 尹蔚民:《在全国人力资源和社会保障工作会议上的工作报告》(摘要),见中华人民共和国人力资源和社会保障部网站,2009年2月20日,http://www.mohrss.gov.cn/mohrss/Desktop.aspx?path=mohrss/mohrss/InfoView&gid=fad54b0-7c82-4c58-a49b-3ee32ee0f035&tid=Cms_Info。

③ 国家人事部:《事业单位岗位设置管理试行办法》《〈事业单位岗位设置管理试行办法〉实施意见》,人事部专业技术人员管理司:《新编事业单位人事制度改革与人事管理实用政策法规》,中国人事出版社,2007年,第242~249、250~259页。

事管理制度具有重要意义。

为适应事业单位聘用制改革和岗位管理的要求,2006年6月经中央批准,原国家人事部颁布《事业单位工作人员收入分配制度改革实施办法》。该《实施办法》提出要建立符合事业单位特点、体现岗位绩效和分类管理要求的收入分配制度,完善工资正常调整机制,健全宏观调控机制,逐步实现事业单位收入分配的科学化和规范化。这次事业单位收入分配制度改革的主要内容包括:建立岗位绩效工资制度、实行工资分类管理、完善事业单位工资正常调整机制以及高层次人才和单位主要领导的分配激励约束机制、健全事业单位收入分配宏现调控机制等。[①]至此,事业单位工资收入分配制度改革取得较大突破,基本确立了符合事业单位特点、体现岗位绩效和分级分类管理要求的事业单位收入分配制度,为事业单位岗位设置管理改革的进一步推进奠定了较好基础。

在事业单位岗位设置改革实施过程中,原国家人事部于2007年2月至5月,分别会同国家文化、科技、卫生、广电、新闻出版、教育等部门先后下发了11个分行业的指导意见和党群系统事业单位岗位设置管理工作的通知,配合不同行业事业单位的体制改革,加快推进事业单位人事制度改革步伐。全国各地区各部门也都结合实际情况,制定了改革的政策措施和办法,稳步推进事业单位人事制度改革。这次改革逐步改变了按管理党政机关工作人员的办法管理事业单位人员的做法,淡化了身份,强化了岗位,转换了机制,增强了活力,进一步调动了事业单位各类人才的积极性和创造性,促进了社会事业的健康发展。

作为事业单位社会保障体系中最基础和重要的制度安排,养老保险制度改革一直悬而未决,在某种程度上制约着事业单位改革,尤其是分类改革和岗位设置管理工作的推进。从1994年开始,全国28个省、市陆续开展了事业单位养老保险改革的试点,虽然改革取得了一定的进展,但改革总体情况并不尽如人意,各地自行制定的试点方案相差很大,在制度模式、管理体制、筹资机制、待遇计发办法、受益资格等方面也不尽相同。为此,国务院于2008年3月印发了《事业单位工作人员养老保险制度改革试点方案》,确定在山西、上海、浙江、广东、重庆5省(市)先期开展试点,与事业单位分类改

---

① 人事部、财政部:《事业单位工作人员收入分配制度改革方案》,http://www.sdjyrs.gov.cn/News_View.asp?NewsID=3733。

革配套推进。这次改革试点的主要内容包括：养老保险费用由单位和个人共同负担、退休待遇与缴费相联系、基金逐步实行省级统筹、建立职业年金制度、实行社会化管理服务等。2009 年 1 月，《事业单位养老保险制度改革方案》正式发布。事业单位分类改革和岗位设置管理的制度环境正在逐步完善。

（四）事业单位人事制度改革破冰前行

第一，"十二五"时期事业单位分类改革全面启动。与 2011 年 3 月印发的《关于分类推进事业单位改革的指导意见》相配套，2011 年 8 月《关于进一步深化事业单位人事制度改革的意见》提出了根据分类对事业单位实行不同的人事管理制度。公益类实行以聘用和岗位管理制度为主要内容的人事管理制度。公益一类在审批编制内设岗，规范人事管理，搞活内部用人机制。公益二类在备案编制内设岗，赋予单位灵活的人事管理权。到 2014 年底，全国事业单位清理规范工作基本完成，全国共减少事业单位 6.24 万家，核减编制 64.45 万名，基本摸清了"家底"。中央国家机关所属事业单位分类基本完成，地方分类工作稳步推进，多数省区市开展了模拟分类。

第二，《事业单位人事管理条例》颁布。2014 年 4 月 25 日，李克强总理签署第 652 号国务院令，发布《事业单位人事管理条例》（以下简称《条例》）。作为事业单位人事管理的第一部专门行政法规，《条例》对先期改革成果进行了法律确认，提高了事业单位人事立法的层次和效力，使事业单位人事管理实现了有法可依、有章可循，标志着中国特色事业单位人事制度体系框架初步形成。

第三，《事业单位领导人员管理暂行规定》印发。2015 年 5 月该《暂行规定》的印发，对事业单位领导人员的基本要求和基本制度进行了全面规定和顶层设计，填补了制度空白，成为事业单位领导人员规范管理的重要依据。

第四，聘用合同管理、岗位设置管理和公开招聘制度全面实施。健全聘用制度和岗位管理制度，全面推行公开招聘是"十二五"时期事业单位人事制度改革的重点任务。"十二五"时期，这三项制度实施范围进一步扩大，进入了常态化管理阶段。在聘用制方面，截至 2015 年底，我国事业单位聘用制度推行率、事业单位工作人员合同签订率达到 93%，我国实际已成为全球规模最大的对公职人员实行定期聘用制度的国家。为促进聘用管理工作，2014 年 12 月《人力资源和社会保障部等部门关于开展机关事业单位"吃空饷"问题集中治理工作意见的通知》发布,治理范围包括全国各级机关事业单位及其编制内工作人员和相关离退休人员,对事业单位聘用管理的规范化发挥了重要作用。在岗位设置管理方面,截至目前,全国事业单位岗位设置基本实现制度入轨,全国事业单位岗位设置完成率超过 90%。2011 年《关于进一步深化事业单位人事制度改革的意见》中规定,公益一类事业单位在审批编制内设岗,规范人事管理,搞活内部用人机制;公益二类事业单位在备案编制内设岗,赋予单位灵活的人事管理权,明确了事业单位岗位设置管理的基本改革方向。在公开招聘制度方面,"十二五"时期,事业单位拟招聘制度推行率达到了 90%,事业单位新进人员公开招聘工作已经基本实现全覆盖。为推进公开招聘制度落实,2014 年 8 月,人社部开展了事业单位违规招聘专项整治行动,进一步规范事业单位进人机制。

第五,职称制度改革取得新的进展。2015 年 8 月《关于深化中小学教师职称制度改革的指导意见的通知》公布,中小学教师职称制度改革在全国范围内全面推开。这一改革政策的出台,符合中小学师的政策期待,取得了良好的政策效应,对全面推进事业单位人事制度改革和人才管理的体制机制改革,也具有重要的启示和示范效应。

第六,事业单位收入分配制度改革进一步深化。2015 年 1 月 12 日《关于调整机关事业单位工作人员基本工资标准和增加机关事业单位离退休人员离退休费三个实施方案的通知》印发,决定从 2014 年 10 月 1 日起,调整机关事业单位工作人员基本工资标准,增加机关事业单位离退休人员离退休费。截至 2015 年 7 月 31 日,全国各地机关事业单位调资兑现工作基本完成,同时建立了事业单位工作人员基本工资标准正常调整机制。

第七,事业单位养老保险制度改革方案顺利实施。2015 年 1 月《机关事业单位工作人员养老保险制度改革的决定》印发,提出要改革现行机关事业单位工作人员退休保障制度,逐步建立独立于机关事业单位之外、资金来源多渠道、保障方式多层次、管理服务社会化的养老保险体系,是事业单位人事制度改革的重大突破。机关事业单位基本养老保险基金单独建账,与企业职工养老保险基金分别管理使用,但基本制度模式和基本规则是统一且一致的。

第八,事业单位工作人员处分制度和申诉制度开始完善。2012 年 8 月《事业单位工作人员处分暂行规定》公布,明确了事业单位工作人员的纪律规范,弥补了事业单位工作人员义务规定缺失的问题,提出了基本的纪律要求,为其他制度实施提供了保障,成为公职人员惩戒体系和国家防治腐败体系的重要组成部分。2014年《条例》将其基本内容纳入法规规定范围。处分制度是人事制度不可缺少的重要环节,是提高公共服务质量、保障服务公平的重要基础。同时,事业单位工作人员申诉制度也建立起来。2014年6月《事业单位工作人员申诉规定》作为《条例》配套规章率先出台,使申诉制度与人事争议处理制度一起,共同形成了符合我国事业单位人事管理特点、全面系统的人事争议处理体系。

四、我国公共部门人力资源管理的发展趋势

时代的变换和历史时期的不同皆有不同的管理理念、制度和方法,管理与环境之间存在共生和依存的关系。公共部门人力资源管理,自1980年以后,随着公共管理环境的变化,也呈现了新的特点和趋势,概括起来主要有以下方面。

(一)政府的技术化和职业化

随着知识经济和信息社会的来临,随着政府管理复杂性的增加,随着政府管理对大量信息的需求,随着政府管理日趋技术化和专门化,政府管理对专门性人才的需要更加强烈,这一切均导致了知识工作者的兴起。以发达国家为例,据估计,在不远的将来,无论是公共组织还是私营组织的工作,将有90%为专家系统或人工智能所扩张或替代。所谓扩张,系指专家系统与专门技术人员兼顾工作,使工作的效率及效能提高;所谓替代,系指未来相当比例的工作将由机器代替人力去做。与此同时,知识和信息工作者在政府公务领域内将占主导地位。在未来的公共组织中,知识和专家的权威将会凸显。

(二)政府从消极控制转为积极管理

传统的公共部门人力资源管理,是一种以控制为导向的消极的管理,这种管理的基本特点在于,强调效率价值的优先性、强调公务员的工具角色、强调严格的规划和程序、重视监督和控制、强调集中性的管理等。传统的以控制为导向的管理难免使公共部门人力制度僵化、缺乏活力,而新的公共部

门人力资源管理更具积极性。所谓积极性的公共部门人力资源管理,乃是要在已有的公共人事制度的基础上,创造一个公职人员潜能发挥的良好环境,促使公职人员具有使命感,从而促使组织目标的达成和效能的实现。与传统的控制导向不同,新的公共部门人力资源管理强调"授能",即授权赋能,主要特征表现在:

(1)对公职人员达成行政绩效和服务品质的高度期望和高度信心;

(2)开放参与决策的机会;

(3)提供行政人员发展自主性的机会;

(4)设立具有意义与具有激励力量的目标;

(5)发展组织的共同远景;

(6)发展并维持组织成员之间信赖、开放的沟通;

(7)信息的开放与透明;

(8)公职人员的权益保障;

(9)强调相互的利益;

(10)人事制度的公正性。

(三)公共部门突出重视人力资源开发

面对知识经济和信息社会的到来,面对新知识和新技术的挑战,越来越多的组织认识到公共部门人力资源开发的重要性——即通过持续的学习以改变公职人员和公共管理者的态度、行为和技能。更为重要的是,由于今天公共组织管理者和公职人员面临的是一个快速变迁的社会,过去被动式的学习已经无法适应时代的要求,具备新的学习能力是公共部门人力资源开发的核心,学者马库德称之为新学习,所谓新学习,它具有以下特征:

(1)学习的目标是欲达成组织绩效;

(2)学习的重点着重在"学习如何学习"的过程;

(3)灵活适用具有弹性的组织结构,使学习多样化;

(4)学习时要发挥运用创造力,培养非直线式、直觉式的思考;

(5)学习可使人们更有意愿及能力发挥创造及分享经验;

(6)持续不断的学习、多元化的学习能更有效率地迈向成功;

(7)鼓励人们积极参与及投入各项组织的活动;

(8)组织应具有开放性的特性,对于不同的学习方式都能够讨论及包含;

（9）学习是一连串的规划、执行与反馈过程；

（10）强调教学相长，相互学习；

（11）将学习融入工作中，同时成为生活中不可分割的一部分。

另外，未来学家约翰·奈斯比特等人也认为，未来组织的人力资源开发将强调学习如何学习，学习如何思考，学习如何创造，并向终身学习发展。

（四）人力资源管理与新型组织的整合

在信息技术的冲击下，传统的金字塔形的组织机构正在让位于新信息社会更合乎需要的组织结构。为了适应环境的变化，提高效率、符合创新的要求，发挥公共部门人力资源的专业才能，有效运用科学技术、组织的弹性化、灵活化，临时性扩大授权已成为必然趋势。对于未来的组织结构，人们有许多描述，如网络组织、无缝隙组织、后官僚组织等，不管叫什么名称，可以肯定的是新型的组织结构将具有如下特色：

（1）对环境具有开放性；

（2）组织结构的弹性化；

（3）组织更趋扁平化，中层管理的削减；

（4）强调通过对话建立权威，权力的均等化；

（5）信息的共享和决策的开放；

（6）权力结构从集中等级式转化为分散网络式；

（7）从自上而下的控制转为相互作用和组织成员自我控制；

（8）组织的价值观从效率、安全、回避风险转向效能、敏感性、适应性和勇于创新；

（9）组织的地位结构更倾向以专门技能和专业知识为基础；

（10）组织协调的手段将更多地强调建议和说服，而不是高压强迫。

总之，新型组织结构强调一种更能发挥公职人员能力和潜能，而不是抑制创新与活力的组织。

（五）公共人力资源管理的信息化

信息和网络技术在公共部门人员管理中的应用已成为一个最显著的特征，人力资源管理的电子化和网络化，可以增加效率，节约成本；有利于人力

资源战略和政策制定;有利于加强人员之间的沟通与联系;有利于实现参与管理。未来主要的发展包括:

(1)电子人事政策法规和电子人力资源资料库;

(2)电子招聘;

(3)电子福利支付;

(4)电子动态管理等。

(六)精简而有效能的政府

政府组织规模的庞大,乃是过去时代各国政府的一个普遍现象,究其原因在于政府功能的扩张、社会的发达、政务的增多以及政府自身的内在扩张。而政府之扩张反过来导致财政赤字、绩效低下、成本扩张。所以从 1990 年以后,各国的文官制度改革,莫不是把人力精简和紧缩管理作为主要措施。美国在 1999 年会计年度精简全职公务人员 2.7 万多人;加拿大亦从总数 22.5 万名公务员中精简 5.5 万名;中国中央政府亦精简 30% 的公务人力。随着“小政府”观念的深入人心,人力精简将继续成为公务人力资源管理的一个基本趋势。

(七)突出重视绩效管理

各种事实表明,组织的成功与否,视人力资源有效运用的有效程度而定。如今无论公、私组织,绩效管理成为一个最热门的话题。绩效管理意味着组织管理者为公职人员规划责任及目标,以使他们的能力获得最大的发挥,并通过绩效考评,以此作为公务人员奖惩的依据。一个有效的绩效管理系统应包括以下部分:

(1)对每一项任务及价值作清楚的陈述;

(2)规划一套用以建立个人行为表现的程序;

(3)建立一套流程,作为公职人员能力改善计划的基础;

(4)订立绩效指标;

(5)建立绩效测评机制。

（八）重视和加强公共部门人员道德素质建设

近几十年来，越来越多的公职人员的不道德行为（如腐败）导致了政府威信的下降，导致了公众对政府官员产生信任危机，严重者甚至影响到政府的合法性问题。在此背景下，通过强调公务人员的伦理责任而重振政府的威信，就成为公共部门人力资源管理的一个显著特征和趋势。1978 年美国的制定《政府伦理法》，对公务人员的伦理做出法律规定，同时成立政府伦理局，具体负责公务人员的伦理管理问题。美国公共行政学会 1985 年发表公务人员伦理法典，1994 年又予以修正，要求公务人员为公共利益服务，尊重宪法及法律，展现个人正直，促进伦理组织的完善，追求专业卓越表现。发达的资本主义国家也致力于公务道德基础设施建设工程，许多国家亦多有公务员伦理的法律。可以肯定，如何维持公务人员伦理道德的生活及行为，是公务人力资源管理的最大挑战之一。

知识点提要：

作为公共部门人力资源管理的核心部分，各国的政府部门人事管理经历了不断发展和变革的历程。特别是 20 世纪 80 年代，西方国家开始了一场声势浩大的政府再造运动，或称新公共管理运动。它以引进市场方法改造公共部门为主要特征，如对公有企业实行私有化，强调结果和顾客导向的管理，下放权力，政府业务合同外包，实行绩效评估等。而作为政府管理重要组成部分的人事管理也在这场改革浪潮中发生了重大的变化，给传统的公务员制度造成了巨大的冲击。

我国公务员制度是在替代中国干部人事制度的基础上建立的。干部人事制度的建立是在中国特定的历史时期建立和发展的，随着时代的发展，传统的干部人事制度暴露出了一些问题。面对中国社会主义市场经济发展和政府职能转变的要求，政府组织、事业组织以及公共部门力求形成一支为人民服务、高效、廉洁、精干、高素质的公职人员队伍，实现对公共事务的有效管理，满足公众对公共服务品质的需要。

事业单位人事制度改革肇始于相对独立的事业单位人事制度体系的初步形成之际。事业单位人事制度的改革经历了初步探索、全面启动、重点突破阶段,现在正在破冰前行。

复习思考题:

1.中国为什么要建立公务员制度?

2.试述传统的干部人事制度与现代公共部门人力资源管理有哪些不同。

3.请讨论我国公共部门人力资源管理的发展趋势如何?

进一步阅读:

新加坡精英主义取向的公共部门人力资源管理

人力资源管理,是指通过各种技术与方法对组织内外相关人力资源进行有效运用,以满足组织当前及未来发展的需要,保证组织目标实现与成员发展的最大化。[①]而公共部门人力资源管理就是关于如何对公共组织中的人进行科学管理的活动。人力资源作为现代社会的第一资源,是组织生命的源泉;开发人力资源,加强人力资源管理,已成为关系当今各国发展的重大问题。1962 年,当新加坡还是一个自治邦时,新加坡政府就已开始重视公共部门人力资源的管理,尤其强调对人力资源中精英人才的管理。精英主义是李光耀治国的重要观点之一;他坚信人才是新加坡成功的关键,只有不断成长、改革、求变,才能使新加坡这个岛国屹立不倒。在 21 世纪的中国社会发展中,江泽民同志指出:"知识不断更新,科技不断突破,经济不断发展,对劳动者素质的要求也越来越高。加强人力资源开发,加强人力资源管理,从来没有像今天这样重要、这样紧迫。"[②]胡锦涛同志在 2003 年 12 月 18 日全国人才工作会议上也特别强调人力资源中的人才管理对于党和国家发展的关键性与决定性作用。因此,研究新加坡政府的公共部门人力资源的有效管理,对我国的人力资源管理,建设国际化人才高地具有现实的借鉴意义。

---

① 萧鸣政:《人力资源开发与管理——在公共组织中的应用》,北京大学出版社,2005 年,第 17 页。

② 江泽民同志 2001 年 5 月 15 日在 APEC 会议上的讲话:《加强人力资源能力建设,共促亚太地区发展繁荣》。

一、人力资源的开发与获取——自我更新

人力资源的开发与获取是人力资源管理的第一步，它直接影响着人力资源管理的效果。新加坡政府在公共部门人力资源的开发与获取方面注重通过需求来培养人才，根据发展来搜罗精英，始终吸收新鲜血液以保持人才的自我更新。

（一）按照需求培养人才

学校教育是正规培养人才的起点，而人才的培养则有赖于社会的需求。新加坡政府对于发展哪一类学府，做出了一个正确的判断，以便在不久的未来吸收青年并训练他们，使他们日后能帮助建立一个工业社会。当新加坡还是自治邦时，"新加坡之父"李光耀就指出要扩展高等学府，建立工业社会。为配合经济社会的发展，如为配合裕廊工业区的发展计划，两所着重实用科学的工艺学校得以批准筹建；新加坡政府在 1963 年投资 1 亿新元即占新加坡总开支的 25%以上在教育方面。政府所面对的问题是：这些有限的资源应如何使用，以期收到最大的利益。

新加坡是一个自然资源匮乏的国家，它唯一的资源就是人力资源。因此，新加坡政府提出其发展的关键就是通过教育培育更多的人才；而途径就是通过改善教学质量，训练出更多更好的毕业生。新加坡必须增加毕业生的数目，正如李光耀所言："一项长远的政治运动绝不能单靠一两个人。目前，我们的任务就是尽可能多培养一些干练的人士，来协助推行政府的计划。今后每一次的选举，我们都希望找到更好的人才来代表各选区的同胞。我们将不断尽量吸收新血，保证我们所信仰的事物能得以实现，保证我们的长期政治斗争不会因任何意外而忽然中断"[①]。可见，按照需求培养人才对新加坡政治和社会的发展所起的重要作用。

让有天资潜力的人接受最高教育对新加坡普通百姓和精英人才来说都是有利的；它体现的是一种"亦 A 亦 B"的政治思维，这里的 A 和 B 分别代表

① 李光耀：《李光耀 40 年政论选》，现代出版社，1996 年，第 439 页。

矛盾不同的两个方面。①对新加坡人来说，为了全体人民的利益，不论种族、宗教或语言，他们都必须让有天赋才能的年轻一辈，接受最高的教育，使其潜力得到充分发挥。同时，为了那些才能普通的新加坡人的利益，他们也应该使有才干的人获得足够的报酬，以奖赏其对他们国家的总体进展所做出的贡献。一旦失去了训练有素的人才，新加坡就无法有效地操作。

(二)迎合发展挖掘精英

我们知道：世界不是静止不动的，它时刻都在变。由于新加坡政府厉行责任政治，政务官的流动量大，因此人民行动党时常表现出求才若渴的态度，不断在工商界挖掘人才。而人力资源管理的任务，就在于鉴定和训练人员，找出适当的人担任适当的工作。

天资对一个人能否成为人才很重要，所以挖掘精英分子的首要步骤是看此人是否具有天资。李光耀曾指出："不论是教人打高尔夫球，或者是训练狗用鼻子嗅毒品，必须弄清楚的第一件事，就是那个人或那只狗是不是可造之才。"②

其次要判断人才。衡量人才的标准是谁最能够保障和促进全体人民的利益。判断人才要学会判断一个人的头脑和心肠的好坏。通常是研究他过去的记录：他曾经有过些什么作为；他怎样管人，怎样和人相处；他对同事和部属是否起鼓励作用，是否有良好的判断力等；他有没有坚强的性格、无私的精神等。新加坡信奉人才治国，坚信高素质的部长是没有任何东西可以替代的。属下官员，不论给予了部长多么强有力的支持，都不能弥补一位部长在思维敏锐、活力、想象力、创造力、干劲和冲劲方面的不足。这些都是部长发挥在执行公务上的内在才华。

最后是栽培挖掘出来的精英分子。新加坡政府不断让新的人才汲取治国经验，让精英人才在锻炼的过程中培养坚定的性格和良好的素质。新加坡的接班人、年轻的议员和部长们，不仅在做事方面，还在发表意见方面常有充分表现的机会。在新加坡的报纸上，经常可以读到这些部长们的长篇大论。由于他们被看重，充满自信，因此演讲起来不是只谈政策实务，常常也发

---

① 吕元礼：《政治文化：传统与现代的会通》，人民出版社，2004 年，第 196 页。

② 李光耀：《李光耀 40 年政论选》，现代出版社，1996 年，第 466～467页。

表政策哲学与创新概念。新加坡政府坚信:组织里的人必须重质不重量。一个组织要有良好素质、忠心耿耿、临危不乱的人才会健全。

二、人力资源的保持与发展——继往开来

人力资源得到开发与获取后，如何保持和发展就顺理成章地成为要解决的问题。新加坡政府对公共部门人力资源管理如何实现继往开来主要体现在以下两个方面。

(一)给予人才合理待遇

在万事讲求现实作风的新加坡,政府能在工商与学术界挖掘人才,它所依恃的不仅是提供一展才能的机会,也必须切实照顾到官员们的生活问题。新加坡政府对其精英人才提供良好的事业发展机会:鼓励教学人员和政府部门及法定机构进行密切结合;鼓励研究工作;他们更慷慨地拨款给研究人员到国外出席会议。新加坡对公务员的待遇有着很实际的态度。李光耀在1970年3月份的国会声明中特别提到给予政府部门人才合理待遇这个问题。他说:"如果不给政府领袖一笔可与私人企业相比的薪酬,就等于是把物色人才的范围局限于才能比较差和成就比较小的人才方面，那么国家将蒙受损失。"①从1970年6月开始,当新加坡度过第一阶段的经济衰退和1968年英军撤退的危机后，新加坡政府除了总理外，每个人的薪酬都得到了提高:第一副总理的月薪提高到4500新元,大法官提高到3500新元,议长3000新元,部长4500新元,而总理仍然维持在3500新元。李光耀冻结自己的薪酬是因为担忧国人可能误解这个信号,而使工会过分狂热争取工资,同时在准备吸收失业所带来的冲击前,使国家陷入困境。对于留住人才,新加坡政府很务实,在1985年的国会辩论中,李光耀谈到人民行动党的议员与部长们在从政后所作的牺牲以及在金钱上的损失，指出在人才难求的情况下,不能只一味要求人才做出贡献,而不给他们公平的待遇。

与私人企业争夺人才不是一件容易的事，待遇的合理与否将直接影响人才的去留。新加坡的议员成为议员的同时，他们也损失了金钱。然而他们

---

① 　[美]亚历克斯·泽西:《创造奇迹的新加坡》,顾效龄、苏瑞烽译,长河出版社,1981年,第221页。

是具有献身精神的。新加坡政府认为,只有新加坡局势稳定,社会不断成长,其人才就会留下来,并致力于促进该国的经济成长。由于人才肯留下来,政府便能够为他们提供相当的生活水准,并为他们的子女提供良好的前途。由此,合理的待遇、人才的贡献、经济的发展就进入了一个良性循环圈。

(二)引进留住外来人才

外来人才对新加坡独立后最初的发展起了至关重要的作用。在新加坡独立时 7 位身居国家最高职位的人当中,在新加坡出生的只有李光耀 1 人,蒂凡那总统、黄宗仁大法官、杨锦成议长、吴庆瑞副总理、拉惹勒南副总理和韩瑞生财政部长都不是在新加坡出生的。这说明非新加坡出生的人才为新加坡做出了很大贡献。

然而,20 世纪 70 年代末期以后,约有 5%受过高等教育的人才开始移居海外。太多优秀的学生选择从医,他们当中不少人发觉所得成就跟他们的专业资格不相称时,最终选择移居海外。为了确保有足够的人才,以应付日益增长的经济所创造出来的工作机会,新加坡政府开始计划引进和留住人才。1980 年,新加坡政府成立了两个委员会,其中一个委员会专门负责物色人才,另一个负责协助这些外来人才在新加坡安顿下来。新加坡的官员到英国、美国、澳洲和加拿大等地招揽人才,在新加坡驻各国使节团的学生咨询员协助下,他们在大学校园里同有潜质的学生会面,设法引起他们对前往新加坡工作的兴趣。新加坡后来又成立两个工作小组,负责吸引来自印度和本区域的人才。至于特别聪慧的学生,委员会仿效美国跨国公司的"提早收割"法,根据学生在毕业考试前的学业表现,招募尚未毕业的学生,为他们提供工作。在 20 世纪 90 年代,积极招揽引进的人才是流失者的两倍。新加坡也开始为来自中国、印度等区域国家的亚洲优秀生提供数百份奖学金,希望新加坡的就业机会比较好而留下来。此外,一些海外的新加坡男性也娶了在大学认识的白人女性或日本与其他亚洲国家的女性为妻,他们的子女充实了新加坡的人才宝库。李光耀在后来总结说:"没有外来人才,我们不可能有今天的成就。如果不以外来人才填补不足,我们永远无法跻身一等的行列。"[1]

---

[1] 李光耀:《李光耀回忆录:经济腾飞路》(1965—2000),世界书局,2000 年,第 166 页。

三、人力资源的规划与调整——与时俱进

人力资源规划与调整在整个管理过程中发挥着十分重要的作用。通过人力资源规划与调整,可以防止人才的断层;可以制订出未来各个阶段的人力资源招聘任用计划,使其更加适应瞬息万变的发展环境。新加坡的公共部门人力资源规划与调整根据形势发展,做到与时俱进。

(一)预测调配尖端领袖

新加坡在独立之后就开始注重对人才的预测,让有潜力的尖端人才充分表现自己,从而从他们的表现中预测出其以后的作为。对尖端人才的预测与调配对新加坡是一项慎重之举。因为一个高度能干的人员掌管一个部门或一个法定机构,对一项大计划的成败很有关系;顶尖人才一旦挑起重任,他会把其他能干的人集中起来,并且把他们组成一支有结合力的队伍,使计划顺利推行。正如李光耀所言:"一个杰出的政治领袖却对国家的存亡有生死攸关的关系。"①

每当负责掌管的不是最优秀的,而只是中等或中上的人才时,李光耀就得不断地策励他们对问题进行检讨,找出障碍,提出解决办法,而到头来却发现成果只是差强人意,这就是没有杰出人才当主管所付出的代价。如果没有杰出人才负责掌管主要的政府部门和法定机构,新加坡就没法取得今天的成就;如果新加坡选民,由于一时的疯狂冲动,为了反对而反对,投票给反对党,新加坡就可能意外地由庸才和投机主义者接管。一旦庸才和投机主义者在新加坡掌权,新加坡人民就必须付出重大的代价:新加坡几十年苦心经营,在社会组织、工业、银行、商业、旅游业等方面建立起来的成就,在几年内就会被摧毁。一言以蔽之,新加坡需要具有决心、勇气和献身精神的人才出来担任政治领袖。

---

① 李光耀:《李光耀 40 年政论选》,现代出版社,1996 年,第 488 页。

(二)做好准备随时引退

人不可能一直处于有干劲的黄金时期,新陈代谢,新老交替是人类不可抗拒的自然规律,人才更新和权力更新是不可避免的。新加坡政府的各届领导者和精英领袖都做好了随时引退的准备。大机构的主要执行人员,大多数在65岁时便退休。政治领袖可以延长几年再退休。但是要延长多久呢?李光耀指出:"我想在退休前剩下的几年时间最好用来考验和发掘更优秀的人才来接管这项重任,而不是紧握不放,这对新加坡最有好处。"①1981年,李光耀在4位部长引退的告别晚宴上说道:"我和我的资深同僚所面对的问题相当简单:怎样做好准备,以便在人们不再需要我们之前,可以随时引退。"②这体现了新加坡领导者一种激流勇退的精神。

(文章摘自:《东南亚纵横》,2008年第4期,作者黄冠军)

---

① 李光耀:《李光耀40年政论选》,现代出版社,1996年,第502页。
② 同上,第450页。

第五章
公共部门人力资源规划

　　人力资源规划,在整个管理过程发挥着十分重要的作用。通过人力资源规划,组织可以制定出未来各个阶段的人力资源招聘任用计划,使其更加适应瞬息万变的发展环境;通过人力资源规划,可以帮助组织建立合理的培训开发制度,使员工能够不断适应组织发展的需要;通过人力资源规划,可以建立合理的员工职业生涯规划制度,防止人才的断层。总之,人力资源规划可以帮助组织提高市场适应能力、生存能力和发展能力。

一、公共部门人力资源规划的内涵与作用

(一)人力资源规划的内涵

　　所谓人力资源规划,就是指科学地预测、分析组织在变化的环境中的人力资源需求和供给状况, 制定必要的政策和措施以确保组织在需要的时间和需要的岗位上获得所需要的人力资源(数量和质量)的过程。它包括三个层面的含义:

　　首先,一个组织所处的环境是不断变化的。组织环境是一个动态的变化过程,必然带来对人力资源需求和供给方面的变化,人力资源规划就是要对这些变化进行科学的预测和分析,以保证组织在近期、中期和远期都能获得必要的人力资源。

　　其次,组织应制定必要的人力资源政策和措施,以保证对人力资源需求的满足。例如内部人员的调动补缺、晋升或降职、外部招聘和培训以及奖惩等都要切实可行,否则就无法保证人力资源计划的实现。

　　最后,在实现组织目标的同时,要满足职工个人的利益。组织的人力资

源规划要创造良好的条件,充分发挥每个职工的积极性、主动性和创造性,提高工作效率,从而实现组织的目标。同时,公共部门也要关心每个员工的利益和要求,帮助他们在为国家和人民做出贡献的同时实现个人的目标。只有这样,才能吸引和获得所需要的人才,满足组织对人力资源的需求。

(二)公共部门人力资源规划的内涵

公共部门人力资源规划是国家人事行政主管机构以及各级国家行政机关、国有企事业组织,根据一定时期内政府组织的发展战略与近期目标,运用科学方法和技术,了解和预测政府组织对人力资源的供求状况,并确定组织人才需求结构的管理活动过程。

在公共部门中,人力资源的规划可分为宏观与微观两大部分:

宏观的公共部门人力资源规划是从整个公共组织系统和公职人员队伍出发,在分析政府的机构和预算状况走势的基础上,确定一个时期内对公职人员的总体需求状况,以求政府的职位与人员数量、素质结构在总量上达到基本均衡。为此,政府人事行政主管部门要对组织现有公职人员的数量和质量予以把握,并依据政府的发展趋势,预测未来几年中组织对人员的需求情况和需求方向这一规划过程具有战略性,应是政府自身战略发展规划的重要组成部分此外,政府人事主管部门还要针对每年公职人员进出公职系统以及内部流动情况,做出年度性的人力资源需求与分配计划。年度人力资源规划应是战略性人力资源规划的基础,同时又应受战略性人力资源规划原则上的指导,使年度性规划不致成为一种短期性行为。

微观的公共部门人力资源规划是指国家各级行政机关和工作部门、企事业单位,根据本部门的工作岗位的需要和部门预算情况及其发展方向,在工作描述和工作分析的基础上,确定本部门在一个时期或一个财政年度内,对人力资源的需求状况,制订出其获取与分配的计划,为部门的其他人事管理活动奠定基础的过程。微观的人力资源规划是国家宏观人力资源规划的基础和有机组成部分,从程序上说,只有微观人力资源发展的信息汇集,才可能制订国家宏观的公共部门人力资源规划;从结果上说,微观人力资源规划所包含信息的准确性关系到宏观人力资源规划预测的准确性。因此,各部门人力资源规划的过程,实际上集中体现了公共部门不同层次人力资源规划管理的过程。

二、公共部门人力资源规划的作用

(一)确保组织职能转变和发展过程中对人力资源的需求

任何组织都处在一定的内外环境之中，而这些环境因素又在不断地变化和运动,其中的一些因素会对组织的人力资源需求状况产生很大的影响。在当下的信息时代,为了增强公共部门对外部环境的适应能力,各国都掀起了政府再造运动,政府的职能发生了很大的变化,传统的管制职能弱化,政府需要大量熟悉市场运作规则的人才。同时,战略管理在公共部门的出现又使传统的只知道按规则行事的人才显得难以胜任,新技术、新方法在公共部门中的运用又使公共部门需要大量的高技术人才，而对一个地区和一个城市的整体发展来说又需要政府部门引入善经营、懂策划的人才。如果不能事先对公共组织的人力资源状况进行认真的分析，提高和改善现有人员的素质或吸引外部较高素质的技术和经营人才，公共部门就不可避免地会出现人力短缺的现象，影响正常的管理活动。组织内部的其他因素也在不断变化,如退休、自然减员、辞职、辞退、开除、工作岗位的调动、职务升降,以及国家有关退休年龄的法规政策的变动等，这些因素的变化也会导致人力资源数量、质量和结构等方面的变化,需要组织适时地调整人力资源配置状况。

对于处于稳定状况下的组织来讲，一般不需要进行规范的人力资源规划,只需要对人员进行简单的调整,人力资源的数量、质量和结构也相对稳定,这种组织在短期内是存在的。但从较长时期来看,大多数公共组织处于不稳定的发展状态下，组织的技术条件和管理因素的变化决定了人员需求的数量、质量和结构会有较大的波动,这使组织对人力的需求量和拥有量不能自动达到均衡。因此,人力资源管理部门必须分析公共组织人力资源的需求和供给之间的差距,制订各种规划来满足组织对人力资源的需要。

(二)有利于公共部门制定战略目标和发展规划

公共部门的高层管理者在制定战略目标和发展规划以及选择决策方案时总要考虑组织自身的各种资源,尤其是人力资源的状况。如果有科学的人力资源规划，就有助于高层领导了解组织内目前各种人才的余缺情况以及在一定时期内由内部抽调、培训或对外招聘的可能性，从而有助于他们进行决策。人力资源规划要以组织的战略目标、发展规划和整体布局为依据，但反过来，人力资源规划又有利于战略目标和发展规划的制定，并可以促进战略目标和发展规划的顺利实现。

（三）有利于更好地控制人工成本

长期以来，公共部门的人工成本都是一个公众讨论的热点话题。公共部门的机构臃肿，人员庞杂，人工成本巨大，其中的原因非常复杂，包括体制、历史、文化、管理者的"经济人"属性、公共管理的特殊性等多个方面，但最重要的原因恐怕就是缺乏科学的人力资源规划了。一个组织只有在明确自身的职能、战略规划和工作任务以后，在科学的工作分析的基础上，合理地预测人力需求，在人员总量、结构、动态平衡等方面都进行卓有成效的工作，在宏观上严格控制人员录用与甄选、考核与奖惩、培训与开发、任免与升降、调剂与交流、辞职与辞退、工资福利与社会保险、退休与退职等环节，才能减少人工费用支出，提高管理效率。所以科学的人力资源规划是控制人工成本的重要途径。

（四）有利于公共部门人力资源管理活动的有序化

与工作分析一样，人力资源规划是组织人力资源管理的基础，它由总体规划和各分类执行规划构成，为其他管理活动，如确定人员的需求量、供给量，调整职务和任务，以及培训等提供可靠的信息和依据，进而保证管理活动的有序化。如果没有人力资源规划，那么组织什么时候需要补充人员，补充哪个层次的人员，如何避免各部门人员提升的机会不均等，以及如何组织培训等，都会出现很大的随意性并引起混乱。

（五）有利于调动公职人员的积极性和创造性

现代人力资源管理要求在实现组织发展目标的同时满足员工的个人需要，包括物质需要和精神需要，只有这样才能激发员工持久的积极性。只有在人力资源规划的条件下，员工对自己可满足的东西和满足的水平才是可知的。当公共组织所提供的与员工自身所需求的大致相符时，员工就会努力追求，在工作中表现出主动性、积极性和创造性。否则在前途未卜和利益未知的情况下，员工的积极性就会下降，甚至离开原有组织另谋高就。而人员流失特别是有才能的人的流失，必然削弱组织的力量，导致组织效益下降，士气低落，从而进一步加速人员的流失，形成恶性循环。

三、公共部门人力资源规划的内容

早期的人力资源规划强调人员需求分析和供给分析，然后确定两者差距，接着引出消除差距的方法，如岗位调整、招聘、培训、薪资调整等相比较，近年来人力资源规划的内容更加强调战略意义，也就是通过人力资源管理的操作促进战略实现。依据组织发展战略对人力资源的引进、发展、保留、激励和使用等工作进行长期规划，有步骤、有计划地开展人力资源管理活动，以便最有效地利用这些资源，帮助组织实现战略目标，人力资源规划远远超出了工作计划的范畴，成为实现组织战略竞争优势的重要手段。从结果看，战略性的人力资源规划主要作用于与组织战略匹配的员工队伍建设、员工必备的能力的培养、建立激励员工发挥其才能的机制、支持战略的组织文化等。

（一）晋升规划

晋升规划就是根据公共组织的人员分布状况和组织的层级结构，制定人员的提升政策。对公共组织来说，把有能力的人提升到适合其能力的工作岗位上去，对于调动员工的积极性是非常重要的，同时也体现了劳动力使用的经济原则。对于员工来说，晋升为其提供了充分发挥能力的条件，可以满足其多种需要，因为这不仅意味着个人利益的实现，也意味着工作责任的增加和挑战性、自尊的增强。当工作中更大的责任和将来更大的自我实现结合起来时，就会产生巨大的工作动力，使组织获得更大的利益。

晋升规划一般通过晋升比率、平均年资、晋升时间等指标来表达。例如，某一级别的晋升规划见表5-1。

表5-1　某级别的晋升规划

某级别的年资	1	2	3	4	5	6	7	8	9	10	11	12
晋升的百分比	0	0	0	0	0	0	0	35	56	65	0	0

这个规划表明,向上一级晋升的最低年资为8年,晋升率为35%,9年的晋升率为56%,10年的晋升率为65%,其他年资则没有获得晋升的机会。

晋升规划是分类制订的,影响到每个员工。各指标的调整会使晋升规划发生改变,对人员心理产生不同强度的影响。如果晋升年资延长,就意味着人员将在目前所在级别上工作更长的时间;降低晋升比率,则意味着获得晋升的机会越来越少。因此,晋升规划应尽可能做到全面均衡、公平公开,否则会因不公平感而引起员工情绪的动荡,影响他们积极性的发挥。

(二)补充规划

补充规划是指公共组织根据组织运转的实际情况,合理地在中长期内把组织可能产生的空缺职位加以补充的活动。在吸引和辞退员工有诸多限制的情况下,人员补充规划显得尤其重要。补充规划可以改变组织内部人力资源结构的不合理状况,但这种改变必须与其他规划配合才是最经济的。

一般来说,补充规划与晋升规划有密切的关系,因为晋升也是一种补充,只不过补充源在组织内部。晋升表现为组织内低职位向高职位的补充运动,使职位空缺逐级向下移动,直至最低层职位空缺产生。这时,内部补充就需转化为外部补充。补充规划要求管理者在录用较低层次的员工时,应考虑到若干年后员工的使用情况,即在人员安排和使用上用系统和发展的观点看问题,指导计划的制订,这样才能使组织在每一个发展阶段都会有比较合适的人选胜任即将出现的职位空缺。

补充规划与培养开发规划和配备规划也有关系。只有注意员工的培养和开发,有意识地使员工的素质和能力不断提高,才能使员工适应更高的岗位要求,而配备规划则直接关系到人员的合理使用,关系到因职位空缺而补充的人员是否适合岗位要求的问题。

(三)培养开发规划

培养开发规划是为公共组织中长期的发展所需补充的空缺职位事先准

备人才,是为了更好地使人与工作相适应而进行的活动。培养开发规划与晋升规划、配备规划和员工生涯规划密切相关。无目的的个人培训往往针对性不强,而培养开发规划与晋升规划、补充规划相结合,就可以使培训的目的性更强,也让员工看到培训的好处和希望,有利于调动员工参加培训的积极性。一般来说,人员培训要在晋升之前完成。

(四)配备规划

组织内的人员在未来职位上的分配,是通过有计划地组织内部人员水平流动来实现的,这种流动计划就是配备规划。配备规划主要有以下三方面的作用:

一是,当某种职位上的人员需要同时具备其他类型职务的经验知识时,就要进行有计划的水平流动。由于未来职务对人员素质的要求高,如果流动量太小,就可能满足不了对人员素质的要求。配备规划可表示为表5-2。

表5-2 配备规划

第二级			
第一级	A(2)	B(1)	C(3)

注:表中的A、B、C表示晋升到第二级前所应具备的职务类型,括号内为此职务上停留的最低年限。

从表中可以看出,要晋升到第二级职务,需要A职务2年的工作经验,B职务1年的工作经验,C职务3年的工作经验。

二是,当上层职位较少而等待提升的人较多时,通过配备规划加强水平流动,既可以减少他们对固定工作的不满,又可以等待上层职位空缺的出现。国外一些管理人员经常进行大量的水平流动,正是出于这一考虑。

三是,当组织人员过剩时,通过配备规划可以改变工作分配方式,从而减少负担过重的职位数量,解决组织中工作负荷不均的问题。

(五)薪酬规划

薪酬规划对于确保组织的人工成本与组织的经营状况保持在一个恰当的水平,有着重要的作用。组织未来工资总额取决于员工的分布状况,不同的分布状况,组织的人工成本是不同的。组织通过薪酬规划,有计划地扩大控制幅度,减少中高层次职位的数量,就会明显地降低工资总额。通过改变工作的分配方式,减少技术工种的职位数,增加熟练工种职位数,也同样可达到减少工资总额的目的。所以如果事先没有薪酬规划,没有有计划地控制成本的活动,人工成本的控制就难以实现。

(六)员工生涯规划

员工生涯规划是指一个人工作生涯的人事程序。通过生涯规划,把个人的职业发展与公共组织的发展结合起来,这无论对于个人还是组织都具有重要的意义。员工个人的成长和发展只有在组织中才能实现,所以这不仅是个人的事,也是组织应该关注的事。特别是在组织中有发展前途的员工,要设法留住他们,视他们为组织的宝贵财富。为了防止这部分人的流失,应设法让他们在工作中得到成长,满足其自我实现的需要,最大限度地实现其人生价值。但其成长需要的满足必须与组织的发展目标相一致,那种脱离组织的个人生涯设计,必然导致人才的流失。这就要求我们关心员工的生涯规划和发展,通过为员工设计和规划职业生涯发展,做到个人利益与组织利益的密切结合,从而保证两者共同利益的实现。

四、公共部门人力资源规划的程序

公共部门人力资源规划的程序可分为8个步骤:

第一步:核查组织现有人力资源状况。核查组织现有人力资源就是要通过弄清现有人员的数量、质量、结构以及人员分布状况,为将来规划工作作准备。它要求组织建立完善的人力资源管理信息系统,即借助现代管理手段和设备,详细占有员工各方面的资料,包括员工的个人自然情况、录用资料、工资状况、工作表现、工作经历、职务和离职记录、工作态度、培训和教育情况、工作技能、安全事故、工作环境等。这些信息和情况可从员工的档案及有关记录中查出,特别是利用计算机进行管理的组织可以十分方便地存储和利用这些信息。

第二步:预测组织人力资源需求。这一步工作可以与人力资源核查同时进行,它主要是根据组织战略规划和组织的内外条件选择预测技术,然后对人力需求结构和数量进行预测。一般来说,组织职能和业务量因素是影响员工需求类型和数量的重要变量,预测者要善于分离这些因素,并且要善于收集历史资料,为预测打好基础。例如,海事部门、税务部门等的业务量与需要的员工数目之间经常存在着直接的关系,业务增加时,人员需求量也增长,反之亦然。如果实际情况确实如此,只有业务量等少数几个有限的因素影响人力需求的话,那么进行人力资源需求的预测就要简单一些。但有的时候员工人数的增加并不单纯是由业务增加而引起的,改进技术、工作方法和管理方式方法等都会增进效率,从而导致业务量与人员需求之间的关系发生变化。从逻辑上讲,人力资源的需求是业务量、技术等的函数,但对不同的组织,每一因素的影响并不相同。对此,预测者要有清醒的认识。

第三步:预测组织人力资源拥有量。这是根据组织管理状况的变化,确定出规划的各时间点上组织人员的拥有量以及预测规划各时间点上各类人员的可供给量,即对组织内部人员的供给情况加以预测。这一阶段要格外注意的是对内部人员有用性的了解,确认全体人员的合格性,对大材小用和小材大用的都要进行调整。这样就可以明确哪些职务可以从组织内部填充,哪些需要从外部招聘。

第四步:确定组织人员净需求量。根据前面预测到的组织不同发展时间点上的需求量和供给量,确定人员的质量、数量、结构和分布情况,进行对比,从而得出组织发展过程中每个阶段的人员净需求量。

第五步:制定人员供求平衡规划政策。根据供求以及人员净需求量,制定出相应的规划政策,以确保在组织发展的各时间点上供给和需求的平衡,也就是制订各种具体的规划,保证各时间点上人员供求的一致,主要包括晋升规划、补充规划、培训发展规划、配置规划、员工职业生涯规划等。两种典型的平衡规划是需求大于供给时的规划和供给过剩时的规划。

当需求大于供给时,主要有如下规划政策:

(1)培训组织内部员工,对受过培训的员工根据情况择优提升补缺并相应提高其工资等待遇;

(2)进行水平性岗位流动,适当进行岗位培训;

(3)延长员工工作时间或增加工作负荷量,给予超时超工作负荷的奖励;

(4)重新设计工作以提高员工的工作效率;

(5)雇用全日制临时工或非全日制临时工;

(6)改进技术或管理方法;

(7)制定招聘政策,向组织外进行招聘。

当出现人力过剩时,通常采取以下的政策:

(1)永久性地裁减或辞退职工;

(2)关闭或临时关闭一些没有管理效益的部门;

(3)实施提前退休计划;

(4)人员分流,转移过剩人员;

(5)重新培训员工,把员工调往新的岗位,或适当储备一些人员;

(6)减少工作时间(亦减少相应工资数额);

(7)由两个或两个以上人员分担一个工作岗位,并相应地减少工资数额。

第六步:确定实现人员供求均衡的执行计划。这是在人力资源规划政策的指导下,确定具体的实施规划。一般来说,供求情况和相应政策确定后,执行的具体操作和技术就不成问题,关键是要重视这些工作,明白人力资源规划对组织管理的影响程度,按科学程序进行管理。

第七步:执行反馈和控制。执行反馈的目的是为组织总体规划和具体规划的修订或调整提供可靠的信息。在人力资源预测中,许多不可控的因素可能对组织人员的供求产生影响,若不对规划进行动态的调整,人力资源规划就可能不符合组织发展的实际,从而失去指导意义。因此,执行反馈是人力资源规划工作的重要环节,也是对整个规划工作的执行控制过程。

第八步:评估人力资源规划。对人力资源规划实施后的评估,是人力资源规划过程的最后一步,做好这一工作可以给下一次的人力资源规划提供参考。规划者在评估时应考虑以下一些具体问题:

(1)人力资源规划者熟悉人事问题的程度以及对它们的重视程度;

(2)规划者与提供数据和使用人力资源规划的人事、财务部门及各业务部门主管之间的工作关系如何;

(3)有关各部门之间信息交流的难易程度(如人力资源规划者向各部门主管询问情况是否方便);

(4)决策者对人力资源规划中预测结果、行动方案和建议的利用程度;

(5)人力资源规划在决策者心目中的价值如何。

此外,评估时还要对以下因素进行比较:

(1)实际补充人数与预测的人员需求量的比较;

(2)劳动生产率的实际水平与预测水平的比较;

(3)实际的人员流动率与预测的人员流动率的比较;

(4)实际执行的行动方案与规划的行动方案的比较;

(5)实施行动方案后的实际结果与预测结果的比较；

(6)劳动力和行动方案的成本与预算额的比较；

(7)行动方案的收益与成本的比较。

五、人力资源的需求预测与供给预测

(一)人力资源需求预测

人力资源需求预测是组织为实现既定目标而对未来所需员工数量和种类的估算。在对人力资源需求进行规划之前,先要预测社会对组织工作和服务的需求,再将其转换成对员工的实际需求。

组织对人力资源的需求是受多方面因素影响的,所以管理者在进行人力资源需求预测时,必须考虑多种因素,必须以组织部门的战略目标、发展规划和工作任务为出发点,综合考虑,对组织未来所需的人力资源的数量、质量和时间做出预测。一般说来,影响组织人力资源需求的因素可以分为三类:即组织的内部环境、组织的外部环境以及组织人力资源状况。

下面我们来了解一下人力资源需求预测的一般方法:

1. 经验预测法

经验预测法是人员需求单位根据自己的经验和直觉来确定未来所需人力资源的方法。具体做法:首先,组织各职能部门主管根据自己部门未来各时期工作量增减情况,提交本部门各类人力资源的需求量的书面报告;然后由上一级部门估算平衡,提交最高决策层进行决策。主观判断很简略,只适用于短期预测,但当组织规模较小、结构简单发展较稳定均衡时,也可用来预测中、长期人力资源需求。

2. 替换清单法

根据职位空缺来预测人力资源需求,职位空缺的产生主要是离职、辞退、晋升和职权扩大产生的。通过替换清单,既可以得到以职位空缺表示的人力资源需求量,也可看出受在职者年龄和晋升可能性影响所将要产生的职位空缺,以便采取录用或提升的方法弥补。

3. 德尔菲法

它是利用专家匿名预测调查方法,分别向与人力资源预测课题有关的专家提出问题，专家们对影响组织某一领域的发展的看法达成一致意见的方法。专家的选择基于他们对影响组织发展的内部因素的了解程度。组织可以根据实际需要选择一线管理人员、高层领导甚至外聘人员作为专家参与预测。

专家预测法是以书面形式独立地分几轮征求和汇总专家意见，依靠专家个人知识、经验和综合分析能力进行预测。由于咨询分别独立进行，参与预测咨询的专家互不通气，从而消除了心理因素的影响。每一轮的统计结果及时寄给专家，作为反馈供下轮咨询参考。经过几轮调查，专家们的意见会逐步统一，从而使结果的可信度增强了。

4. 趋势分析法

长期趋势是对未来5年或5年以上组织部门对人力资源需求的预测。当需要相当多的培训时，组织就会没有能力督派人员担任这种职位，从而有可能影响组织的运作。因此，正确估计长期趋势对组织的成功是非常必要的，必须及早认识。

循环变动一般是指那些发生在1年以上的可以预测的趋势运动。循环变动对商业周期及需求变化的影响，一般要持续1至5年。由于存在潜在的高峰和低谷，所以周期性需求的预测十分重要。长期趋势是稳定的，就需要额外的人手来满足周期性的高需求；相反，虽然预测的长期趋势是上升的，但是短期的衰退可能导致暂时性的人员削减。季节变动可以对一年内发生的变化进行预测。随着周期性变化且波动幅度较大。还有一种没有固定模式的变动被称为随机变动，只能以预防为主。

常用的预测技术有：

（1）零基预测：以现有员工数量为基础对未来对员工的需求的预测，其关键是要对人力资源需求进行详尽分析。

（2）自下而上法：假设每个部门的管理者最了解该部门的人员需求为基础，先由组织中最低层次开始预测其需求，最终汇总得出人员需求的预测总数。

（3）回归分析：通过对自变量的了解来预测因变量的定量技术。回归分析法在人力资源规划运用中，主要是确定组织人力资源的供求状况与某些变量之间存在的相互关系，并以数学关系式反映它们之间的函数关系。通过数学方程式和曲线，描述出随着外部环境条件变化，人力资源供求变化的趋势与方向。当组织的工作和服务需求与工作人员水平之间存在直接关系时，常采用回归分析。又由于工作人员水平是由多个自变量所决定的，需要采用多元回归分析,所以多元回归考虑到了多种因素对未来工作人员需求的影响。

（4）模拟分析:通过数学逻辑表现真实情况,从而预测将要发生的情况。在人力资源管理中,可以通过建立模拟模型,来表示工作人员水平与许多其他变量间的相互关系,并以提问的形式从模型中获得解答,在实践中用处不大。

（二）人力资源供给预测

需求分析是研究组织内部对于人力资源的需求,而供给分析则需要研究组织内部的供给和组织外部的供给两个方面。在供给分析中,首先需要考察组织现有的人力资源的存量,假定组织现行的人力资源管理政策保持不变,对未来的人力资源数量进行预测。在预测过程中,需要考虑组织内部的晋升、降职和调职等因素,还要考虑到工作人员的辞职、下岗、退休、辞退等因素的影响,得到的预测结果应该是对工作人员的规模、经验、能力、多元化和工作人员成本等各个方面的综合反映。在估计组织的人力供给时,人力资源计划的作用有:检查现有工作人员填充组织中预计的岗位空缺的能力,明确指出哪些岗位上的工作人员将被晋升、退休或者被辞退,明确指出哪些工作的辞职率、开除率和缺勤率高于正常水平或者存在绩效、劳动纪律等方面的问题,对招聘、选择、培训和工作人员发展需要做出预测,以能够及时地为工作空缺岗位提供合格的人力补给。

1. 组织内人员供给预测

进行组织内部人员供给预测的思路是确定各个工作岗位上现有工作人员数量,估计下一个时期每个工作岗位留存的工作人员的数量,实际情况往往比较复杂,因此在进行内部人员供给预测时就需要根据人力资源规划和人员的主观判断来进行修正,常用的方法有:

（1）档案资料分析法:档案资料是用来反映工作人员工作能力特征的一张列表,包括培训背景、以前的经历、持有的证书、已经通过的考试、主管的能力评价等。它是对工作人员竞争力的反映,可以用来帮助人力资源的规划人员预测现有工作人员调换工作岗位的可能性,决定可以补充组织以前空缺的工作人员。

技能清单所起的作用一般是选择晋升人员、管理人员接续计划、对特殊项目的分配、工作调动、培训、工资奖励计划、职业生涯规划和组织结构分析。

根据技能清单编制的工作人员情况报告可以分为三类:第一类,工作性报告,包括总的工作岗位空缺、新工作人员招聘、辞职、退休、晋升和工资情况;第二类,规定性报告,是政府有关部门规定组织提交的报告;第三类,研究性报告,是不定期的,是对组织内部人力资源状况的研究,为改进人力资源管理服务。

(2)管理人员置换图法。它通过记录管理人员的工作绩效、晋升的可能性和所需要的训练,来决定规划包括的工作岗位范围,确定每个关键职位上的接替人选,评价接替人选目前的工作情况和是否达到提升的要求,确定职业发展需要,使个人的职业目标与组织目标相互结合。管理人员置换图法的最终目标是确保组织在未来能够有足够的、合理的管理人员的供给。

(3)人力资源接续规划。这是预测人力资源内部供给最简单的方法。人力资源接续规划的关键是根据工作分析信息,明确工作岗位对工作人员的具体要求,然后确定能够达到工作要求的候选工作人员或者确定具有潜力且可以经过培训后胜任这一工作的工作人员,可以利用目前岗位上现有工作人员数量减去组织工作人员流出量、加上流入组织的人员数就可以来确定组织中某一具体工作岗位上的内部人力供给。

(4)马尔可夫法。马尔可夫法是一种可以用来进行组织内部人力资源供给预测的方法,也称转换矩阵法。它的基本思想是找出过去人力资源变动的规律,以此来推测未来的人力资源变动趋势。其实质就是利用马尔可夫链,即描述组织中工作人员流入、流出和内部流动的整体形式的移动转移概率矩阵来进行预测,是预测内部劳动力供给的基础。

2. 组织外部人员供给预测

从长远来看,任何组织都面临着招聘和录用新工作人员的问题。组织外部人力资源供给的来源,主要包括大中专毕业生、留学人员、转业退伍军人,其他组织流出人员、失业人员等。当组织内部的人力供给无法满足需要时,组织就需要了解三个方面的情况,即(1)宏观经济形势,以了解劳动力市场的供求情况,判断预期失业率;(2)当地劳动力市场的供求状况;(3)行业劳动力市场的供求状况,来了解组织外部的人力资源供给情况。

外部供给是由组织在劳动力市场上采取的吸引活动引起的。与内部供给预测分析一样,外部人力资源供给分析也要研究潜在工作人员的数量、能力等因素;与内部供给预测的区别在于外部供给分析的对象是在组织按照以往方式吸引和遴选时,计划从外部加入组织的劳动力。组织根据过去的录用经验可以预测出可能进入组织的工作人员的数量以及他们的成本、工作能力、经验等方面的特征,和他们能够承担组织中的哪些具体工作。

对外部劳动力供给的预测不可能十分精确,但是它为组织提供一个研究新工作人员的来源和他们进入组织的方式的分析框架。

(三)人力资源供求平衡方案

完成人力资源的需求和供给的预测之后,需要进行人力资源管理决策。决策的作出和执行是以一系列的纲领及原则为基础的。

1. 供求平衡时的决策

对人员的需求和内外部的供给预测吻合的情况,在多变的人力资源规划管理中,是一种偶然现象。在这种情况下,采取晋升降级、外调、培训、减员等一系列手段达到人力资源管理平衡工作的目的。

2. 供不应求时的决策

如果人员缺口不大,且组织中的工作人员愿意以加班来弥补的话,则不用从外部招聘录用新的人员进行补充。如果短缺高技能的工作人员,可以通过晋升和培训现有的工作人员,聘请专门机构人员,招回原来的离职人员,或者将部分工作转包出去来满足需求。招聘新工作人员对组织来说成本是比较高的。不是迫不得已,组织不应该轻易决定招聘新工作人员。

组织采用加班的方式,通过激励的方法来挖掘工作人员的工作潜力,提高工资水平。当收入到达一定程度时,工作人员宁愿选择休息而不是工作,这样即使高工资也很难刺激他们供给劳动。

3. 供过于求的决策

在经济发展陷入低潮时,组织往往会被迫采取裁减工作人员的措施。大规模减员的主要原因,包括整个行业的衰退、市场需求的变化、激烈的国际竞争以及组织精简合并等。单一组织无法左右这种局面。而从微观角度考虑,则可能是组织管理失误导致。

当进行裁员、缩小工作人员编制必须对工作人员的技能构成进行重新组合时,裁员就成为组织人力资源管理工作的重要内容。组织在不得已必须减员的时候,应该先从外部着手,如取消加班,收回外包业务,解雇临时工和兼职人员。如果仍然存在过剩,就只能考虑在组织内部通过实行招聘冻结、号召自愿退职、提前退休、裁减表现不好的工作人员、用分享工作的方法避免减少职位来解决。在所有措施都无效之后,再考虑裁减正式工作人员。

知识点提要：

人力资源规划，在整个管理过程发挥着十分重要的作用。通过人力资源规划，组织可以制订出未来各个阶段的人力资源招聘任用计划，使其更加适应瞬息万变的发展环境；通过人力资源规划，可以帮助组织建立合理的培训开发制度，使员工能够不断适应组织发展的需要；通过人力资源规划，可以建立合理的员工职业生涯规划制度，防止人才的断层。总之，人力资源规划，可以帮助组织提高市场适应能力、生存能力和发展能力。

公共部门人力资源规划的内容包括晋升规划、补充规划、培养开发规划、配备规划、薪酬规划和员工生涯规划等。公共部门人力资源规划的程序可分为八个步骤：核查组织现有人力资源状况、预测组织人力资源需求、预测组织人力资源拥有量、确定组织人员净需求量、制定人员供求平衡规划政策、确定实现人员供求均衡的执行计划、执行反馈和控制、评估人力资源规划。

复习思考题：

1. 什么是公共部门人力资源规划？
2. 公共部门人力资源规划有什么作用？
3. 公共部门人力资源规划有哪些内容？
4. 公共部门人力资源需求预测和供给预测主要有哪些方法？

进一步阅读：

改善我国政府部门人力资源规划的探讨

凡事预则立，不预则废，一个组织要维持生存和发展、要拥有合格高效的人力资源，就必须进行人力资源的规划，政府部门亦是如此。近年来，随着政府部门人力资源开发与管理理念的不断深入，我国政府越来越重视人力资源规划的实施与运作，宏观上基本确立了根据社会经济发展计划、现有人力资源状况等因素制定人力资源规划的原则，并对人力资源规划工作作了一系列重要的部署。微观上我国政府部门人力资源规划在操作程序上越来越科学,注重关键环节明确化、细致化以及关键环节的数据分析和量化评估。但是我国政府部门在人力资源规划实施方面依然存在着诸多偏差，本文拟从微观操作的角度对我国政府部门人力资源规划若干问题进行思考与探讨。

一、当前我国政府部门人力资源规划存在的问题

所谓政府部门人力资源规划，是指政府部门根据政府未来的任务和环境对政府部门提出的要求,运用科学的方法和技术,对其以公务员为主体的人力资源进行预测、合理配置与计划,进而满足政府部门所需人力资源的过程。

从微观的操作系统上讲，当前我国政府部门人力资源规划在实施过程中存在如下方面的问题：

(一)缺乏稳定、持续、连贯性,受外部环境影响较大

政府人力资源规划的外部环境直接体现为突发性的因素、政策性因素、经济性因素、人口环境因素。

突发性因素是指在政府部门人力资源规划的实施过程中，由于遇到了意想不到的超出常规突发事件，致使政府部门人力资源出现人员不足以及使用缺位。由于突发性事件在所难免,所以在一定程度上干扰政府部门人力资源规划的正常实施与运行。

政策性因素是指国家针对政府部门人力资源管理与开发所颁布各项法律法规或方针政策。中央国家机关和各级地方机关根据社会发展的需要,经常颁布有关的方针政策，是我国政府部门进行人力资源管理以及人力资源规划所必须遵守的。但这些政策规定可能忽视地域、经济发展水平以及各方的实际情况,并存在冲突或不连贯的情况,限制了政府部门人力资源规划的长期性以及运作的连贯性。

经济因素主要是指根据我国目前经济发展水平，所能给予政府部门人力资源规划的财政预算的空间,以及其他资源投入规模等。由于财政预算空间相对狭小,资源投入要素较少,使我国政府部门人力资源开发与管理缺少一定经济基础,从而使政府部门人力资源规划形成了成本瓶颈。

人口环境因素也是影响我国政府部门人力资源规划的重要因素。例如,就业岗位难以弥补我国就业人口的增大以及经济结构调整所导致的下岗位

失业的压力,政府部门不得不提供一定的就业岗位来缓解就业的综合压力,这造成政府部门的人力资源规划的政策导向脱离了现实的需求。

（二）流程粗糙,忽视工作分析,人力资源规划需求与供给的预测方法与技术的运用存在缺陷

我国政府部门人力资源规划流程粗糙, 其中表现比较突出的是忽视工作分析,在政府部门人力资源需求与供给的预测上存在缺陷。工作分析是人力资源规划的前提与基础。政府部门各机关人力资源的规划带有很强的行政制约性,机关自身的工作分析与岗位设计受到上级主管部门的干预与参与,没有独立性,从而造成了政府部门人力资源规划中工作分析与岗位设计的分析主体与使用主体的分离,并不可避免地出现偏差,使得政府部门人力资源规划的基础性工作容易出现误差。

政府部门人力资源需求与供给的预测是在政府主管部门的主持之下进行的,不仅受政府主持机关的条件限制,还受政治作用及外部压力的非规范性影响, 最终造成政府内部人力资源需求预测的不准确。从需求预测方面讲,这种不准确体现在两个方面:一方面,各机关人力资源规划中的人员需求规模少于各机关实际发展的需要, 造成机关人力资源需求降低;另一方面, 上级机构编制管理部门由于受社会就业压力以及对未来形势不正确的判断,对各机关的人员编制数量规划增大,使得各机关人力资源需求大于实际的需求。从供给方面上讲,在政府部门内部特殊职位或具有领导职务的公务员,由于组织考察的范围有限,人力资源供给狭窄;政府部门外的社会供给,由于其内部人力资源分类不明确以及所面临的选择的范围大,人力资源供给预测不全面。

（三）缺乏成本意识

从政府人力资源规划理念上讲,我国政府部门追求的是"精兵强政"。所谓"精兵",一是指政府要用尽可能少的人工,以降低政府的直接人工成本;二是指政府要尽可能多地使用精干的人,实现政务电子化,以降低政府的间接人工成本。这种间接人工成本是一种预后成本或称善后成本,它取决于政府工作人员的办事能力和效率。正是在政府部门追求"精兵强政"的过程中,

人力资源管理的理念出现了一定的偏差,如不惜一切成本吸引人才,引进人才,造成政府部门内部人力资源的使用存在人才高浪费及形象工程现象,浪费人力成本。例如在具体领导职位引进博士并给予相当大的安置费用,不仅造成博士作为研究型人才的浪费,而且混淆了党政领导干部与应用型人才的使用,忽视了政府引进人才的成本与使用人才的机会成本。

从政府人力资源规划过程中看,缺乏成本意识与成本约束。首先,政府人力资源规划受到政府机构发展的影响,注重政府不断增加所需人才的规划,而忽视政府部门多余人力资源的减少;其次,在政府人力资源规划实施过程中, 缺乏预算约束机制。这种情况主要体现在人力资源管理操作程序上,如采取海外招聘人员往往不惜重金,花费大量的财力物力,最后却效果甚微。

从政府人力资源规划的结果看,主要体现在两个方面。首先,低效率的政府人力资源规划,使得政府部门林立,机构繁杂,人员众多,使得政府人工成本不断增加;其次,政府部门人力资源使用的高成本,造成社会人力资源成本增加。

(四)与规划相匹配的其他人力资源管理的内容滞后

政府人力资源规划在执行过程中存在政府部门其他人力资源管理内容相对滞后,主要体现在招聘、薪酬、职业发展与人才流动四个方面。

从招聘、录用与选拔的程序看,政府部门人力资源规划存在着招聘对象主体相对集中、招聘形式单一、缺乏灵活性都有问题。前者体现在我国公务员报考人员的年龄、性别、地区、城乡、户口与学历等条件的限制上。这种招聘条件的限制,使得政府人力资源的来源相对狭窄,影响政府部门人力资源规划实施的效果。后者主要是指政府部门人力资源的招聘除军队干部转业之外,公务员招聘考试仍旧是我国政府吸收公务员的主要途径。

从薪酬体制上看, 政府部门有竞争力的人才资源的薪酬水平与外部不平衡,不具备市场的竞争力,容易造成政府部门特殊紧缺人才的流失。政府部门工作人员尤其是公务员的素质直接关系到政府的效能,影响着整个国家的管理水平和效率的高低,最终影响到经济、社会文化发展水平。因而为了吸引优秀人才, 必须保证公务员享有与其地位和作用相称的工资保险福利待遇。据国家统计局统计,2003年全国国家机关工作人员年人均工资为

15533元,在国民经济19大行业中排第10位。现行公务员工资制度是1993年工资制度改革确立的,在工资收入分配领域存在着比较突出的矛盾与问题。

从职业生涯管理看,政府内部人力资源职业发展道路单一,职业发展空间相对狭小,职业发展规划存在误区。新公务员法从实际管理需要出发,改变了单一化的职务设置,为公务员提供多样化的职业发展阶梯,强化公务员激励机制。但是,我国公务员职位分类制度仍然存在尚待完善的空间。

从人员流动上看,我国政府部门人力资源规划缺少人力资源的退出规划,人力资源的流动单向发展,进多出少。

二、完善政府部门人力资源规划的对策思考

当前我国政府部门人力资源规划的改进和完善应注重以下方面:

(1)建立政府部门人力资源规划的长效机制

第一,尽量减少外部压力对政府部门人力资源规划的非规范性的影响。在政府内部,要努力消除部门利益争夺、政治交易等负面影响,建立真正满足政府部门需求与劳动力市场相匹配的人力资源规划科学机制。

第二,增强政府人力资源规划的及时性,减少政府职能部门的缺位与越位。政府部门必须根据自身组织机构特点和行政改革的趋势,及时改进人力资源规划,保证政府部门职能的有效实施。政府部门人力资源规划的及时性主要体现在两个方面,一方面是满足新增政府职能部门所需招聘的相关人员,另一方面是裁减落后于时代发展需要的政府职能部门和人员。

第三,在政府部门人力资源规划过程中,既要树立成本意识、加强成本控制,又要确保正常人力资源规划所需的财政预算。政府部门人力资源规划一定要符合中国的国情,不能脱离中国的实际,减少政府部门人力资源盲目的人力资本投资,如党政领导干部的跨国培训及MPA、MBA学历追求等,这对社会人力资源投资的方向有一定的误导,从而造成社会整体人力资本投资浪费。

(2)完善政府人力资源规划流程,确保政府人力资源规划的高效率,增加人力资源需求与供人预测使用方法技术的科学性与准确性。

(3)促进政府部门人力资源其他管理内容与政府部门人力资源规划相互协调与配合。一是改进招聘程序。这就要打破招聘条件的地区、城乡、户口、性别、年龄等一系列限制,为政府部门人力资源的规划创造一个广大的

人力资源供给平台。二是体现薪酬体制的相对平衡。可以直接采取工资收入水平与外部的对接，也可以利用政府部门自身的有利条件进行福利津贴方面的加强。三是建立政府部门人力资源合理流动机制。这一机制的建立不仅要有一个严格规范的入口，还要有一个合理的出口。针对我国目前政府部门人力资源流动率低，今后政府应加大政府人力资源退出机制的建设，主要包括公务员辞职、辞退制度的建立、政府部门冗员裁减等。四是促进政府部门人力资源职业生涯规划及工作、生活质量的改进。要打破职务升级的单一性，科学合理地进行职位的分类，实现内部工作的流动及轮换等。同时，要促进政府部门工作人员的工作和生活质量的全面提高。

（4）借鉴企业人力资源规划模式，利用先进的人力资源理念、方法，与国际国内先进的咨询机构合作，为政府部门人力资源规划服务。

（文章摘自：《中国人力资源开发》，2006年第8期，作者宁本荣）

第六章
公共部门人力资源的招录与甄选

　　人力资源规划工作完成以后，下一个环节就是招录和甄选合适的人员补充组织内部职位的空缺。对于公共部门，当出现组织成立、组织扩大规模、现有岗位空缺、现有岗位人员不称职、原有人员晋升、离职、机构调整等情况，就必须招录和选拔人员了。招录和甄选工作需要科学的设计，这在很大程度上决定着公共部门人力资源的构成质量。

一、公共部门人力资源的招录与甄选概述

（一）公共部门人员招录与甄选的概念

　　公共部门人员招录是指公共组织在人力资源规划的基础上，依靠人力资源供需信息，通过一定渠道和手段吸引并获取求职者补充组织空缺职位的活动和过程，这是人力资源管理的"入口"环节。招录过程包括制订人力资源规划、制订与审批人力资源获取计划、发布招录信息和对申请职位的求职者进行登记等一系列管理活动。

　　公共部门人员甄选是指公共组织通过一定的人事测评手段，从应录候选人中择优挑选出符合组织职位工作性质，具备职位所需的知识、能力、技能要求，胜任工作职责和任务要求的人员的过程。人员甄选包括应录候选人的资格审查、初选、笔试、面试、心理测试、体检等管理环节。

（二）公共部门人员招录与甄选的功能和意义

　　公共部门人员招录与甄选是吸纳、筛选及录用适当人选与组织空缺职

位相匹配的过程。对公共部门而言,招录与甄选合适和优秀的公职人员,关系到公共组织的工作效率与事业发展,同时也关系到国家治理能力及其公信力。

招录与甄选能够从各种渠道获得丰富的人力资源来源,奠定良好的公务人力资源配置基础;同时,作为公共部门最初的识别、筛选制度安排,招录与甄选能够把好入门关,从源头上保证有良好职业操守、能够胜任公职的人员进入公共部门,达到人事相宜、人尽其才、事竟其功的目的。

招录与甄选能够持续不断地为公共部门提供新生力量,为公共部门输送新鲜血液,促进公职队伍的不断更新,从而实现公共部门内部人力资源的优化配置,为组织的生存与发展提供人力资源保障。

招录与甄选可以提高公共部门人员的稳定性,减少优秀人才的流失。成功的招录与甄选将为公共部门的每一个职位找到合适的人选,公职人员在自己的职位上能最大限度地发挥其优势,提升对工作的满意度。

招录与甄选可降低人员初任培训以及其后能力素质开发的费用。因为高素质的、与组织工作岗位相匹配的初任人员需要组织投入的培训和开发费用相对较少。

招录与甄选可以保障公共部门的未来发展。人才是现代社会竞争的关键因素,组织获得了高素质的人力资源,就能在竞争中立于不败之地,并不断得到持续的发展。

(三)公共部门人员招录与甄选的前提和工作步骤

公共部门人员招录与甄选有两个前提:一是公共部门人力资源规划。人力资源规划的重点在于预测公共部门人力资源需求和供给状况,厘清组织现有人力资源"存量"的状况与差距,以此决定组织需要招录的职位、数量、时限、类型等因素。二是工作分析和职位说明书,工作分析和职位说明书不仅为组织招录、甄选、录用工作提供了直接的参考依据,同时也为应录者提供了关于某个工作职位性质的详细信息。

一般来说,公共部门人员招录与甄选工作包括制定招录计划、招录候选人、甄选候选人等步骤,其具体工作流程如图6-1所示。

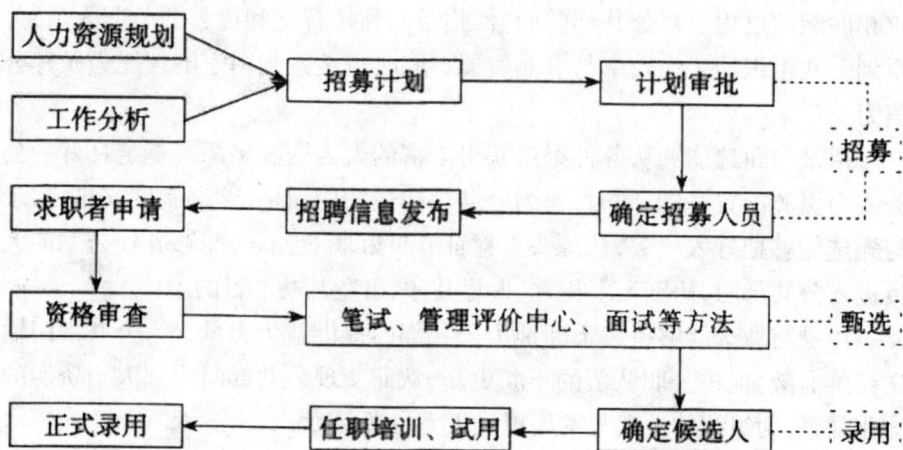

图6-1　公共部门人员招录与甄选程序

二、公共部门人力资源招录和甄选的程序

(一)招录程序

组织招录员工的程序,一般包括六个方面:

(1)明确空缺职位的要求;

(2)招录,即分析各种可能的招录途径与方法,并比较其优势,权衡价格、费用、时间支出等等;

(3)测评与选择;

(4)录用;

(5)试用考察;

(6)签约。

以企业员工招录为例,根据人力资源规划,企业的招录程序如图6-2所示。

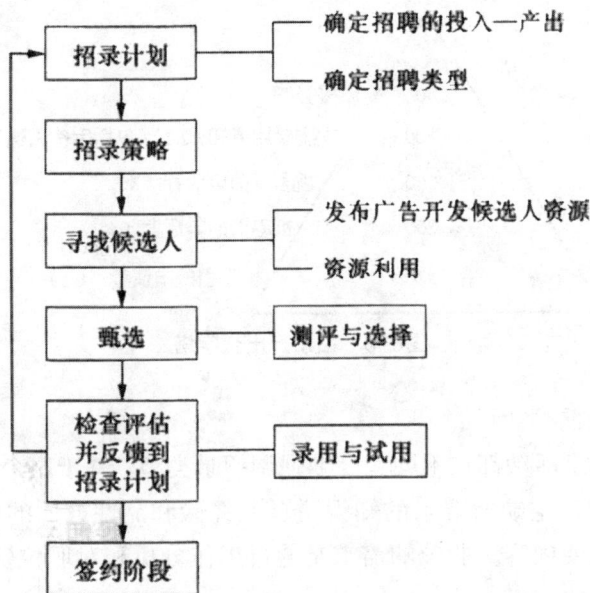

图6-2 企业招录的程序图

由图6-2可知,招录依次有六道的基本程序:招录计划阶段、招录策略阶段、寻求候选人阶段、候选人甄选阶段、检查评估反馈阶段与签约阶段。

1. 招录计划

招录计划指的是把空缺职位的工作说明书与资格要求,变成一系列的招录工作目标,并把这些目标和相关求职者的数量和类型进行具体化的分析。也就是说,招录计划一方面要确定招录人数,另一方面要确定招录类型与素质条件。在招录过程中,我们必须计划吸引到比空缺职位更多的求职者,但是吸引到的申请者究竟应该比实际能够录用的人数多多少才合适,需要计算投入—产出率。

(1)确定招录的投入—产出率

投入—产出率是指在做出每一个招录决定时投入和产出之间的关系。投入是全部招录过程中的应录者的数量,而产出则在招录结束后最终到企业报到的员工的人数。估算投入—产出率比较有用的一个工具是招录产出金字塔。使用这种方法,人力资源管理部的招录人员可以知道,为了要获得最终的一定数目的雇员,在招录之初,必须吸引多少个申请者才能有保证(见图6-3)。

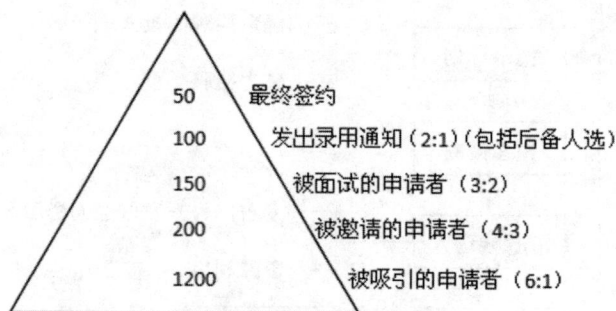

图6-3　招录产出金字塔

（2）确定招录类型

所有的招录活动都在不同程度上强调招录类型。基于这个原因，尽可能详细地陈述职位空缺所要求的知识、技能、经验和品性方面的资格，是招录计划的一项重要内容。职位的需求是通过工作分析和对职位资格要求的详细描述来实现的。

如果职位资格描述不清楚或者不全面，就可能产生两种情况：①没有说明职位的性质与要求；②没有说明职位的工作范围与资格条件。这两种情况都会造成不良后果，严重地影响招录的效果。

2. 招录策略

招录策略是招录计划的具体体现，是为实现招录计划而采取的具体策略。招录策略包括招录地点的选择、招录渠道或者方法的选择、招录时间的确定、招录宣传战略、招录推销战略、招录的评价和招录的扫尾工作安排，等等。

3. 寻找候选人

招录计划和招录策略阶段的工作一旦完成，就进入寻找候选人阶段，这个阶段的工作包括明确招录候选人资源的分布范围、分析候选人需求、选择合适招录渠道、发布招录信息和吸引应录者。具体工作如下：

（1）开发候选人资源

有些候选人资源和招录渠道不是马上就能够利用的，开始招录的具体工作之前需要进行重要的、必不可少的开发工作。这些开发工作应该以招录计划中对人力资源需求的预测为基础。以校园招录为例，对它的开发工作包括以下方面的活动：①准备并分发描述组织情况的小册子；②与学校方面负责学生就业工作的单位建立联系，并确定与应录者见面的日期；③同一些学生组织接触，了解本届毕业学生的特点；④准备并安排在校园内发行的报纸上刊登招录广告,如果没有这样的报纸,则安排进行布告张贴。这些活动如果经常进行,就会形成惯例。

(2)资源利用

企业对招录渠道或者招录方法的选择,是根据对员工需求的具体情况而定的。招录开发工作应该成为人力资源开发与管理的日常工作,这样才能保证招录资源能够被随时利用。一旦组织出现职位空缺,马上就能够利用这些招录资源开发渠道,随时吸引到足够的申请者及其个人简历,这样的招录才能是及时有效的。

4. 甄选

甄选候选人是招录过程中一个极为重要的环节,其目的是将明显不符合职位要求的申请者排除在招录过程之外。有效的甄选可以节省大量的时间和金钱。一般情况下,专业性职位的候选人由人力资源部进行甄选,但如果能够组织由部门经理和人力资源以及技术专家组成的测评委员会来进行测评与选择,则是最好不过的了。

对候选人进行甄选,首先应该与通过了个人简历和资格筛选的候选人建立联系并确定面试的时间、地点;其次为不是组织所在地的候选人提供交通费、住宿费,以保证面试活动的顺利进行;最后给在个人简历和资格审查中被淘汰的人写信表示歉意以及组织对他们的尊重和感谢。

5. 检查评估并反馈到招录计划

检查就是对招录过程的每个环节进行跟踪,以检查招录是否在数量、质量以及效率方面达到了标准。判断招录效果的一个有用的方法,就是反馈到招录计划,是否高质量地完成了招录计划。招录效果评估可分解为对招录工作收益与成本的评估。(见图6-4)

在检查评估与反馈阶段之前,还要进行录用与试用两项工作。

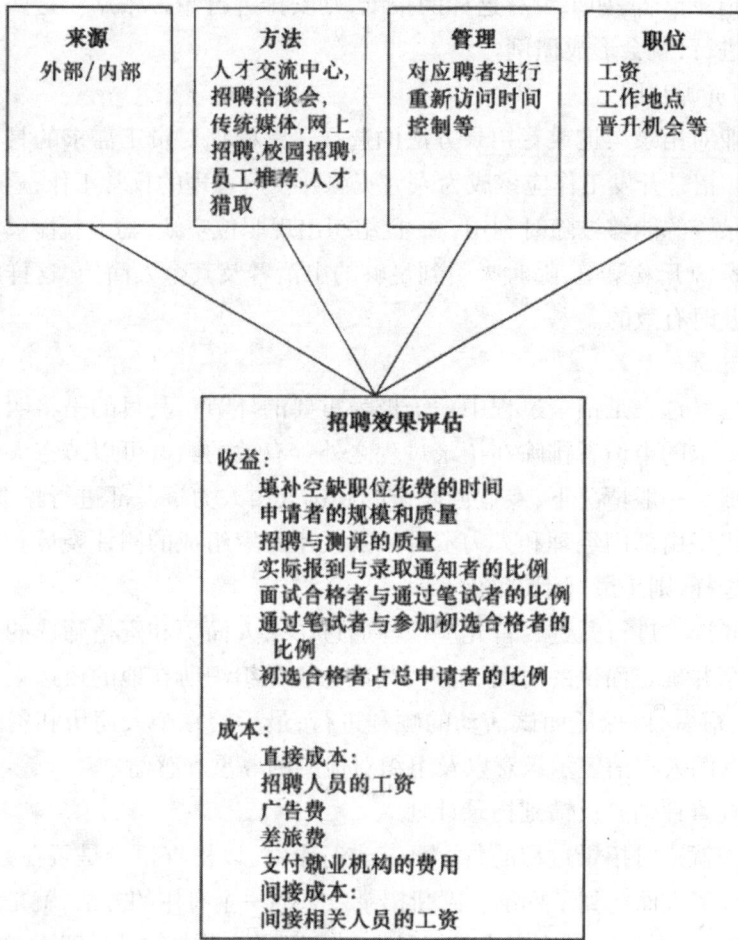

图6-4 招录项目的评估

6. 签约

人力资源部要代表组织与其签订工作契约,正式明确双方的责任、义务与权利。签约也可以在检查评估与反馈之前进行。试用主要考察合格的人选,当试用不合格时,可以依照合同解约。

(二)甄选程序

1. 应录接待

测评过程的接待阶段给人的感觉如何,将影响应录人对组织形象、实力的看法。接待人员应比较机敏,同时应能够以谦恭有礼和友好的举止提供应有的帮助,必须以诚实和明确的态度告知申请人各种职位就业机会的可能性。

2. 事前交谈了解与兴趣甄别

在允许应录人填写申请表格之前,一个比较适当的做法是与应录人进行次简短的交谈。交谈是为了了解求职者是否符合组织现有职务的要求。组织通过向求职者准确地描述各项职务的真实情况,来消除求职者不切实际的和降低过分的奢望。这样做可以最终降低在职者的不满程度和减少流失数。

3. 填写申请表

在招录工作中,填写申请表是一种被广泛采用的形式。一份精心制作的申请表可以具有以下四种功能:

(1)它提供了一份关于申请人愿意从事这份职务的记录。

(2)它为负责面试的人员提供了一份可用于面试的申请人小传。

(3)它对于被录用的求职者来说是一份基本的员工档案记录。

(4)它可以用于整个"甄选"过程并且评估有效性。

4. 测评

甄选中可采用的各种素质测评一般包括知识考试与心理素质方面的测评。如工作样本测评、机械操作能力测评、诚实测评、一般素质水平测评、书写能力测评、管理能力测评、知识水平测评、身心灵敏性测评和职业技术能力测评等。

5. 复查面试

复查面试用来判断与工作有关的知识、技能和能力并确认来自其他来源的信息资料。这种深入的面试可对来自申请表、各种测评和推荐材料的信息进行核对,为做出最后的录用决定提供直接依据。由于综合考察的必要性以及面对面了解情况的理想性,面试在许多组织的招录工作中都被视为最重要的阶段。

6. 背景考察

背景考察既可在深入面试之前也可在其后进行。这将花费一定的时间和财力,但一般仍值得去做。令人失望的是,申请人在关于他们的资质条件和背景方面往往提供一些不真实的信息。

背景资料可以获自不同的来源:来自校方的推荐材料、有关原来单位工作情况的参考材料、关于申请人业务技能的证明、关于申请人所受法律强制方面的记录、来自推荐人的推荐材料。

7. 体格检查

体格检查是在应录者其他条件都完全符合空缺职务的要求的前提下进行的,如果应录者体检合格,企业可初步吸收应录者为企业员工,并在试用期进一步考察。最后正式签约与安排职位。

三、公共部门人员招录途径

(一)内部招录途径

当组织中出现职位空缺时,公共部门的人事管理部门首先倾向于从组织内部去寻找、挑选合适的公职人员。

1. 内部招录对象的主要来源

(1)晋升,即将公共部门内部符合条件的低级岗位人员,提升到更高一级岗位。一般而言,内部晋升最终由上级主管部门决定。其遵循的原则是唯才是举,有利于调动组织成员的积极性,有利于提高公共部门的效率。

(2)交流调配,即公共部门的主管部门根据工作需要或本人意愿,从其他公共组织挑选出合适的人员,安排到需要的职位上,其具体措施包括工作调任、转任、轮换和挂职锻炼等。交流调配基本上属于平级职务间的横向调动,一般不涉及职务和级别的升降,它一般适用于中层管理人员,通过轮换岗位,增加必要的阅历、经验和才干,为晋升到更高级的职位创造条件。

(3)内部公开招录,即在本部门范围内,面向组织内部的全体人员进行公开招录。通过发布招录广告,告知现有职位空缺的信息和职位要求,凡有意愿并符合条件的内部工作人员都可以报名参加甄选。内部公开招录应遵照公平、公开、公正的原则进行。

2. 内部招录的主要途径

(1)发布公告,即通过本单位布告栏、内部报刊、广播电台、计算机内网等途径,公布组织空缺职位的性质、职责及其所要求的条件等,吸引本组织内部的公职人员应录,尽可能地吸引优秀人才毛遂自荐。通过这种途径,为有才能的公职人员提供成长、发展的机会。

(2)内部推荐,即管理者根据空缺职位的要求,介绍或推荐其认为合适的内部公职人员,供组织部门或人力资源管理部门进行选择。该方法可以用于内部招录,也可以用于外部招录。由于推荐人对内部信息和空缺职位要求等有比较清楚、准确的认识,可以为被推荐者提供准确详尽的信息,同时组织也可更容易、准确地获取被推荐者的情况,因此任用的成功率通常比较高。但这种方法容易产生裙带关系、拉帮结派等不良现象,所以在推荐过程中,管理者务求公平公正、程序透明。

(3)调档查看,从公职人员个人档案中了解现有公职人员的教育背景、培训、经验、技能、绩效等方面的信息,从而为用人部门寻找合适的人选来补充空缺职位提供依据。当然,这种方法前提是档案信息必须准确、及时、完备。但由于透明度小,员工参与较少,容易出现暗箱操作等不良现象,因此通常需要与其他方法结合使用,主要起到补充作用。

(二)外部招录途径

外部招录途径是依据一定的原则和程序,从组织外部的各种渠道招录符合空缺职位要求的公职人员。主要包括以下途径:

1. 广告招录

通过广播、电视、互联网等媒体广告形式向社会公开招录人才是目前运用最为广泛的人员招录方式。它的特点是信息传播范围广、速度快,因此能吸引的求职者数量较大、层次多样、选择余地大。广告招录要达到应有的效果,必须注意三个方面的问题:

第一,广告的形式与内容。好的招录广告能吸引更多求职者的注意,通常招录广告应该能吸引求职者的注意,激起他们的兴趣,能激发人们求职的愿望,此外还要方便求职者的求职行为。同时,招录广告提供的信息内容应尽可能翔实,应包括组织的基本情况,如招录的职位,招录的数量和基本条件要求,招录的范围,薪资与待遇,报名的时间、地点、方式和所需的资料以及其他相关事项等。

第二,发布媒体的选择。各种媒体都有其特定的受众,因此组织应分析所需求职者的媒体消费特征,选择其最有可能接触的媒体发布招录信息。同时,组织也应注意到招录信息相对集中的媒体,尤其是在业界具有一定影响力的媒体,也更容易为求职者所关注。随着互联网的兴起,人们普遍青睐这一更方便、更快捷、信息量更大的媒介,因此组织可以通过专业招录网站、高校网站的BBS和公司主页等,借用网络形式实现招录信息的传递。

广告招录公职人员有很多好处:一是组织可以快速、及时、形象地传递职位空缺信息;二是广告受众范围广,能为组织吸引大量的候选人资源。但该渠道的一个缺点在于对求职者信息的真实性较难辨别,组织需花费大量的人力物力成本从事这一识别工作。

2. 校园招录

学校是各类人才高度集中的地方,每年毕业的大学生、技校生为组织提供了不同层次、不同结构的人力资源。通过校园招录,公共部门可以定期招录到大批量的、具有较高素质的工作人员,这是公共部门获取人力资源的主要渠道。一些组织为了在争夺优秀毕业生时占得先机,长期在学校设立各种奖学金、奖教金,与学校开展科研合作项目,资助优秀贫困生,由此在学校树立良好的声誉,以便吸引优秀毕业生进入组织工作;有的组织则与学校建立长期稳定的联系,为学生提供实习机会,不仅增加了学生对组织的了解和认同,而且组织也达到了观察试用的目的,这些都是行之有效地吸纳优秀毕业生的方法。

校园招录的形式包括通过一年一次或一年两次的人才供需洽谈会,每年定期到大学进行招录宣传;通过院校向毕业生发布职位空缺信息等;通过一些组织专门针对毕业生举办讲座、介绍组织情况等。

校园招录公职人员有很多好处:第一,招录到的毕业生素质较高,知识结构全面,有很强的可塑性;第二,由于毕业生供给数量大,公共部门可以有很大的选择余地。但此类招录中也要注意一些问题:第一,毕业生往往期望值较高,容易产生现实与期望的失衡,导致组织人才流失率较高,增加组织的反复招录成本;第二,应届毕业生往往缺乏实践经验,相对于有工作经验的人员,组织需要花费更高的职位培训费用。

3. 职业中介机构

职业中介机构负责提供供求双方信息,它既为用人单位筛选候选人,也为求职者选择用人单位,同时面向供求双方收取一定的中介费用。

职业中介机构招录公职人员有很多好处:第一,利用供求信息量大、针对性强的优势,帮助用人单位甄选合适的公职人员,帮助求职者找到合适的单位,节省双方的成本;第二,用人单位和求职者可以得到专业咨询和服务,提高招录甄选成功率。同时,职业中介机构招录也存在一些不足之处:第一,由于职业中介机构供求信息的不对称,有可能导致不恰当的筛选,造成人职的不匹配;第二,管理上的漏洞导致职业中介机构鱼龙混杂,有的职业中介机构存在欺诈行为。

4. 网络招录

随着网络时代的到来,网络招录成为新兴的主流招录方式之一。全球第一个商业性职业招录网站成立于1994年6月,是布鲁斯·斯基林(Bruce Skilling)开设的"就业马赛克"(www.careemosaic.com)。我国网络招录始于1997年。据统计,到2003年,全国正式注册的招录网站已超过500家。[1]另据"2003年北京高校毕业生网上双选周"的现场调查统计,承办方的就业信息网点击率高达200多万人次。[2]可以预测,随着我国公共部门信息化程度的日益提高和互联网使用率的迅猛增长, 网络招录必将成为我国公共部门招录公职人员的一种最重要方式。

网络招录公职人员有以下好处:第一,成本较低廉,一次招录会的费用可以做两个月的网上招录;第二,网上的招录广告不受时空限制,受众时效强,招录信息还可以发布到海外;第三,求职者可以根据自身的情况和招录的信息,快速地检索求职信息、发送简历,提高了效率,节约了人力物力。但网络招录也存在着一些不足,如网上公布的信息可能不真实、不可靠,用人单位与应录者缺乏直观的接触等。

5. 猎头公司

猎头公司是近年发展起来的一种职业中介机构。它与一般职业中介机构不同,有着特殊的运作方式和服务对象,专门为组织寻找一些符合某一职位要求的、具有丰富经验的高层管理人员和高级技术人员。

世界上第一家猎头公司由桑代克·德兰(Thorndike Deland)于1926年在美国创立,它的兴盛始于二战之后。随着战后各国经济的复苏与发展,各类组织急需大量人才,因此客观上推动了猎头公司走向蓬勃发展。目前全球知名的猎头公司有科恩-费里国际有限公司、海德里克-司特拉各斯国际有限公司及斯宾塞-亚特公司等。1992年,我国出现了第一家猎头公司,即由新加坡投资建立的沈阳维用猎头公司, 从此以后, 猎头公司正式进入国人的视线,逐渐被国人接受。据不完全统计,中国目前有上千家大大小小的猎头公司,主要集聚在北京、上海、深圳、广州、天津、南京等大城市。

猎头公司是依靠猎取各类组织所需的高级人才而生存的职业中介机

---

① 　参见滕玉成、俞宪忠主编:《公共部门人力资源管理》,中国人民大学出版社,2009年,第141页。

② 　参见彭剑锋:《人力资源管理概论》,中国人民大学出版社,2011年,第274页。

构。猎头公司的猎物对象是高级管理人才,它一般采取隐蔽猎取、快速出击的主动竞争方式。猎头公司不针对个人收费,只对用人单位收费。由于猎头公司猎取的人才质量十分可靠,因此其收取的费用也很高,按国际惯例,为客户物色到一名高级人才,可获得其年薪的30%~40%作为佣金。

由猎头公司招录高级人才有许多优势。例如,以深层化、精细化和专业化作为行业特色的猎头公司,由于其对企业和人员了解深入,信息掌握全面,针对性强,更容易为企业招录到合适的人选,实现高质量的供需匹配。但其缺点也显而易见,如猎取高级人才的时间较长、成本很高等。

6. 推荐

当组织出现职位空缺时,通过组织内相关人员推荐人选,也是组织招录的重要形式。这种途径的优点是相关人员对候选人的情况比较了解,可节约招录时间和费用。但主要缺点是由于选择候选人的面比较窄,容易造成任人唯亲、小团体主义等现象。

四、公共部门人力资源测评技术

(一)心理测验方法

测评工作在整个招聘过程中已经越来越居于核心地位,应该借助于多种测评手段来公平、客观地做出正确的决策。因此,在长期的人力资源招聘工作实践中,发展出了许多种实用的测评方法,包括面试法、评价中心法、各种测验法(技能、智能测验法、知识测验法、品性测验法等)、个人信息法、背景检验法、笔迹学法等。目前使用最广泛的测评技术主要是心理测验法、面试法与评价中心技术。

1. 心理测验的含义

简单地说,心理测验是心理测量的一种具体形式,也有人把心理测验叫心理测评。从心理测验的起源与发展来看,心理测验产生于对个别差异鉴别的需要,广泛应用于教育、组织人才的挑选与评价。在这一过程中,人们编制了许许多多的心理测验。其中比较有影响的心理测验,有比奈—西蒙智力测验(1905—1911)、斯坦福比奈儿童智力测验(1916)、罗夏墨迹测验(Rorschach,1921)、默里与摩根的主题统觉测验(TAT)、明尼苏达多相个性测验(MMPI)、艾森克人格测验（EPQ）、卡特尔16因素测验、皮亚杰（Piaget）故事测验、科尔伯格（Kohlberg）两难故事测验，雷斯特（J. Rest）测验等。

从以上这些较为典型的心理测验形式中，我们觉得阿纳斯塔西（Anastasi）所下的定义在所有的心理测验定义中比较确切：心理测验实质上是行为样组的客观的和标准化的测量。这个定义告诉我们：

（1）心理测验是对行为的测量。这些行为主要是心理的而不是反射性的生理行为（打喷嚏、呼噜等），是外显行为而不是内部心理活动，是一组行为而不是单个行为。

（2）心理测验是对一组行为样本的测量，即所测量的行为组是有代表性的一组行为。任何个体在不同时间、空间与条件下的行为表现是不尽相同的，如果我们所测评的行为，抽样不同，则所得到的结果就会不同。

（3）心理测验的行为样组不一定是真实行为，而往往是概括化了的模拟行为。例如投射（墨迹）测验，答题行为均不是真实的行为，而是一种间接的行为反应。

（4）心理测验是一种标准化的测验。所谓标准化，在这里指测验的编制、实施、记分以及测验分数解释程序的一致性，这是测验的内在要求。因为要使测验的最后结果具有可比性，那么测验的条件必须具有等同性或统一性。

（5）心理测验是一种力求客观化的测量。

从上述所有测验都可以看出，这些测验所采用的种种技术，例如机器评分，采用简答、填空、选择等客观性试题，都是要尽可能排除人为主观影响。然而值得注意的是，这不能完全客观化。

2. 心理测验的种类与形式

心理测验依据不同的标准，可以划分出不同的类别：

根据测验的具体对象，可以将心理测验划分为认知测验与人格测验。认知测验测评的是认知行为，而人格测验测评的是社会行为。认知测验又可以按其具体的测验对象，分为成就测验、智力测验与能力倾向测验。成就测验主要测评人的知识与技能，这是对认知活动结果的测评；智力测验主要测评认知活动中较为稳定的行为特征，是对认知过程或认知活动的整体测评；能力倾向测验是对人的认知潜在能力的测评，是对认知活动的深层次测评。人格测验，按其具体的对象，可以分成态度、兴趣与品德（包括性格）测验。

根据测验的目的，可以将心理测验划分为描述性、预测性、诊断咨询、挑选性、配置性、计划性、研究性等形式。

根据测验的材料特点，可以将心理测验划分为文字性测验与非文字性测验，文字测验即以文字表述、被试用文字作答。典型的文字测验即纸笔测验。非文字测验，包括图形辨认、图形排列、实物操作等方式。

根据测验的质量要求，有标准化与非标准化心理测验。

根据测验的实施对象有个别测验与团体测验。

根据测验中是否有时间限制，有速度测验、难度测验、最佳行为测验、典型行为测验。

根据测验应用的具体领域，有教育测验、职业测验、临床测验、研究性测验。

心理测验形式与心理测验的类别是有所不同的。心理测验的形式，是指测验的表现形式，包括刺激与反应两个方面。划分的标准不同，形式也就各异。

按测验目的与意图表现的程度，有结构明确的问卷法与结构不明确的投射法。后者所表现的刺激为意义不明确的各种图形、墨迹、词语，让被测者在不受限制的情境下，自由地做出反应，从分析反应结果来推断测验的结果；前者所表现的则为一系列具体明确的问题，它们是从不同方面来了解被测评者的素质情况，要求被测评者按实际情况作答。如果从问卷调查的具体对象来看，有自陈量表与非自陈量表。

根据测验时被测者反应的自由性来看，有限制反应型与自由反应型。投射测验属于自由反应型，而强迫选择属于限制反应型；按测验作答结果的评定形式，有主观与客观型之分；从作答方式来看，有纸笔测验、口头测验、操作测验、文字测验与图形、符号、实践等测验形式，从测验反应场所来看，有一般测验、情境测验与观察评定测验。一般测验是对被测者在行为样组上反应的测评，情境测验是对被测者在模拟情境中反应的测评，观察评定是对被测者在日常实际情况下行为表现的测评。

（二）面试

1. 面试的概念

面试的历史非常久远，但对它的认识至今还很难达成一致。有人认为面试就是谈谈话、相相面而已。有人认为面试就是口试，口试就是与考生交谈，以口头答询问题的考试形式。有人认为面试即面谈加口试，是通过主试人与应试者直接见面、边提问边观察分析与评价应试者的仪表气质、言谈举止、体质精力以及相关素质能力，权衡是否与职位要求相适应的考试方式。有人认为面试是通过外部行为(语言的与非语言的)的观察与评价,来实现对人才内在心理素质测评的目的。有人认为面试包括笔试、口试,口试包括抽签问答、随机回答、模拟测验等形式。有人认为面试是以当面操作的形式,对应试者的基本品质进行综合直观的测定,并直接进行相互间横向比较的过程。有人认为面试是通过对考生以问答式、命题演作式、实地操作式和集体讨论式考察考生的言辞、仪表、反应、环境适应能力、智能、技能等笔试中不易了解的能力的过程。

虽然表述不尽相同,但面试作为一种测评人才素质的形式,是一种面对面的考试这两点上,似乎大家已取得了共识,但究竟如何"考"大致还有三种看法:第一种认为面试即是面对面的交谈,第二种认为面试是一种口头考试的形式即口试,第三种认为面试是一种既包括口试也包括模拟操作演示的形式。

我们从人力资源测评的角度,将面试定义为一种经过精心设计,在特定场景下,以面对面的交谈与观察为主要手段,由表及里测评应试者有关素质的一种方式。在这里,"精心设计"的特点使它与一般性的面谈、交谈、谈话相区别。面谈与交谈,强调的只是面对面的直接接触形式与情感沟通的效果,它并非经过精心设计,"在特定场景下"的特点使它与日常的观察、考察测评方式相区别。日常的观察、考察,虽然也少不了面对面的谈话与观察,但那是在自然情景下进行的,"以面对面交谈与观察为主要手段、由表及里测评"的特点,不但突出了面试"问""听""察""觉""析""判"的综合性特色,而且使面试与一般的口试、笔试、操作演示、情景模拟、访问调查等人才素质测评的形式也区别开来。口试强调的只是口头语言的测评方式及特点,而面试还包括对非口头语言行为的综合分析、推理与直觉判断。"有关素质"说明了面试的功能并非是万能的,在一次面试当中,不要面面俱到、包罗万象去测评人的一切素质,要有选择地针对其中一些必要的素质进行测评。

2. 面试的内容

(1)仪表风度:应聘者的体格状态,穿着举止,精神风貌。

(2)求职的动机与工作期望:判断本单位提供的职位和工作条件是否能满足其要求。

(3)专业知识与特长:从专业的角度了解其特长及知识的深度与广度。

(4)工作经验:了解应聘者以往的经历及其责任感、思维能力、工作能力等。

(5)工作态度:了解应聘者过去工作业绩,以及对所谋职业的态度。

（6）事业心、进取心：事业的进取精神，开拓精神。

（7）语言表达能力：口头表达的准确性。

（8）综合分析能力：分析问题的条理性、深度。

（9）反应能力：思维的敏捷性。

（10）自控能力：理智与耐心。

（11）人际关系：社交中的角色，为人的好恶。

（12）精力与活力：精、气、神的表现。

（13）兴趣与爱好：知识面与嗜好。

3. 面试的功能作用

任何一种测评方法只有当它具有特殊的功能作用时，才有存在的必要。面试与其他素质测评方法相比，有以下五点功能：

（1）可以有效地避免高分低能者或冒名顶替者入选

一般来说，笔试是严谨的，成绩高者，其能力也高，但是由于目前笔试形式操作的局限性，考试中高分低能者，冒名顶替者在所难免。辽宁省、上海市、宁波市等地招聘录用干部情况发现，有的人笔试成绩虽然很高，但面试时却言语木讷，对所提问题的回答见识浅薄，观点幼稚；有的则表现出只能背书，分析问题和解决问题的能力很差。有的则是冒名顶替者，一问三不知。

（2）可以弥补笔试的失误

测验或问卷等笔试，有的人因误解文不对题，或因复习时学习条件差，或因身体、紧张等原因而没有发挥好时，如果仅以笔试成绩为录用依据，那么这些人就没有机会被录用了。如果再采用面试形式，则这些人可以有机会再次表现。

（3）可以考查人的仪表、风度、自然素质、口头表达能力、反应能力等

笔试是以文字为媒介来测评人的素质水平，以文观人，但文何以能与人同呢？有些内容文字是无法表现的，例如仪表、风度、口头表达能力、反应快慢等。

有些素质虽然可以通过文字形式来表达，但因为被试的掩饰行为或某种困惑而无法表达的，却可以通过面试来测评。例如，对于某些隐情，被测评者往往不愿表露，对这些不愿表露的东西，在文字性的测验与问卷的回答中，就很难发现了，因为我们的身体不懂得如何撒谎。例如当人看到了动心的事物或高兴时，瞳孔就会无意识放大，人厌恶时常皱眉，愤怒时常竖眉，痛苦时会倒眉，兴奋时会眉飞色舞，所以相面中对眉毛的样式、状态所揭示的

品德素质特征很有点说法。竖眉的被认为心狠,眉毛与眼眶很近的人则被认为心胸狭窄,而眉毛高宽的人则被认为心胸宽广、气质高雅。

(4)可以灵活、具体、确切地考查一个人的知识、能力、经验及品德特征

由于面试是一种主试与被试间的互动可控的测评形式,测评的主动权主要控制在主试手里,测评要深即深、要浅即浅、要专即专、要广即广,具有很大的灵活性、调节性与针对性。而笔试、情景模拟与观察评定均不如面试。

(5)可以测评个体的任何素质

面试只要时间足够,设计精细,手段适当,可以测评个体的任何素质。如果心理测验中的问卷是测评人的知识、技能、品德的良好工具,那么把这些心理测验中的问题以口头问答的形式表现同样也能达到与笔试相同的效果,由于信息量利用的高频率特点,测评质量上可能还优于笔试。如果在面试中引入某些情景模拟或任务操作,还可以考查一些实际工作的能力。

4. 面试的基本类型

面试的类型,从目的用途上划分有招工面试、招干面试、招兵面试、招生(学生)面试、考查面试等,从操作规范程度上划分有结构型面试、半结构型面试与随意面试,从被试多少来划分有个别面试、依序面试与小组面试,从操作模式上来划分有问答基本式与操作综合式面试,从面试气氛设计上划分有压力面试与非压力面试。

(1)综合操作型面式

问答基本式,是指以单一的问答形式进行的面试,综合操作式,则是指以问答形式为基础,把交谈、辩论、讨论、演讲、情景模拟、实践操作等形式也结合进来的面试形式。

(2)压力型面试

典型的压力面试是事先给应试者造成一种紧张的气氛,使被试一进门便位于"恐怖"气氛中,接着主试人穷追不舍地追问到底,不但问得切中要害而且使被试常处于进退两难的境地,甚至被试处于无法回答的地步。其目的是要把被试"考倒",以此考查其机智程度、应变能力、心理承受能力及自我控制能力等心理素质。

(3)结构型面试与半结构型面试

结构型面试,有时又称标准化面试,这种面试对整个面试的实施、提问内容、方式、时间、评分标准等过程因素,都有严格的规定,主试人不能随意变动。

随意面试则对面试的形式、内容事先无任何规定,一切均由主试人"因地制宜""因人制宜"。半结构型面试则介于结构型面试与随意面试两者之间,事先只是大致规定面试的内容、方式、程序等,允许主试人在具体操作过程中根据实际情况作些调整。

(4)小组面试

小组面试,是指被试在2人以上,一般共同面试、当场打分、当场讨论。

(5)次序面试

次序面试是先进行初试,再进行复试。初试由人事部门主持,主要考查被试的仪表风度、工作态度、责任感、反应应变能力等一般素质,并将那些明显不合格的被试淘汰。复试则由用人部门主持,主要考查被试的专业特长、知识技能等与职位有关的专业素质。

(6)逐级面试

逐级面试与小组面试不同,是一种个人面试形式。首先是基层领导面试,侧重考查职位专业技能与知识,合格后再推荐被试给中层领导接受能力与品德等素质的面试,合格者再由中层领导推荐给高层领导进行全面考查。这种面试适合于重要职位人选的面试。

(三)评价中心技术

评价中心技术,简称评价中心,对我国许多人来说,还是一个陌生的名字,评价中心是什么? 有哪些形式? 起源于何时? 有什么特点? 诸如此类问题,人们都还不清楚。

1. 基本概念

在概括与建构基本概念之前,让我们先描述一下现代评价中心技术操作的形式。如果有5~8名被试(晋升候选人)和6名主试。主试事先已接受过专门的培训,被试也知道测评的基本程序。他们得到进行评价中心测评的通知后的第三天,开始评价中心测评。测评时被试分成两个组,6个人一组。当其中一组进行小组问题讨论的同时,另外一组中的每个被测则单独地进行个案分析,并要求准备一份书面分析报告。然后每个被试要求与一个有问题的职员面谈,提出一个可行的解决方案,处理一大堆案头文件。对于每个被试的上述表现行为,6名主试一边观察一边记录,每当某个活动完结之后他们都要写出一份总结报告。每个被试至少由3名主试观察。观察结束后,主试要花费2天的时间,讨论交流他们各自的观察情况并对被试的管理潜能做出评价。对每个被试讨论后,主试们一起依据评价标准(dimension)把所观察到的行为归纳并表述在对应的标准之下，然后对每个被试依据标准及其相应的行为表现做出五级评分。所有这些内容都集中在一个表格内。主试间一旦存在分歧,则要进行讨论,直到最后大家取得一致意见(有的以平均分作为统一的意见)。最后把评价结果通知被试与单位负责人。从上述有关评价中心的形式描述中可以看出,评价中心既源于情景模拟,但又不同于情景模拟。我们不难发现,在评价中心里多种不同的评价方法相互结合在一起,包括不同的测评方式,例如测验、情景模拟测评、面试等,其中的情景模拟测评可能不止一个。评价结果是在以多个方式进行系统观察的基础上,综合得到的。

因此,评价中心可以定义为:评价中心是一种程序而不是一种具体的方法。在这种程序中,主试针对特定的目的与标准,采用多种评价技术评价被试的各种能力。根据上述定义我们可以把评价中心法具体一点定义为:评价中心是一种以测评被测管理素质为中心的标准化的一组评价活动。它是一种测评的方式,不是一个单位,也不是一个地方。在这种活动中,包括着多个主试采取多种测评方法对素质测评的努力，但所有这些努力与活动都是围绕一个中心,这就是管理素质的测评。

2. 评价中心的主要技术方法

包括情景模拟、公文处理、无领导小组讨论、演讲、角色扮演等。

(1)情景模拟

将应试者置于一个模拟真实工作情景的环境中，观察应试者处理模拟职位中出现的各种问题的情形，根据其表现或通过模拟提交的报告来测评其素质和操作能力,以判断应试者是否适合空缺职位。如将应试者置于处长的工作情景中，询问如果应试者同时接到两位副局长对同一问题的不同处理意见,在这种情况下该如何作回应。情景模拟方法能较好地判断哪些应试者具有适合空缺职位的潜能,是测评中心的核心组成部分。

(2)公文处理

亦称"公文筐"处理测试。测试中的公文一般由文件、备忘录、电话记录、上级指示等组成。测试前向应试者介绍相关背景材料,要求应试者假设自己是一名公共部门管理人员,在规定的条件下,根据自己的知识、经验、能力和风格等对"公文筐"中的各类公文进行处理,并撰写公文处理报告。通过应试者处理公文过程中的行为表现和处理报告,考官可以评价应试者的计划、组织、协调、指挥、沟通等能力。

（3）无领导小组讨论

无领导小组讨论由一组应试者(通常是5~7人)组成一个临时小组,讨论一个给定的有待解决的问题。讨论小组事先并不指定小组讨论的领导者,主考官在讨论中观察每一位应试者的行为表现, 看看哪位应试者会自发成为小组组长,目的是评价每位应试者的领导能力、口头表达能力、沟通能力、团队精神、理解能力、逻辑推理能力、信息收集和提炼能力、自信心和独立性等。在无领导小组讨论中,考官只需给应试者提供必要的资料,交代问题背景和讨论要求,一般不需要参加讨论,同时考官也可以回避,暗中观察或通过摄像机录像,监测、记录讨论的全过程。

（4）演讲

考官先向应试者提供背景资料,说明演讲要求,通常会留给应试者十分钟以内的准备时间, 然后要求应试者据此在规定的时间内表明自己的观点和意见,考官也可在应试者作完演讲后就其演讲内容提出一些疑问和质询。演讲是一种操作简单、成本低廉的甄选方法,通过演讲,应试者能较明确地展示出自己的语言能力、逻辑思维能力和压力承受能力等。

（5）角色扮演

角色扮演要求应试者扮演一个特定的管理角色来处理日常的管理事务,主考官观察应试者的表现,了解其心理素质,测评其人际关系处理能力。例如,要求应试者扮演一名局长,由他对全局的工作安排做出决定;或者由多名应试者共同参加一个贪污案件的调查工作,应试者之间通过分工合作,展开调查,完成指定的任务。角色扮演能够有效地测评应试者的心理素质、抗压能力、实际工作能力、组织协调能力等,具有较高的信度和效度。

五、我国公共部门员工录用与选拔的方法

（一）非领导职务公务员录用筛选的方法

根据我国公务员法规定, 录用担任主任科员以下及其他相当职务层次的非领导职务公务员,应采取公开考试、严格考查、平等竞争、择优录取的办法。录用特殊职位的公务员,经省级以上公务员主管部门批准,可以简化程

序或者采用其他测评办法。目前,对该类公务员的录用筛选方法主要包括行政职业能力测验、申论和面试。

行政职业能力测验的主要内容包括言语理解与表达、数量关系、常识判断、判断推理、资料分析等方面。

申论主要是提供一份文字资料,一般是有关社会热点问题,要求考生就材料的要点进行概括,然后分析问题的原因,提出解决的办法和建议。

面试一般由人事部门组织实施。按照应试者的笔试成绩,从高分到低分的顺序选定面试者,应试者笔试成绩合格才具备进入面试的基本条件。

(二)领导职务公务员选拔的方法和存在的问题

在中国的公共部门,一直实行党管干部的原则,人事任命权相对集中,各个单位领导人员的选拔权一般都掌握在有相应管辖权的党委或党组手里。这一选拔方式的典型制度为委任制。根据这一制度安排,在公务员系统,副科长以上领导人员的任命都需要经过党委或党组的讨论和决定;在其他公共部门,副处长以上的领导人员的任命也需要经过党组的讨论和决定。其选拔程序一般包括以下的步骤:由党政领导干部和非党政系统的人士推荐人选;组织人事部门资格审查;组织人事部门进行晋升考核,包括个别谈话、民主评议或民意测验、专项调查、实地考察、与考察对象面谈等;有人事任命权的党委等集体讨论决定人选;由任免机关发布任命决定。

从委任制的程序来看,它体现的是一种集体决策机制,防止用人权掌握在个别人手里。如果其中的每个阶段都能得到很好的执行,在一定程度上就可以保证德才兼备用人标准的落实。但委任制在一些时候就变成了实现主要党政领导个人意志的工具,出现用人方面的不正之风,所谓民主评议、民意测验和实地考察等手段只不过是一种形式,起不到应有的作用。正是由于委任制在执行过程中的走样和变形,自20世纪90年代初以来,在很多公共部门出现了另一种选拔领导干部的方法,即竞争上岗或公开选拔,后来这一方法又以制度的形式得以推广。竞争上岗或公开选拔的程序一般包括公布职位状况、公开报名、资格审查、考试、演讲答辩、民主测评、组织考察、决定任命等。与传统的委任制相比,竞争上岗或公开选拔的一个最大变化或优点在于它的公开性,只要具备报名条件的人都可以参与竞争过程,大大增强了透明度,打破了用人制度中的神秘色彩,也有利于社会和民众的监督。

（三）专业技术人才的选拔任用方法和存在的问题

在中国的公共部门存在着大量的专业技术性人才，其选拔的典型形式是职称评定，如教师系列、医生系列、经济管理系列和工程系列等。其基本程序一般包括：个人申报、人事部门资格审查、同行匿名评议、职称评定委员会讨论表决、任免机关发布任用决定。

知识点提要：

公共部门人员招录与甄选是对公职人员进入公职系统进行"入口"把关的过程，它在很大程度上决定着组织人力资源的质量，甚至决定着组织未来的生存和发展。本章首先对公共部门人员招录与甄选的意义、程序作了概述，其次介绍了招录的主要途径以及甄选的常用技术和方法，最后对我国公务员录用制度和领导干部公开选拔制度等进行了说明。

公共部门人员招录是指公共组织在人力资源规划的基础上，依靠人力资源供需信息，通过一定渠道和手段吸引并获取求职者补充组织空缺职位的活动和过程，这是人力资源管理的"入口"环节。招录过程包括制订人力资源规划、制订与审批人力资源获取计划、发布招录信息和对申请职位的求职者进行登记等一系列管理活动。

公共部门人员甄选是指公共组织通过一定的人事测评手段，从应录候选人中择优挑选出符合组织职位工作性质，具备职位所需的知识、能力、技能要求，胜任工作职责和任务要求的人员的过程。人员甄选包括应录候选人的资格审查、初选、笔试、面试、心理测试、体检等管理环节。

复习思考题：

1. 人员招录与甄选的含义和意义是什么？
2. 人员招录的途径是什么？
3. 人员甄选的技术、方法有哪些？
4. 我国公务员考试录用制度的程序是怎样的？

进一步阅读：

美国高级专业技术类文官制度探究

　　政府回应性是当代公共行政领域的重大课题。基于回应性的考虑，1978年卡特总统通过发布《文官制度改革法案》，创建了美国高级文官制度（Senior Executive System）。从此美国有了一种平行于普通文官制度的高级文官制度。"高级文官居于政务官之下、普通文官之上，跨越了政治与行政的界限……强化了总统（执政党）对官僚的控制，有效提升了政府回应性，特别是政治回应性"。但高级文官仍受政务官的挟制，其专业智慧得不到充分发挥。直到20世纪90年代，笃信"专家和专业人员是有效行政政治的基础"的美国联邦政府，将一批技术专家从高级文官中分离出来，形成了一支独立的"高级专业技术类文官"（Senior Professionals）队伍。他们既不同于政治家及"高级文官"，也不同于普通职业官僚，而是长期耕耘于学术和技术领域，具有高级才智和专业技术职称的业务专家、技术专家。他们具有公共服务的意愿，有志于在政府工作，贡献自己的专业才能，以提升政府回应性。本文将重点探讨他们的产生历史、发展现状，以及管理制度体系，并通过评析其制度优势，以启示我国公共部门的人力资源管理。

一、美国高级专业技术类文官的产生与现状

　　伴随着价值理念的变迁与管理技术的进步，为自然适应美国联邦政府专业人员激增与"专业国家"形成，弥补高级文官参与政策制定的功能弱化，强化"专业权威"对复杂公共事务的应对，美国高级专业技术类文官应运而生。这不单是提升美国联邦政府回应性的被动需要，也是其治理创新及转变决策方式的主动选择。随着对他们的不断重视，其人员分类不断细化，人数规模逐渐扩大，人员分布也更加广泛。

(一)美国高级专业技术类文官的产生背景

1. 美国"专业人员国家"的形成

20世纪60年代,学者艾维尔特(Everett)就已注意到专业人员占据了美国社会劳动力队伍中越来越大的比例……专业人员的地位也愈来愈高。而在美国行政领域,学者莫舍(Mosher)认为进入80年代以来,美国的行政精英们个个都是特定领域的专家,因这群专业精英群体在美国政府中大量出现,他甚至提出了"专业人员国家"(the Professional State)理论。

从该阶段公共服务的专业化水平来看,美国社会的主要职业序列都能在美国联邦政府内找到相应的岗位。联邦政府为分析和技术性质工作设置的专业类、管理、商务和经融等岗位的比例远远高于政府外的其他行业。同时,根据80年代最新的联邦政府雇员的职位序列分布来看,"白领"职位的比例达90%,专业要求较高的"专业与行政"职位的比例高达61.2%。

2. 高级文官产生

在1978年《文官制度改革法案》的指导下,形成了一套有别于普通文官管理体系的高级文官制度。高级文官大多是一些专业技能较高的精英,主要被安置在行政部门的高层政治和管理职位上,混合着政治任命和常任制两种雇佣形式,一般被看作是联系政务官和普通文官的"纽带",起着承上启下的作用。他们在联邦政府中主要被总统、内阁成员及其他政务官所依赖,根据其专长,处理复杂行政事务,并在颁布行政规章、条例和阐释政策方面极大凸显知识精英的身份。"政治任命"和"常任制"高级文官的权限及影响力大有不同。常任高级文官往往受政治官员的牵制,主要为总统及其他政治官员首肯的政策"阐述愿景、赋予价值及创造条件",因而他们实际承担的"行政"职责往往重于"政治"职责。因此,这一阶段高级文官仅仅"有限"参与政策制定。

3. "专业权威"获得推崇,高级专业技术类文官产生

在高级文官体系下,"政治权威"高于"专业权威",决策的科学性受到了不良影响。因而有效发挥专家和专业人员的作用还需另辟蹊径。20世纪90年代,"高级专业技术类文官"从高级文官序列中分离出来,被赋予了较纯粹的应对政府高端专业技术性事务的重任。法律规定他们居于普通GS1—15官员之上,但是否居于"政治官员"之下没有作特别说明。这样的身份界定源自联

邦政府已经意识到应对专业事务必须赋予专家型人才足够的自由裁量权，创造保证其客观分析和科学理性的机制，而不应该机械遵循"各种行为的控制权几乎都集中在较高层次的官员手中"。他们的工作较少涉及政策执行，其工作内容主要是咨询、研究、建议等智力支持，在工作职责上确保他们拥有处理专业问题及参与公共决策过程更广泛的自由。因而在"专业权威"得以尊重和推崇的前提之下，美国高级专业技术类文官得以最终产生。

（二）美国高级专业技术类文官的现状描述

1. 美国高级专业技术类文官的分类

美国高级专业技术类文官主要分为两大类：高级科技文官（Senior Scientific or Professional Employees，简称ST）和高级专业文官（Senior Level Professional Employee，简称SL）。

ST主要任职于非执行类岗位，负责高层次研究与开发项目，如物理、生物、医疗卫生、工程或其他专业领域的基础研究，并在某一专项遭遇科学或技术问题时，从专业的角度贡献建议或提供判断，主要包括一些知名、伟大的科学家或技术专家。

SL根据《1990年联邦雇员工资比较法案》（Federal Employees Pay Comparability Act of 1990）规定而产生，是那些在某一高技术性政府领域中担当特别助理、高级代理人或政策建议者的专业人员，例如某一专业领域的资深律师或某高级领导的特殊助理。但他们不从事基础研究工作，也有别于一般的管理者及监察者。

2. 美国高级专业技术类文官的人员规模

秉承"精英不在多在于精"的原则，选任美国高级专业技术类文官十分严格，因此人数并不多。美国联邦人事管理局（OPM）的官方数据显示，1998年9月，美国高级专业技术类文官的人数仅为630人，占同期美国联邦文官总数的3.48‰。截至2010年9月，该人数达到1112，同期美国联邦公务员总人数为2113980，占比为5.26‰。1998至2010年间，美国高级专业技术类文官增长了近77%，并且呈持续、稳定的增长态势。

3. 美国高级专业技术类文官的部门分布

美国高级专业技术类文官大体分布在39个联邦机构，主要包括内阁级的部委、科研型及军事类型机构。2010年数据显示，国防部、航天航空局、史密森学会、司法部拥有100位以上的高级专业技术类文官,另外内政部、农业部、商务部、国土安全部、联邦环境保护局、美国退休金保障公司等也拥有较多高级专业技术类文官。

表6-1 美国高级专业技术类文官的数量及占比(单位:人)

时间	SL	ST	SL/ST总计	联邦文官人数总计	占比(万分比)
2010年9月	738	374	1112	2113980	5.26
2009年9月	668	363	1031	2038183	5.06
2008年9月	640	369	1009	1938821	5.20
2007年9月	597	347	944	1862404	5.07
2006年9月	553	362	915	1852825	4.94
2005年9月	530	361	891	1860949	4.79
2004年9月	508	339	847	1856441	4.56
2003年9月	479	326	805	1848378	4.36
2002年9月	456	304	760	1819107	4.18
2001年9月	429	295	724	1772533	4.08
2000年9月	422	282	704	1762559	3.99
1999年9月	398	271	669	1772333	3.77
1998年9月	369	261	630	1810341	3.48

资料来源:美国联邦人事管理局网站。

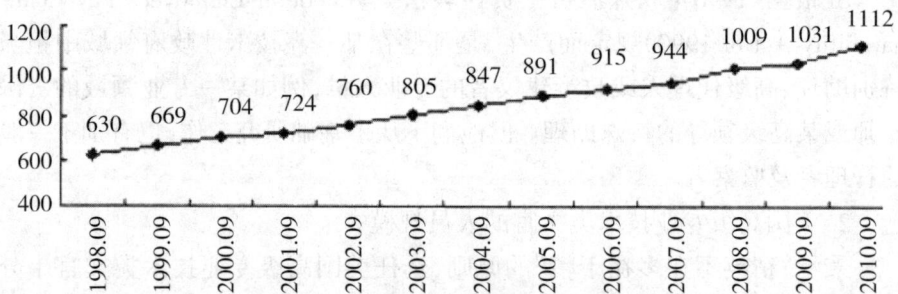

图6-5 美国高级专业技术类文官历年人数增长趋势图
资料来源:美国联邦人事管理局网站。

二、美国高级专业技术类文官制度

美国联邦政府以高级文官体系为基础,设计并逐步完善了一套美国高级专业技术类文官管理体系,主旨是高效招揽高端人才,保证其有责有位,职权相辅,以及"专业权威"的合适应用,促进政府回应能力的有效发挥。美国高级专业技术类文官制度是美国联邦政府聚集国内"专业智慧"的有益尝试,也是美国文官改革史上的一大创新。

（一）美国高级专业技术类文官的招录

1. 人员搭配:政治任命和常任制的合理搭配

大概而言,美国高级专业技术类文官中政治任命文官应不超过15%。追踪历年数据,这一比例保持在10%~12%。一方面美国高级专业技术类文官所从事的项目,一般都具有战略意义,且周期较长,短期的雇佣不适用,因此必须依赖常任制高级专业技术类文官, 保证项目持续开展;另一方面,"常任制"本身就是一种政治考虑,其目的是为了弥补因政党更迭而造成组织内部的无序与混乱。同时,常任高级专业技术类文官通过竞争性选拔直接进入联邦政府,未经过"GS1–15"级文官序列的职业阶梯磨炼,客观上减少了他们沾染不良官僚作风与习气的可能性, 也能让他们与政治官员或利益集团保持一定距离。因此,该套制度首先保证了常任制高级专业技术类文官在队伍中占据绝大多数力量。

然而他们在回应民选总统及政治官员方面可能经验不足, 不善于揣摩政府政策所蕴含的政治意图, 并缺少如何组织政治语言实现良好政治沟通的经历。并且美国联邦政府的现实中只有符合党派多数利益的规划才能得到更多支持。在这种高度政治化的环境中,为高级专业技术类文官体系设置一个最低限度的政治任命官员队伍是十分理性的选择。这样不但可以弥补常任高级专业技术类文官政治经验的不足, 帮助他们清除专业方案推出时的"政治阻力",而且还能以一种较低的成本适应政治上由党派轮换带来的震荡。

2. 人员结构:坚持多样化与官僚代表性

公共人事行政十分强调代表性的价值。历史上对于代表性的要求是:选拔那些在政治上和社会上能够代表一般民众的公共行政管理者。代表性被看作是包含了民主、公平等政治价值,很多学者都认同代表性与政府的回应能力高度相关。公共工作职位是一种非常重要的稀缺资源,而高级专业技术类文官的职位更是珍稀。为了提高美国高级专业技术类文官的多样性,美国高级专业技术类文官制度也坚定地遵从 "平等就业机会法案"（Equal Employment Opportunity）及"弱势群体保护行动"（Affirmative Action）,在相关人事规划及招聘过程中,将代表性设定为政策目标。

3. 惯用的招录形式:分散型招聘

联邦政府各部门将人员需求上报美国人事管理局审核备案并通过之后,就可以开始正式的招聘与甄选了。在美国联邦政府的行政性职位中,有超过80%的职位是通过分散性招聘方式来填补的,美国高级专业技术类文官的招录也多采取这一形式。

美国联邦政府拥有高级专业技术类岗位的部门允许根据自身情况,拟定招聘日程与进度。因此,USAJOB(美国联邦人事管理局发布招聘须知的官方网站)上各部门高级专业技术类文官招聘须知的有效期都各有不同。分散性招聘不但没有引起雇员质量的下降,它还促进了雇员的多样化,提高了招聘的效率与效果。

4. 特殊的甄筛程序:资格审查及专门面试

除非有职位被相关法律、法规规定免除竞争性选拔,所有高级专业技术类文官候选人都应参加资格审查及面试等竞争性选拔程序。尽管他们不需要经过功绩制下普通文官的考试选拔,但他们需要通过资历、资格证书、岗位相关经验及适用性陈述等专门性审查。当候选人提交的自我陈述材料证实满足职位要求之后,还会组织专门的面试、口试环节。资格评审委员会是美国联邦人事管理局的一个独立的行政委员会,负责审核高阶文官职位候选人,确保其专业背景和资质符合职位需求。

(二)美国高级专业技术类文官的形象塑造与职权界限

1. 强化"专家权威",塑造"去政治化"的形象

鉴于高级文官遭受"政治权威"挑战,而不能施展其专业才华的教训,高级专业技术类文官一开始就从法律上赋予了与"政治官员"平等的"决策权力"。首先,在权力等级方面,相关法条揭示"高级专业技术类文官"与"政务官"并无层级的绝对高低,并且允许高级专业技术类文官"职随人走"。从某种程度上说,"高级专业技术类文官"将始终拥有独立于"政务官"而处置某些事务的"自主权"与"决策话语权"。其次,高级专业类技术文官不需要经过GS序列的职业阶梯的磨炼,直接从外部录入。对他们的选拔更看重以往在联邦政府以外获得的经验,以及被证明了的专业技术能力。"知识也是构成权力的最重要资源"。因此,美国高级专业技术类文官能通过自身的知识与经

验维系自身的"专业权威",构建稳固的"抗外界干扰"能力,帮助他们形成"去政治化"的身份,形成中立的"技术形象"。

2. 准确划分职责边界,确立职权范围

美国高级专业技术类文官职责的描述与界定主要依托美国联邦文官的分类管理。根据最新的《美国文官职位分类法》规定,美国联邦政府的职位根据专业门类分属平行的22种职位序列(职组),如工程学及建筑学序列、物理学序列、社会科学序列等。每种序列下又分为不同的职系,并冠以不同的职系编号。首先,美国高级专业技术类公务员必须达到指定职组关于工作经验或教育水平的基本标准与要求。其次,高级专业技术类文官的岗位说明书采用"结果导向"形式。根据工作的难易程度或责任大小,要求标注不同岗位任职者应具备的特殊知识、技能水平及沟通协调能力等。同时,为保证高级专业技术类文官的自主性,岗位说明书还能帮助他们缕清职责边界,明确个人的自由裁量权限,并划分各个职位的任务范畴及行政领域,帮助他们清晰定位在组织中所处的位置。

(三)美国高级专业技术类文官的绩效考评制度

1. 坚持绩效考评指标的政治化

《美国高级专业技术类文官绩效法案》总揽性概括了美国高级专业技术类文官绩效体系的考评目的、评估对象、评估主体、相关机构、绩效内容、评估时限、绩效等级、绩效得分、绩效工资的算法等,其中最为特别的是专门规定了与政治回应性相关的绩效指标。以美国内政部为例,所有内政部雇员的绩效考核的基本程序和考核形式基本一致。绩效评估主要由绩效评估委员会全权负责,对各项绩效指标采用五个评价等级:"卓越""优秀""完全达标""基本达标"以及"不满意"普通文官绩效指标只要求列出与组织战略保持一致并与所在职位相关的五个指标即可,但高级专业技术类文官的评价指标被细分为部门强制性指标、可选择性部门内部绩效指标及与既定岗位匹配的指标。其中,部门强制性的指标必须达到第三等(即"完全达标"及以上程度),子指标应包括:雇主/顾客/市民的反馈,强调倾听利益相关者的意见,形成强大的结盟,欢迎利益相关者参与决策,精诚合作,共同致力于组织任务的实现;针对监管型官员和非监管型官员的道德和行为,证明公共服务的诚信和道德水准。其目的就是为了构建内政部内部核心价值体系,突出诚信和优异的表现以承担为美国人民服务的职责。

2. 强调绩效考评指标的弹性化

总的来说,美国联邦政府主要通过绩效评估来考评高级专业技术类文官参与政策决定的广度、深度、方式及效果,并希望通过适当的绩效指标设计来实现对他们的理性管理。美国联邦人事局开发了一套绩效评估认证资格体系,根据《美国高级专业技术类文官绩效法案》规定,允许各机构自主选择是否加入该认证资格体系,也允许联邦各机构的人事部门根据法案精神,自主制定绩效计划赋予各机构一定的评估自主权。在该法案之下各联邦机构授权美国高级专业技术类文官自主确定核心工作、关键行为及实现条件,并允许他们在自己的职责范围之内决定活动的优先级别、流程安排和资源需求等。仍以《2007年美国内政部高级专业技术类文官绩效协议和评估》为例,要求被评估者和其直接上司在一个评估周期内确定2至6个关键行为,内容包括行为目标及行为结果。这些因素被要求与项目的优先级别、组织战略计划、政府绩效法案(Government Performance and Results Act, GPRA)及项目评估与报告工具(Program Assessment and Reporting Tool, PART)等保持一致。但最重要的是允许他们根据自身资质情况进行相关关键行为的自我描述,确立目标并承诺绩效结果。

(四)美国高级专业技术类文官的薪资制度

在美国,由于待遇偏低,政府公务员并不是大多数人的理想职业。美国高级专业技术类文官的薪资主要采用了保持市场薪酬水平的策略,增强岗位的竞争力与吸引力。自2002年国会开始调整高阶文官的薪资体系,在美国联邦责任署、美国高级公务员委员会及联邦人事管理局的申请和努力之下,2008年8月8日国会在经历一系列的法案讨论会之后,最终正式通过《2008年高级专业技术类文官绩效法案》,决定自2009年4月开始实施新工资政策,允许已通过绩效评估认证机构内的高级专业技术类文官的工资总额可高于执行层一级191300美元,低于副总统的年薪221100美元。

从表6-2可发现高级专业技术类文官的最高工资继2009年4月上调达到177000美元之后,2010年又上调了2000美元/年,达到179000美元。根据数据显示,1998年高级专业技术类文官的平均工资为113489美元,到2010年他们的平均年工资达到162740美元,增长了近5万美元,相比1998年,工资上涨了近50%,这对吸引高级专业技术类人员供职于联邦政府起到了重要作用。

表6-2　美国高级专业技术类文官的工资水平

生效时间	有无地方调节补贴	有无绩效认证资格	工资(美元)	
			最低	最高
2010年1月	无	有	119554	179700
		无	119554	165300
2009年4月	无	有	117787	177000
		无	117787	162900

注:2008年8月8日国会正式通过《2008年高级专业技术类文官绩效法案》,这一法案正式成为法律(PublicLaw110-372),该法律颁布的最新高级公务员工资体系,自2009年4月12日开始施行。

(五)美国高级专业技术类文官的奖励与福利制度

1. 特设专门奖励项目

联邦政府为那些持续取得专业进步及科学成就而享誉国内外的常任高级专业技术类文官开设两个级别的"总统奖""卓越金质徽章奖"(奖金=基本工资×35%)及"优秀银质徽章奖"(奖金=基本工资×20%)。法律规定各部门在每个财年最多提名部门任职人数的9%作为获奖候选人。但最终"卓越奖"的得奖比例为1%,优秀奖为5%。所有奖项的评定程序相当严格,有专门的评估委员会,审核所有候选人的材料。且"总统奖"的获奖者由市民监察组评估,总统最终委任,该奖项的获得者都是出类拔萃且备受尊敬的人物。与此同时,假如高级专业技术类文官成功完成了或超额完成了绩效目标,将获得绩效等级奖励,奖金额高达25000美金(在10000美金以下的奖励可以不经过联邦人事管理局的批准)。同时,除绩效等级奖励之外,绩优奖还将授予给那些提供有效建议、发明创造、特别行为或服务的人。奖金的额度与绩效等级奖金基本一致。

2. 福利制度

根据《2004年联邦公务员弹性工作法案》,联邦人事管理局颁布了临时实施办法, 其中规定高级专业技术类文官能与高级公务员一样受惠于该弹性工作制度,并享受每年更高的休假权限,无论工作年限的长短,都能享受每两周弹性工作一天8小时,并且允许累积高达90天(720小时)的年假,每年能享受13天的病假。关于病假的天数没有上限控制。如果雇员们达到了一定的标准,申请人就有资格享受这些激励措施。行政长官也能在机构休假政策的规定下,延长雇员(包括高级专业技术类文官在内)的年假时间。

三、美国高级专业技术类文官制度的评价与启示

(一)美国高级专业技术类文官制度评析

1. 适应了组织和人员结构的特点

"职随人走"的任职方式取代了功绩制下的"人随职走",为高级专业技术类文官的流动提供了便利,也能降低人员流动对工作积极性的消极影响。在"结果导向"原则下,不同领域的专家能进行灵活组合,快速、高效地应对同一复杂战略性任务。另外,美国高级专业技术类文官制度利用弹性化管理等手段,去除了"命令—服从的统治型治理模式下,组织制度和规则被强化和合法化"的现象,能让高级专业技术类文官游刃有余地施展才华,进行更具适应力的创新性活动。

美国高级专业技术类文官制度充分尊重了这类人群高公共服务动机、高伦理自主性以及高自主决策期望的特性,通过制度手段赋予其适当的自由裁量权与行为自主度。这种对人独特性的遵从,是对"重职位"的传统人事行政范式的颠覆,也能提升联邦政府新政策、新决议或新方案的科学性以及促进技术的有效转化。

2. 顺应了现代管理实践的发展

美国高级专业技术类文官的产生是美国文官职位分层分类管理实践上的又一次深化,适应了现代人力资源管理理论与实践的进步。早在1923年美国就通过了《美国文官职位分类法》,经多次修改与完善,形成了一套科学的文官职位分类体系。随着联邦职位分类专家对工作类型和责任水平做出越来越精细的划分,能轻松区分不同序列的职位及其专业技术水平的高低。这为美国联邦政府区分高阶技术类文官与普通技术类文官,以及高级专业技术类文官与高级文官提供了客观依据。高级专业技术类文官的产生与管理制度的持续完善顺应了美国职位精细化管理的发展趋势。

3. 平衡了公共人事行政的传统价值

现今公共行政的"专业人员"参与被看作是一种必须性的、普遍性的行为,"能让代表性政府变得更加高效和民主"。第一,美国高级专业技术类文

官具有较强的"技术理性""分析思路"及崇尚科技进步的信念,因而有学者认为他们参与政府决策是一种行政专业化的表现, 最直接的效果就是带来科学决策及行政效能。弗瑞德森(Freidson)认为,"保护专业技能被认为是一种为公众提供复杂和自主性服务的理想方式。市场导向性方法和政治官僚方法都会降低公共服务的质量, 而专业主义的优点能够增强公共服务的质量"。因此,美国高级专业技术类文官制度能实现"专业主义"价值与"效率""效能"的统一。第二,美国高级专业技术类文官制度对"专业权威"的遵从,也并未排除道德及政治信仰, 并且通过一定制度约束强化了美国高级专业技术类文官对公平、民主等非技术理性价值的追求。比如,绩效考核制度,一方面保证了他们对绩效指标的决定自主性, 另一方面也设计了回应民众需求的等民主维度,以加强他们的政治意识与政治精神。从某意义上说,这套制度揭示了"专业的"也是符合"公共价值"的。

(二)美国高级专业技术类文官制度对我国公共部门人力资源管理的启示

首先,帮助审视我国公务员管理及制度的现状,反思我国创建高级专业技术类公务员制度的可行性与必要性。《中华人民共和国公务员法》规定开展公务员职位分类管理,并且近年来大力推进干部聘用与竞争性选拔等,特别是人事部印发的《2006—2010年人事部立法规划》规定对政府的专业技术人员管理开展立法项目, 这些都为我国创建高级专业技术类公务员制度构筑了科学基础。另外,我国公务员的整体素质正逐步提升,不但公务员岗位对学历层次和专业匹配度的要求渐高, 而且我国还拥有两千五百多万专业技术职称人员,方便政府挑选"专门人才",并且近年来一大批拥有高级职称的企事业单位及高校的专业人才华丽转身,承担着厅局级以上领导岗位,客观上构成了我国的高级专业技术类公务员队伍。这些从人员基础上为我国创建高级专业技术类公务员制度提供了可行条件。同时,为了弥补目前我国公务员能岗匹配、专业型公务员保留与激励,以及高级"学者型"官员廉政等问题,适应我国事业单位改革中专业技术人员的安置,进一步细化《公务员法》,适时推进我国高级专业技术类公务员制度设计成为大势所趋的紧迫性要务。

其次,帮助挖掘中、美两国公务员制度体系的特点,启发我们区别于美国"游戏规则",求同存异、循序渐进得创建我国高级专业技术类文官制度。中、美两国公务员制度的根本差异在于我国公务员制度没有政务官、事务官的区分,坚持"党管干部"的基本原则。另外,两国公共部门人力资源管理的传统、技术、基础都存有差距,特别是在职位分类的应用和体系设计上,中国还远远落后于美国。因此,我们必须立足实际,树立全局观念,实施战略性规划,抓住重点环节,逐步创建我国高级专业技术类公务员制度。一是,设计"短、中、长期"的战略规划层次。短期战略:结合当前公务员制度改革的经验与教训,以科学工作分析与职位分类为基础,尽快推出《专业技术类公务员管理规划》。中期战略:创建高级专业技术类公务员选、育、用、留、裁等制度,推出整套"高级专业技术类公务员管理试行规划",避免各项人事职能的割裂。长期战略:根据中期规划的运行效果进行适当制度调整,并适度授权各级部门自主设计高级专业技术类公务员管理策略。二是,重视关键措施。选拔机制:对候选人的"专业技能""政治表现"及"公共服务动机"等进行综合考量,才能甄选到"又专又红""德才兼备"的高端治国理政人才。监督机制:重点强化职务任期、交流、任职回避、惩戒等制度,并学习美国大力倡导"结果导向"绩效管控及个人财产披露制度。激励机制:因高层专业人员的特殊个性,应强化领导支持、合理授权等内在驱动激励。另外,积极探索未来我国高级专业技术类公务员的工资走向,改变公务员工资对稀缺人才低吸引度的现状,并减少在岗政府专业人员的流失。

　　(文章摘自:《中国行政管理》,2013年第3期,作者潘娜)

第七章
公共部门人力资源培训与开发

一、公共部门人力资源培训与开发的内涵

公共部门人力资源的培训与开发是指通过对公共部门的工作人员传授知识、更新观念、提高技能、改变态度等方面的培训,使其具备完成本岗位目前或未来工作所必需的基本知识和技能,开发他们的工作潜能,从而促进工作绩效的提升,实现公共部门的战略目标。

二、公共部门人力资源培训与开发的意义

(一)有利于改善工作绩效

公共部门绩效的实现是以员工个人绩效的实现为前提和基础的,有效的培训与开发工作能够帮助公共部门的员工改善知识结构、拓展视野、丰富工作经验、提高工作技能,并能够提高他们对组织的忠诚度,增进他们对公共部门发展战略、工作目标、规章制度及工作标准的理解,从而有助于改善他们的工作绩效,进而改善公共部门的工作绩效。

(二)有利于提升公共部门员工的满足感

对公共部门的员工进行培训与开发之后,员工不但在知识和技能方面有所提高,自信心也会逐步增强,从而使员工感受到组织对自己的重视和关心,于是他们会积极主动地投入工作,随着员工工作绩效的提升,他们对工

作的成就感与满足感也会随之提升。

(三)有利于培育良好的组织文化

良好的组织文化对员工具有强大的凝聚、规范、导向和激励作用。因此,很多公共部门在重视规章制度建设的同时也越来越重视组织文化建设。组织文化包括精神文化、制度文化、行为文化、物质文化。组织文化必须得到全体员工的认可,这就需要不断地对员工进行宣传教育,而培训与开发就是其中非常有效的一种手段。

(四)有利于塑造良好的组织形象

对公共部门员工的培训与开发不但可以在内部形成良好的组织文化,而且可以在外部塑造良好的公共部门形象。拥有系统化培训与开发的公共部门将给予公众一个成熟、稳健、不断进取的形象。一些公共部门之所以能够吸引大量的优秀人才,其中一个关键因素就是它们能为员工提供大量的培训与开发的机会,在社会中建立起公平、公正、可持续发展的良好形象,从而获得了人力资源争夺上的优势。

三、公共部门人力资源培训与开发的类型

(一)按照培训与开发的对象及重点划分

1. 新员工培训

新员工培训又称为新员工定向培训、上岗培训,主要是指向新进入公共部门的新员工进行的行为规范、服务态度、专业技能的培训,培训内容主要包括政治理论、依法行政、法律法规与行为规范、工作方式方法等基本知识和技能,重点提高公共部门新录用人员适应机关工作的能力。政府公务员初任培训应当在试用期内完成,时间不少于12天。

2. 岗前培训

员工岗前培训主要包括新员工岗前培训以及老员工工作变动,走上新

的岗位之前所接受的培训教育活动。政府公务员的任职培训也属于这一类，任职培训是按照新任职务的要求，对拟晋升领导职务的公务员进行的培训，培训内容主要包括政治理论、领导科学、政策法规、廉政教育及所任职务相关业务知识等，重点提高其胜任领导工作的能力。任职培训应当在公务员任职前一年内进行。《公务员培训规定》要求担任县处级副职以上领导职务的公务员任职培训时间原则上不少于30天，担任乡科级领导职务的公务员任职培训时间原则上不少于15天。[①]

3. 管理人员培训与开发

管理人员培训与开发主要对象是管理人员和一部分可能成为管理人员的工作人员，通过研讨、交流、案例研究、角色扮演、行动学习等方法，使他们建立正确的管理心态，掌握必要的管理技能，学习和分享先进的管理知识和经验，进而改善管理绩效。

4. 员工职业生涯开发

员工职业生涯开发是以公共部门的所有成员（重点是组织中关键人才和关键岗位的工作者）在组织中的职业发展为开发管理对象，通过各种教育、训练、咨询、激励与规划工作，帮助员工开展职业生涯规划与开发工作，使个人目标与组织目标结合起来，培育员工的事业心、责任感、忠诚度与奉献精神。

（二）按照培训与开发和不同工作的关系划分

1. 不脱产培训

不脱产培训也称为在职培训，是指员工边工作边接受培训，主要在实际工作中得到培训。这种培训方式经济实用，同时不影响工作与生产，但在组织性、规范性上有所欠缺。

2. 全脱产培训

全脱产培训即员工脱离工作岗位，专门去各类培训机构或院校接受培训。这种形式的优点主要是员工的时间和精力集中，没有工作压力，知识和技能水平会提高较快，但在针对性、实践应用性、培训成本等方面往往存在缺陷。

[①]　参见徐芳：《培训与开发理论及技术》，复旦大学出版社，2009年。

3. 半脱产培训

半脱产培训是脱产培训与不脱产培训的一种结合，其特点是介于两者之间，可在一定程度上取二者之长，弃二者之短，较好地兼顾培训的质量、效率与培训成本等因素。但二者如何恰当结合是一个难点。

（三）按照培训的内容划分

1. 知识培训

知识培训也称为知识学习或认知能力学习，要求员工学习各种有用的知识并运用知识进行脑力活动，促进工作改善。知识学习的例子包括记忆和推理、行为规范和行事规则、符号图案的辨认和对策的制定、生产与管理知识的回忆和应用，以及知识驱动的工作场所、学习型组织等项目内容。组织对员工的知识培训也可按传授知识的性质分为三类：对员工工作行为与活动效率起基础作用的基础知识，与公共部门工作职能和员工本职工作活动密切相关的理论、技术和实践的专业知识，与科技发展、时代特点、公共部门管理环境和业务特点相关联的背景性的广泛知识。

2. 技能培训

技能培训主要是针对公共部门工作人员的管理技能和岗位专业技术技能而进行的培训，主要是培养分析问题和解决问题的实际能力，培养时间管理的基本方法从而提升执行效率，以及日常管理的基本方法与技巧。

3. 态度培训

态度培训又称态度学习或情感性学习，主要包括对员工的价值观、职业道德、认知、情感、行为规范、人际关系、工作满意度、工作参与、组织承诺、不同主体的利益关系处理，以及个人行为方式选择等内容的教育与培训。

四、公共部门培训与开发的原则

（一）战略性原则

员工培训是公共部门管理的重要一环，这要求公共部门在组织员工培训时，一定要从公共部门的发展战略与人力资源战略出发去思考问题，使员工培训工作构成公共部门发展战略的重要内容。

（二）按需施教、学以致用的原则

在培训项目实施过程中，要把培训内容和培训后的使用衔接起来，这样培训的效果才能体现到实际工作中去，才能达到培训的目的。

（三）主动参与原则

要调动员工接受培训的积极性，就必须坚持员工主动参与的原则，实践中可以由员工定期填写培训申请表，然后针对申请表与员工面谈，相互沟通，并在培训申请表中填写意见后，存入人力资源管理信息库，作为今后制订员工培训与开发计划的依据。

（四）全员培训与重点培训相结合的原则

全员培训是指对所有员工进行培训，以提高公共部门的整体素质。在全员培训的基础上还要强调重点培训，重点培训是对公共部门的领导干部、管理人才和工作骨干加大培训和能力开发的力度，进行重点培训。

（五）因材施教的原则

公共部门中的受训人员在人员层次、能力结构、工作经验等方面存在一定的差距，因此培训的内容应该按照培训的需求来确定，培训方式和培训方法也应有所不同。即使同一岗位的员工，由于水平参差不齐，公共部门对他们进行培训时不能采用普通教育"齐步走"的方式，而应该因材施教，有针对性地进行培训。

（六）反馈与强化培训效果原则

反馈作用在于巩固学习技能及纠正偏差和错误。反馈的信息越是及时准确，培训的效果就越好。强化是将反馈结果与学员的奖惩挂钩，它不仅在培训结束后立即执行,而且体现在受训人员在培训之后的上岗工作中。

五、公共部门人力资源培训与开发的流程

公共部门人力资源开发的基本流程包括六大步骤:培训需求分析、确立培训目标、制订培训计划、培训组织实施、培训成果转化、培训评估改进。

(一)培训需求分析

这是在对公共部门进行组织分析、工作分析、个人分析、环境分析的基础上,找出组织在员工培训与开发方面的确切需要以及要解决的实际问题,并作出细致的具体分析,才能有的放矢地设计和实施培训与开发项目。培训需求分析的方法有:

1. 观察法

观察法是到工作现场观察员工工作表现,从而发现问题、获取信息数据的一种方法。观察法最大的一个缺陷就是当员工意识到自己被观察时,他们的一举一动可能会与平时不同,这就会使观察结果产生很大偏差。为了提高观察的效果,在操作时应注意:一是采用观察法的人员必须对要进行观察的员工所从事的工作有深刻了解,知道其行为标准;二是进行现场观察,不能干扰工作者的正常工作。通常在观察之前,要设计一份观察记录表,用来核查和了解各个细节,这样不仅能够保证观察不流于形式,而且当观察结束时记录资料就可以作为选择培训内容的参考了。

2. 问卷调查法

利用问卷调查法来了解培训需求是培训管理者较为常用的一种方法。培训部门首先将一系列问题编制成问卷,发放给受训对象,填写之后再收回进行分析。问卷调查表应满足以下要求:①问题简单明了,不产生歧义;②以客观问题为主,易于填写;③主观问题要有足够的空间填写。调查问卷必须由专家或专业人员进行设计,否则会造成结果有偏差和不真实,从而影响培训需求分析的客观性和准确性。

3. 访谈法

访谈法是通过与被访谈人进行面对面的交谈来获取培训需求信息的一种方法。访谈法需要专门的技巧,在进行访谈之前,一般要对访谈人员进行

培训。访谈时应注意以下三点:①确定访谈法的目标,明确什么信息是最有价值的,是必须得到的;②准备全面的访谈提纲;③营造融洽的、相互信任的访谈氛围,这对于搜集信息的正确性与准确性是非常重要的。

4. 绩效分析法

培训的最终目的是改进工作绩效,减少或消除实际绩效与期望绩效之间的差距。因此对个人或集体进行绩效考核分析可以作为挖掘潜在培训需求的一种方法。运用绩效分析法需要集中把握以下四个方面:①将明确规定并得到一致同意的标准作为考核的基线,②将注意力集中在希望达到的业绩上,③总结未达到理想业绩水平的原因,④确定通过培训是否能达到理想的业绩水平。

(二)确立培训目标

在需求分析的基础上设置培训与开发的目标,能够为培训与开发项目的计划与活动提供明确的方向和可见的成果并激励人心,能够用一种指针和框架来确定与组合培训对象、材料、师资、时间、方法和工具等要素,并能够具体确定员工经过培训预期应达到的可度量的工作绩效,以作为公共部门培训与开发成果的一种评价尺度。

培训目标所指向或预期的培训成果可以分为认知成果、技能成果、情感成果、绩效成果四大类。认知成果用来衡量员工对培训内容中强调的原理、事实、技术、程序或过程的熟悉程度;技能成果用来评价员工在技术、技能、行为方式上的提高程度,它包括员工对一定技能的学习获得,以及在实际工作中的应用两个方面的水平;情感成果是用来衡量员工对培训项目的感性认识,包括个人态度、动机、忍耐力、价值观等内在情感、心理因素的变化情况,这些因素往往影响或决定个人的行为意向;绩效成果用来衡量员工接受培训后对工作绩效的提高情况。

(三)制订培训计划

把培训与开发目标具体化与可操作化,要根据培训与开发的目标具体编排公共部门人力资源培训与开发项目的形式、课程设置、课程大纲、培训教材、任课教师、培训方法、考核方式、辅助培训器材与设施等。制订正确的培训计划需要统筹兼顾很多具体培训技术因素，如行业类型、组织规模、技术发展趋势、员工现有能力水平、用户具体要求、公共部门政策、国家法律法规等。

（四）培训组织实施

这一阶段主要是按照制订的培训计划进行培训与开发活动。在组织实施过程中，最主要的是落实谁负责、谁操作的问题；落实用哪些培训与开发的资源；以及落实培训时间、场所、经费、器材、设施等方面的要求，要按计划使培训各个环节有计划、有控制地顺利开展，做到"立治有体，施治有序"。培训组织实施关键要抓好"九个落实""四个协调""四个控制"。

"九个落实"即为人员（管理服务人员）落实、职能职权落实、经费落实、师资落实、培训材料落实、时间落实、地点落实、设备落实、后勤落实。"四个协调"即为培训实践活动与培训计划的协调，培训活动各种要素资源的协调，培训活动各阶段各环节的协调，培训管理方、教学方、受训方信息沟通的协调。"四个控制"是指培训活动的进程控制、培训工作的质量控制、培训经费的使用控制、培训参与者的激励与约束控制。

（五）培训成果转化

培训与开发工作的最大挑战并不在于员工学习什么和如何学习，而在于员工所学过的知识和技能在实践中如何应用，对现实工作和行为有何改善。因此，在公共部门人力资源培训与开发的实施环节之后，应当紧密衔接将培训与开发活动的成果（内容）的应用于转移环节，可以通过制订在工作中应用培训内容的行动计划、提供过渡学习与多阶段培训、绩效考核及营造支持性工作环境等措施，促使受训者将培训与开发过程中所学的知识、技能以及习得的行为成果转移推广到未来的工作中去，并将学习的成果在自己的实际工作中长期运用并根据工作实际情况进行调整，最终转化为工作绩效的提高。

（六）培训评估改进

这一环节与管理中的控制功能相似，主要任务是在培训与开发项目完成后，对受训者接受培训前后的工作业绩进行比较，找出受训者有何收获或提高以及培训对组织产生了什么效用，对培训与开发的计划、工具、方法等的信度、效度进行评估，以全面检查和评判已完成的培训与开发工作，从中总结经验与教训，发现新的培训与开发需要，并逐步改进和提升培训与开发的工作水平。

六、公共部门人力资源培训的内容

公共部门人力资源培训的内容主要包括理论知识、时事政治、管理技能、业务素养、态度心理五大方面。下面以公务员培训为例，其主要内容有：

（1）公务员行政伦理培训。这部分培训主要包括公务员职业道德、《公务员法》及相关规章制度的学习，通过培训使公务员树立正确的世界观、人生观、价值观、政绩观，从而高效率地为政府工作，为社会服务。

（2）公务员基本素质培训。这部分培训主要包括公务员角色认知与能力开发、公务员基本素养、公务员礼仪、管理沟通与实务、管理心理学、公务员如何面对媒体、公务员职业生涯规划、公务员心理调适等内容。

（3）公务员公共管理能力培训。这部分培训主要包括政府组织结构与运行机制、电子政务与社会管理、政府公信力与执行力体系建设、公共突发事件与应急管理、政府部门的绩效管理、公共政策的制定与实施、劳动与社会保障管理、服务型政府的构建、公共部门的人力资源管理、公共行政管理、公共管理案例分析等内容。

（4）公务员基本理论的培训。这部分培训主要包括政治学、经济学、领导科学、人才学、公共管理学、公共经济学、社会学、心理学、马克思主义哲学等相关内容。

（5）外语与计算机的相关培训。为了顺应经济全球化、政府管理现代化的发展趋势，我们要逐步提高公务员的外语水平与计算机水平，可以开设诸如公务员英语写作、公务员英语口语、国际公共行政管理标准英语，以及俄语、日语、法语、德语、韩语、西班牙语等课程，有条件的培训机构还可以开展双语教学模式,最终目的是提高公务员的综合素质和外语水平。计算机类的培训可以开设公务员常用办公软件操作、电子政务必备知识、网络安全与维护基本常识等实用性比较强的课程。

(6)形势与政治分析。这部分内容主要突出的是时效性与政治性,它涉及宏观经济运行、国际关系、对外贸易、地区发展实务等方方面面。

七、公共部门人力资源培训的方式与方法

(一)直接传授式培训

1. 课堂讲授法

这是最为传统的培训方法,也是比较具有生命力的培训方法。虽然一些人对此种培训方法不是很重视, 但是任何时候我们都不能忽视课堂讲授式培训方法的重要性,特别是对于理论知识的传授,这是一种非常有效的培训方法。当前,新的培训技术和培训内容不断创新发展,课堂讲授式培训又被赋予了新的生机与活力。例如在培训实践中,课堂讲授式培训往往辅以各种多媒体技术,以生动的图像、画面、声音来增加培训内容的生动性和可接受性,并在课堂上穿插适当的案例供学员讨论,增强课堂的互动性、参与性,促进学员与培训教师以及学员之间的沟通交流,形成信息的双向交流,有助于提升培训效率。这就避免了以前的“灌输式”培训使学员感觉枯燥乏味、信息单向沟通的结果, 而且有助于提高培训教师的教学能力与教学水平, 实现“研究型”加“实践型”师资队伍建设的目标,并且有助于提升课程的深度,启发学员进行深入的思考。

目前,在我国公务员培训实践中讲授式培训仍然是主要的培训方法,但其形式和内容也正在进行改革和创新。例如,部分公务员培训机构推出“双讲式”培训,这种培训是由两个培训教师同台授课、共同组织培训与教学活动的一种培训方式。它包括共同调研、共同策划、共同准备、共同研究、共同实施、共同修订等一系列过程。这种新的培训方法可以充分发挥两个教师的年龄互补、能力互补、知识结构互补的优势,在教学实践中一个培训教师负责理论的讲解,另一个培训教师负责组织案例的分析、讨论和评价,在课堂上既可以体现出培训教师与学员之间的互动性, 又可以体现两个培训教师

之间的默契配合,给学员以耳目一新的感觉。通过多次为公务员进行"双讲式"培训的工作实践,作者深深体会到培训理念的更新和培训方法与技术的变革所带来的良好培训效果,这在公务员培训工作中已初见端倪,而且这种更新与变革势在必行,只有这样才能满足公务员更新知识结构、提升能力素质、完善职业发展的迫切需求。

2. 专题讲座法

专题讲座法在形式上与课堂讲授法基本相同,但在内容上有所差异。课堂讲授一般是系统知识的传授,每节课设计一个专题,接连多次授课。专题讲座法是针对一个专题知识,一般只安排一次讲座式培训。这种培训方法适合于管理人员或专业技术人员了解技术发展方向或当前热点等问题的培训。

专题讲座法的优点在于不占用大量的时间,形式比较灵活;可随时满足员工某一方面的培训需求;讲授内容集中于某一专题,培训对象易于加深理解。专题讲座法的局限性在于讲座中传授的知识相对集中,内容可能不具有较好的系统性。

(二)参与式培训

1. 案例培训法

案例培训法是运用典型案例,在培训教师精心策划和引导下将学员带入特定事件的情境进行分析,通过学员的独立思考与团队合作,进一步提高其识别、分析和解决某一问题的能力,同时树立正确的管理理念,培养优良的工作作风、沟通能力与协作精神。案例培训的步骤是案例的阅读、研讨、分析、点评,作为一种启发式、互动式、开放式的新型培训方式,案例培训法是培养公共部门人力资源学习能力、创新能力、应急处理能力、战略决策能力以及团队精神与合作意识的有效方法。案例培训法对于增强培训效果具有明显的优势,主要表现在:

(1)案例培训法着眼于公共部门工作人员能力的培养。案例培训法是通过模拟真实的问题,让学员综合利用所学的知识和技能进行诊断和决策,从而提高学员分析问题和解决问题的能力。案例培训法不是要求学员找到唯一正确的解决问题的对策,而是让学员在开放的教学环境中,发挥主观能动性,增强消化和运用知识与经验的能力。在案例培训法培训过程中,学员不仅能从讨论中获得知识、经验和思维方式等方面的提升,而且能从案例讨论中学会如何与他人沟通,提高学员处理人际关系的能力。

（2）案例培训法能充分调动学员的积极性和主动性。案例式培训过程中的主体应是受训学员,培训教师的责任是设计、选择案例,组织学员进行分析与讨论,让全体学员都参与进来,在案例所描述的特定情境中,对案例所提问题进行深入思考,并在此过程中相互学习,从中找出最佳决策方案。因而这种培训方法更加强调全体学员的共同参与从而激发多元化思维, 更加强调学员的主动学习。

（3）案例培训法真实感强,能够使学员身临其境。案例培训法中优秀的案例具有真实性,案例的素材取之于实践,有真实的情节,因此能够吸引学员的注意力或能打动学员。案例培训法是把案例作为一种有效的培训工具,使学员有机会身临其境地将自己置于决策者或解决问题的角色, 认真对待案例中的人和事,认真分析各种数据和错综复杂的情境,找出解决问题的方法。因此,案例的设计与选择一定要从实际出发,使学员感到真实可信,这样才能达到让学员增长知识、启发智慧、训练能力的目标。

（4）案例培训法能够实现思维的多元化和解决方案的最佳化。案例为全体学员提供了同样的情境和信息,面对同一问题,学员会提出不同见解,它不存在统一的标准答案。在案例培训法中培训教师应引导学员提出更多的解决问题方案,然后组织学员进行讨论,通过对方案的比较鉴别从而找出解决问题的最佳方法。这种方法可开拓学员的思路,调动学员参与的积极性。

在我国目前的公务员培训实践中, 尚未充分展示出案例培训法的魅力与效果,其原因是多方面的。一方面,案例的编写数量有限,由于我国对公务员培训的重视刚刚开始,与培训相配套的案例编写缺乏相应规范,标准案例库还没有形成,这就制约了案例培训法的发展;另一方面,缺乏经验丰富的培训教师。案例培训法需要知识广博并且能够调控课堂气氛,有效激励与引导学员进行学习的资深培训师, 而在我国公务员培训师资队伍中符合要求的培训教师为数不多。此外,案例培训法的成功也离不开学员的积极参与,在美国哈佛大学和法国国立行政学院（ENA）案例培训做得非常成功,因为他们除了具有一支庞大的案例编写团队和经验丰富的师资队伍之外, 另一个重要原因是学员的万分投入与积极参与。[1]学员的积极参与不仅与他们的自身素质有关,而且与学校的管理制度也有关,因为他们在课堂上的表现直

---

① 行健:《在创新中走向科学化:推进公务员培训科学化》,《党政论坛》2005年第11期。

接关系到他们的毕业成绩和培训后的综合评价,他们参与课程的动力十足,有学员说:"在ENA,我们像疯子一样学习。"因此,案例培训法要在我国公共部门人力资源培训实践中取得成功,我们不仅要在案例编写和培训实施中投入一定的人力和财力,还要改进相应的学员考评机制,变过去结业笔试最重要为平时课堂中分析案例、处理实际问题的能力与笔试成绩综合决定考核结果,这也是开发学员潜能的有效方法。

2. 研讨培训法

研讨培训法也是公共部门人力资源培训中经常使用的一种方法,因为这一方法重在解决现实问题,因此一般得到中高级公务员的欢迎。研讨培训法可以以小组为单位进行研讨,也可以全体受训人员参加研讨。培训教师宣布讨论主题、发放讨论资料、组织讨论。题目宣布之后,受训人员可就题目进行分组讨论,然后各抒己见或者进行辩论,目的是要深入地分析问题,并提出明确的解决问题的办法,最后由培训教师进行点评和总结。运用研讨培训法最好有业内专家或者权威人士参加,在发表自己观点的同时点评学员的意见,这样会使最后的结论和对策更具权威性、针对性。研讨培训法的优点是受训人员的课堂参与性较强,可以帮助受训人员加深对问题的全面认识和理解,并能有效地解决实际问题。

研讨培训法的实质是素质教育,关键是改变培训教师的培训方式和受训人员的学习方式,它通过研究式的"教"与"学",以培养学员的创新精神和实践能力,是一种更适合以成人为对象的公共部门人力资源的培训方法。

3. 角色扮演培训法

角色扮演培训法通常在公共部门人力资源管理技能培训中广泛的应用,通过管理情境和问题的设置使受训人员扮演实际工作中的角色,并运用受训人员自己已有的经验和技能进行演示,拟解决工作中的矛盾冲突、疑难问题等,其他受训人员充当观众。演示结束后培训教师组织所有受训人员进行分析和点评,总结成功与不足之处,并明确在今后实际工作中的改进方向。这种培训方法既可以促进受训人员共同参与,又能起到相互交流经验和取长补短的作用。角色扮演培训法的优点是培训的实效性和互动性较强,能够强化受训人员的反应能力和心理素质,通过受训人员的积极参与可以提高他们接受培训的积极性和主动性。此外,受训人员在模拟的角色中可以锻炼应变能力、语言表达能力和决策能力等。

4. 头脑风暴法

头脑风暴法能够使培训对象在培训活动中相互启迪思想、激发创造性思维，能最大限度地发挥每个参加者的创造能力，提供更多更优的解决问题的方案。

头脑风暴法的操作特点：只规定一个主题，即明确要解决的问题，保证讨论内容不泛滥。把参加者组织在一起，无拘无束地提出解决问题的建议或方案，组织者和参加者都不能评议他人的建议或方案。事后再收集各参加者的意见，传达给全体参加者，然后排除重复的、明显不合理的方案，重新表达内容含糊的方案。组织全体参加者对各可行方案逐一评估，选出最优方案。头脑风暴法的关键是要排除思维障碍，消除心理压力，让参加者轻松自由，各抒己见。头脑风暴法主要用于帮助学员尝试解决问题的新措施或新方法，以启发学员的思考能力并充分发挥其想象能力。

头脑风暴法的优点是培训过程中为组织解决了实际问题，大大提高了培训的收益，可以帮助受训学员解决工作中遇到的实际困难，培训中学员参与性强，小组讨论有利于加深学员对问题的理解，集中了集体的智慧，达到了相互启发的目的。头脑风暴法的缺点是对培训师要求较高，如果不善于引导讨论，可能会使讨论漫无边际，培训师扮演着引导和催化的角色，研究的主题能否得到解决也受培训对象水平的限制，主题的挑选难度比较大，不是所有主题都适合用来讨论。

（三）体验式培训

体验式培训是指个人首先通过参与精心设计的模拟活动获得初步体验，然后在培训师的引导下，与团队成员共同交流、分享个人体验，并引申到现实工作和生活中的知识和经验，联系实际进行思考并提升为理论成果，进而将所得感悟、思想体会和理论成果贯彻到工作实践的一种培训方式。

体验式培训最早应用于二战时期的英国，库尔特·汉恩（Kurt Hahn）和劳伦斯·沃特（Lawrence Holt）为了锻炼年轻海员的意志和体魄，首先开办了阿伯德威海上训练学校，并提出拓展训练（Outward Bound）的概念。该学校通过在海上、山谷中、遍布湖泊的野山以及沙漠中的训练来增强学员依靠自己的智慧摆脱困境的能力，培养他们无私奉献、亲密合作的能力。在艰苦环境中获得的深刻体验，能够促进个人人生价值的转变和意志的坚强，提升个人的团队精神和合作意识。①二战结束后,这种培训方法被各国广泛地应用。在公共部门人力资源培训中,融合了现代管理学、成功学、哲学等理念和方法,通过一些精心设计的培训项目,让学员通过体验进行自我反思,进行深入讨论和互相分享,达到组织培训的目的。

目前,在我国的公共部门人力资源培训中体验式培训方法还处于起步阶段,主要以拓展训练的形式逐步推广,但是这种培训方法拥有独特的魅力和巨大的发展潜力。首先,培训的地点发生重大变化,由传统的教室转到了户外,有利于学员情绪的放松,迅速由工作状态转变为受训状态,成为培训内容的积极参与者。其次,学员的角色发生重大转变,在参与式培训中学员是绝对的主角,在培训项目中改变了被动学习的状态,而成为课堂培训内容的积极参与者,培训教师在整个培训过程中充当的则是引导者、启发者的角色。最后,培训程序独特,体验式培训以体能运动为引导,以心理挑战为重点,以人格完善为目的,通过"体验—分享—反思—理论—应用"这样五个环节,让学员挑战自我,体验态度和价值观转变的必要性,并借助沟通交流、分享,在个体反思的基础上得以理论升华,并为学员今后工作、生活提供有益的帮助。态度转变是培训中一项具有挑战性的内容,体验式培训是促进态度转变的绝好培训方法,也许这种转变是暂时的,但是可以通过持续培训进行强化,以保持受训人员的敏感性,从而实现通过体验式培训达到向积极态度转化的目标。

(四)互联网培训

互联网培训在国外得到了普遍应用,它具有以下特性:

(1)便捷性。我们可以把公共部门人力资源培训的相关课件、案例、图书、杂志、视频等资料都放在网上,这样就实现了用鼠标轻轻点击就可以自学、复习和查阅资料。

(2)高效性。对于工作十分繁忙而不能按时受训的公共部门工作人员,可采用弹性学习的方式,即一部分课程在培训机构学,另一部分课程可借助互联网在家中学;经常出差的公共部门工作人员也可以借助闲暇时间在网上学习。总之,互联网式教学为学员提供了一种高效、灵活的远程培训模式。

---

① 张艳:《浅析责任政府视角下的公务员培训改革》,《法制与社会》2009年第8期。

（3）互动式。学员通过互联网培训的方式可以进行研讨和辩论，或者参与模拟练习；培训教师通过互联网培训可以对学员进行网上辅导和答疑、批改作业等工作。这既体现了学员之间的互动，也体现了学员与培训教师之间的互动。

（4）系统性。随着电子政务的不断完善，公共部门人力资源网络培训也将逐步纳入系统化的轨道上来，网络培训系统应包括培训课程子系统、培训规则子系统、培训信息子系统、培训考核子系统，另设下载专区、学员论坛、培训教师邮箱等，这样不仅有利于网络环境下的系统运行与管理，而且也有利于为学员提供相互学习、相互交流的系统化信息平台。

总之，互联网培训是现代公共部门人力资源培训发展的新趋势。它以图文并茂、生动灵活、便捷高效、不受时间与空间限制等优点，必将为广大受训公务员所接受和欢迎，成为公共部门人力资源培训方式方法的一种新变革。

（五）工作轮换

工作轮换也称轮岗，它是指让受训人员在预定时期内变换工作岗位，使其获得不同岗位的工作经验的培训方法。以管理岗位的工作轮换为例，让学员有计划地到各个部门学习几个月，学员的实际工作能力会有不同程度的提升。受训人员应参与所在部门的工作或仅仅作为观察者，以便了解所在部门的业务，扩大对整个组织各个环节工作的了解。

工作轮换法的优点是工作轮换能够丰富受训人员的工作经历，增加对公共部门工作的了解，能使学员明确自己的长处和短处，找到适合自己的位置，同时有利于改善部门间的合作。工作轮换法的短处是由于员工在每一个工作岗位上停留的时间太短，以至于他们更觉得自己只是某个部门的旁观者而不是其中的一员，由于员工工作水平不高，从而影响整个工作小组的效率，同时员工认识到目前的环境是临时的，所以很可能敷衍了事。此外，由于工作轮换法鼓励员工"通才化"发展，因此更适用于一般管理人员的培训。

知识点提要：

1. 公共部门人力资源培训与开发的内涵。公共部门人力资源的培训与开发是指通过对公共部门的工作人员传授知识、更新观念、提高技能、改变态度等方面的培训，使其具备完成本岗位目前或未来工作所必需的基本知识和技能，开发他们的工作潜能，从而促进工作绩效的提升，实现公共部门的战略目标。

2. 公共部门人力资源培训与开发的意义。一是有利于改善工作绩效，二是有利于提升公共部门员工的满足感，三是有利于培育良好的组织文化，四是有利于塑造良好的组织形象。

3. 公共部门人力资源培训与开发的类型。按照培训与开发的对象及重点划分，可以分为新员工培训、岗前培训、管理人员培训与开发、员工职业生涯开发；按照培训与开发和不同工作的关系划分，可以分为不脱产培训、全脱产培训、半脱产培训；按照培训的内容划分，可以分为知识培训、技能培训、态度培训。

4. 公共部门培训与开发的原则。一是战略性原则，二是按需施教、学以致用的原则，三是主动参与原则，四是全员培训与重点培训相结合的原则，五是因材施教的原则，六是反馈与强化培训效果原则。

5. 公共部门人力资源培训与开发的流程。一是培训需求分析，二是确立培训目标，三是制订培训计划，四是培训组织实施，五是培训成果转化，六是培训评估改进。

6. 公共部门人力资源培训的内容。以公务员为例说明公共部门人力资源培训的内容有行政伦理培训、基本素质培训、公共管理能力培训、基本理论的培训、外语与计算机的相关培训、形势与政治分析。

7. 公共部门人力资源培训的方式与方法。公共部门人力资源培训的方式方法主要有五大类：一是直接传授式培训，包括课堂讲授法、专题讲座法；二是参与式培训，包括案例培训法、研讨培训法、角色扮演培训法、头脑风暴法；三是体验式培训；四是互联网培训；五是工作轮换。

复习思考题：

1. 加强公共部门培训与开发的重要意义有哪些？
2. 公共部门培训与开发的基本原则有哪些？
3. 公共部门人力资源培训与开发的流程有哪些？
4. 公共部门人力资源培训的方式方法有哪些？
5. 你认为公共部门人力资源培训的重点是什么？

进一步阅读：

新加坡公务员培训的经验借鉴

新加坡是一个东西方文化交融的城市国家，自然资源十分贫乏，最为宝贵的资源就是人力资源。新加坡的快速发展不仅得益于新加坡政府一贯倡导的廉洁勤政、精英治国的理念以及推行的全民教育、终身学习的治国策略，更得益于其有效的人力资源管理制度，特别是公务员管理制度。

作为新加坡公务员的主要培训机构——新加坡公共服务学院（Civil Service College，以下简称CSC）承担着为构建一流的公共服务机构而开发人才的重要使命，为高级领导者和各级公务员提供了课堂培训和海外考察、网上学习、咨询等服务。

新加坡公务员培训的特点有：

1. 公务员培训的制度化

新加坡《公务员培训和发展政策》规定，新加坡公务员每人每年都要进行100个小时（12.5个工作日）的强化培训，并且把培训结果与公务员年度考核相挂钩。每年新加坡公务员都要根据个人工作以及组织发展的需要在其直接上司的协助下，制订下一年度的培训计划，并报公共服务署，由公共服务署统一管理培训计划的实施。新加坡公共服务署根据公务员的实际工作经验和工作需要把公务员培训分为五个类别，即工作引导培训（Introduction）、基本知识与技能培训（Basic）、高级知识与技能培训（Advanced）、延续培训（Extended）和持续培训（Continuing）。

新入职的公务员都必须接受工作引导培训，该培训旨在向受训人员介绍公务员的核心价值观和各部门的基本情况。公务员被任命到新的工作岗位或获得晋升时需接受基本知识与技能培训，基本知识与技能培训的目的是提高公务员的工作效率，使公务员有足够的知识与技能从事自己的工作。高级知识与技能培训的目的是使公务员充分发挥其工作潜能，提高工作绩效。延续培训的目的是培养公务员具备超越现有的职责范围，具备处理更高层次、从事更多工作的能力，并为日后能担任更高职位的工作做准备。持续培训所学的知识与现实工作没有直接关系，但对于保持公务员的核心竞争力具有重要的作用。

2. 公务员培训机构的专业化

新加坡的大学主要有四所，我们称之为"3+1"，即新加坡大学、南洋理工大学、新加坡管理大学、新加坡开放大学。这四所大学都归教育部管理。李光耀公共政策学院是新加坡大学内的一所学院，李光耀公共政策学院不是只针对公务员设立的，但是公务员可以去上课，每一个人只要符合学校的要求就可以去上课，主要开设硕士课程，课程结构与美国哈佛大学的肯尼迪政府学院（Kennedy School of Government）差不多。李光耀公共政策学院发展的目标就是要做到在办学方面跟肯尼迪政府学院一样成功。

CSC遵循"以人为本、正直无私、精益求精"的核心价值观。其主要职能是提升公共服务人员的领导能力，成为在公共管理领域中的一个重要智能中心；培养公务员的核心技能，成为一个卓越的学习中心与人力资源发展中心；分享公共服务的道德意识；协助来自不同部门的公务员构建和谐关系；国际交流与合作。CSC现有工作人员两百余人，设有八个部门：政策发展学院、治理与领导学研究中心、公共行政与管理学院、公共服务学院咨询部、公共服务组织优化中心、国际司、企业发展与财务部、机构效能与人力发展部。董事局为最高决策层向部长负责。公共服务署常任秘书出任董事局主席，董事局成员来自公共服务部门及私人企业，学院自主管理，自负盈亏。

新加坡公务员学院每年开设的科目有一百四十多多项，设置课程达近两千种，每门课程都配备技术精湛的指导教师，并定期邀请公共服务部门的专业人士介绍公共服务的实战经验，切实做到了理论与实践的结合，从而为新加坡公共服务部门培养了大批优秀人才。

3. 公务员培训内容的规范化

公共服务署对每一个公务员培训类别均规定了详细的培训内容。例如2005年12月30日公共服务署公布的《公务员培训和发展政策》修订版（Revised Training and Development Policy）规定：所有公务员都必须在入职后的三个月内参加入职培训，政府各部门有权结合部门的实际情况设置入职培训的内容，但必须有以下内容：

（1）政府组织机构；

（2）治理理论；

（3）公共服务组织声明；

（4）公共服务系统结构；

（5）面向21世纪的公共服务；

（6）公务员的角色与任务；

（7）公共服务的实践理论。

在CSC，负责公务员培训的有三个职能部门，一是公共行政与管理学院，负责新加坡所有公共服务机构普通员工进修类培训；二是政策发展学院，负责新加坡处级以上高级公务员任职类培训；三是国际司，负责外国公务员培训。这三个培训部门的课程设置如下表：

表7-1　新加坡公共服务学院（CSC）公共行政与管理学院课程设置简表

		子模块及相关课程
模块一	政府管理	国家管理、公共政策
模块二	领导力	领导力、执行力、行政管理能力和开拓能力 公共部门领导力与管理、公共部门管理技巧
模块三	公共行政	法律、行政、金融、人力资源、沟通
模块四	21世纪公共服务与优秀管理行动计划	组织优化、创新与进取、开放、责任与投入
模块五	个人发展与效率	个人提升、多彩人生规划

资料来源：http://www.ccps.gov.cn/syzblm/gbjydt/8395.htm，然后进行汇总整理而成。

表7-2　新加坡公共服务学院（CSC）政策发展学院课程设置简表

		子模块及相关课程
模块一	里程碑课程	行政领导培训、高级管理人员培训、政府管理培训、管理基础培训、执行力开发培训、公共政策开发培训
模块二	研讨班	远景规划研讨、工作经济学研讨、策略眼光研讨、管理视野研讨
模块三	论坛与报告	政策论坛、新观点系列报告

资料来源：http://www.ccps.gov.cn/syzblm/gbjydt/8395.htm，然后进行汇总整理而成。

表7-3　新加坡公共服务学院(CSC)国际司课程设置简表

		子模块及相关课程
模块一	公共管理	公共服务部门管理优化—反对腐败、电子政务、公共服务部门的绩效管理、新加坡的公共管理与行政、政策的制定与挑战
模块二	财政管理	良好的财政管理、公共资源管理、优化程序管理与节约资源
模块三	人力资源管理	公共服务部门的人力资源规划、开发与培训、培训者的培训
模块四	综合管理	解决问题与决策、有效计划管理、创新与革新、管理技巧研讨、团队领导力的培训
模块五	交流技巧	有效的人际沟通、有效的谈判技巧、有效的演讲写作、如何应对媒体、如何记录、新闻写作等培训

资料来源:http://www.ccps.gov.cn/syzblm/gbjyjdt/8395.htm,然后进行汇总整理而成。

新加坡高级公务员直接参与国家政策的制定和实施,因此对高级公务员培训的内容除基本技能培训外,还涉及战略领导学、公共政策学、行政发展学等课程,并由专门的培训机构组织高级公务员以谈话的形式与公共部门的主要领导人进行政策论谈,用以提高高级公务员的实战能力。

4. 公务员培训方式的信息化

为了贯彻和落实新的培训发展政策,公务员学院于2006年6月推出了"公共服务电子培训系统"(E-Learning for the public service以下简称E-learning)。该电子培训系统采用用户易掌握的界面、音频和增强型图形的远程互动多媒体教学方式,并配备相应的考核程序,公务员可以根据自身情况选择适合自己的培训项目并随时进行学习或提交相关的培训考核资料,使公务员培训在时间、地点、速度、学习风格等方面更加灵活。CSC的OA(Open Academy)项目还经常利用新加坡学习节等多种活动开展现场路演和咨询等活动,宣传E-learning的体验。OA在E-learning推广中获了政府部门极大的支持,2005财政年度与12个政府部门签订了23090个E-learning课程实施合同。在政策上,作为公务员每年100小时培训要求之一,规定每一个公务员每年须至少学习2门E-learning的课程,课程测试达到50分上方为合格。电子培训系统的资料库中存有近400个与公共行政和公共事务相关的资料,能够满足不同部门对公务员培训的需求。目前电子培训系统设置的课程有:入职培训系统、国民教育系统、公务员人力资源管理系统、治理理论、公务员的角色和任务等项目。公务员人力资源管理的培训内容则包括人力资源管理概论、公务员的任用、薪酬管理、绩效管理、纪律条例、惩戒规则等。

5. 公务员培训的国际化

新加坡十分重视宣传和展示自己的国家形象，把公务员的国际培训作为宣传"新加坡模式"的重要途径。CSC国际司专门负责开展国际培训和咨询服务，下设中国处、东盟国家处、中东及非洲处、南亚处，开办了很多国际公务员培训班次，介绍新加坡政府运作和管理的有关经验。新加坡政府还十分重视公务员的海外培训，与国外著名培训机构进行合作，有些班次安排到海外考察。因为新加坡独特的区位优势，授课的教师也有比较开阔的国际视野，对国际事务比较关注，对学术理论前沿、世界政治格局及产业发展态势都有比较好的把握。

第八章
公共部门人力资源绩效管理

一、公共部门人力资源绩效管理的内涵

（一）什么是绩效

从个体层面来讲，关于绩效的定义有两种观点。一是认为绩效是结果，如博纳丁认为"绩效应该定义为工作的结果"。另一种观点认为绩效是行为，如墨菲对绩效定义为"绩效是一个人在其工作的组织或组织部门中有关的行为"。又如鲍曼认为，行为绩效包括任务绩效和关系绩效两个方面，任务绩效是指与所规定的行为特定的工作熟练有关的行为，关系绩效是指自发的行为或与非特定的工作熟练有关的行为。

我们认为，绩效是在工作目标已经确定的情况下，员工在工作业绩、工作态度、工作效率、工作行为等方面的具体描述。

（二）什么是绩效管理

绩效管理是指为了实现组织发展的战略和目标，采用科学的方法，通过对员工个体或群体的行为表现、工作态度、工作业绩以及综合素质的全面监测、考核、分析和评价，充分调动员工的工作积极性、主动性和创造性，不断改善员工和组织的行为，提高员工和组织的素质，挖掘其潜力的活动过程。绩效管理是以绩效考评制度为基础的人力资源管理子系统，它表现为一个复杂而有序的管理活动过程。

（三）公共部门人力资源绩效管理

目前，我国公共部门人力资源的绩效管理主要集中在对人员的考核工作上，考核的重点也只限于"德、能、勤、绩、廉"五个方面，而对于考核指标的具体化、标准化方面还有待加强。而绩效管理的程序和方法也有待规范和调整。

二、绩效管理与绩效考核的关系

绩效管理是为了达成组织的目标，通过持续的沟通，形成组织目标所预期的利益和产出，并推动团队和个人做出有利于目标实现的行为。

绩效考核是一套完整的正式的结构化的制度，用来衡量、评价并影响与员工工作有关的特性、行为与结果。绩效考核是绩效管理系统的一个子系统。绩效管理与绩效考核的区别如表8-1所示。

表8-1　绩效管理与绩效考核的区别

绩效管理	绩效考核
一个完整的管理过程	绩效管理过程中的重要环节
侧重于信息的沟通与绩效的提高	侧重于判断和评估
伴随管理活动的全过程	只出现在特定的时期
注重能力的培养	注重成绩的高低
实现的沟通与承诺	事后的评估

三、公共部门人力资源绩效管理的基本流程

公共部门绩效管理的基本流程包括制订绩效计划、进行绩效沟通、绩效考核、绩效反馈与绩效面谈、绩效改进。

（一）制订绩效计划

制订绩效计划是公共部门管理人员与下属合作，对员工在考核期内应该履行的工作职责、工作任务重要性、工作绩效的衡量方法、可能遇到的障碍和解决办法等一系列问题进行探讨并达成一致的过程。制订绩效计划是

绩效管理的第一个环节,是绩效管理过程的起点,是一个确定组织对员工工作绩效期望并得到员工认可的过程。

(二)进行绩效沟通

绩效沟通是管理者和员工共同工作,分享各种工作经验和信息。这些信息包括工作进展状况、潜在的障碍和问题、可实施的措施和帮助员工提升绩效的方法。持续的绩效沟通可以使工作团队中的每一个人,无论是管理者还是一般员工,在绩效考评周期内随时可以获得改善工作的信息,并就随时出现的变化达成新的承诺。

1. 绩效沟通的内容

既然持续的绩效沟通是公共部门管理人员和员工共同的需要,那么沟通的具体内容也应由管理人员和员工共同来确定。一般来说,沟通的主要内容有:

(1)工作的进度如何;

(2)员工和团队是否在正确达成绩效标准的轨道上运行;

(3)是否存在工作上的偏差和疏漏;

(4)应采取什么样的行动减少偏差和扭转局面;

(5)管理人员可以采取哪些行为来支持下属和团队成员。

2. 绩效沟通的方式

绩效沟通的方式可以分为正式沟通和非正式沟通。

(1)正式沟通

正式沟通是指在正式的情境下进行的事先经过计划和安排,按照一定规则进行的沟通,在绩效管理中常用的正式沟通方式有:

①书面报告

这是绩效管理中比较常见的一种正式沟通的方式,它是指员工使用文字或图表的形式向主管领导报告工作中的进展情况,可以是定期的,也可以是不定期的。定期的书面报告主要有工作日志、工作周报、工作月报等。除了定期的书面报告之外,主管领导往往还会要求下属就某些问题准备不定期的专项书面报告。

②会议沟通

由于书面沟通无法提供面对面的交流机会,因此会议沟通就具有了不可替代的优势。会议沟通可以提供更加直接的沟通形式,而且可以满足团队交流的需要。主要还可以借助开会的机会向全体团队成员传递有关组织发展战略和组织文化的信息。但会议沟通也存在一定缺陷:一是会议的组织比较耗费时间和精力,而且对团队主管人员管理和沟通的技巧要求比较高;二是参加会议人员对会议的需求不同,会对沟通中的信息进行选择性过滤;三是会议时间安排不好会影响工作。

③面谈沟通

主管与员工进行一对一的面谈沟通是比较常用的沟通方式,其优点在于:可能使主管与员工深入沟通;面谈的信息可以保持在两个人的范围内,可以谈论比较不容易公开的观点;通过面谈,会给员工一种受尊重和被重视的感觉,比较容易建立主管与员工之间的融洽关系;主管在面谈中可以根据员工的处境和特点,因人制宜地给予帮助。面谈沟通也有一定的缺陷,如无法进行团队沟通、容易带有个人情感色彩等问题。

(2)非正式沟通

在绩效计划实施过程中的持续绩效沟通,除进行正式沟通外,还有大量非正式沟通。常见的方式有:

①走动式管理

走动式管理是指主管在员工工作期间不时地到员工座位附近走动,与员工进行交流,或者解决员工提出的问题。走动式管理是比较常用、也是比较容易奏效的一种沟通方式。

②工作间歇的沟通

工作中主管领导可以利用各种各样的工作间歇与员工进行沟通,如与员工共进工作午餐、在喝茶的时候聊聊天等。

③非正式活动

非正式活动主要包括联欢会、生日晚会等各种形式的非正式团队活动。非正式团队活动也是一种比较好的沟通方式,主管可以在比较轻松的氛围中了解员工的工作情况和遇到的需要帮助的问题。

非正式沟通的优点主要有:形式丰富多彩,而且非常灵活,不需要刻意准备,也不容易受到时间、空间的限制;解决问题非常及时,因为问题发生时马上就可以进行非正式沟通,能使问题高效率地得到解决;员工容易接受,更容易拉近主管与员工的距离。

（三）绩效考核

绩效考核可以根据具体情况和实际需要进行月度考核、季度考核、半年考核和年度考核。绩效考核是一个按事先确定的工作目标及其衡量标准考察员工实际完成绩效的过程。考核期开始时签订的绩效合同或协议一般都规定了绩效目标和衡量标准。绩效合同一般包括工作目的陈述、员工认可的工作目标及衡量标准等。绩效合同是进行绩效考核的依据。绩效考核分为工作结果考核和工作行为评估两个方面。其中，工作结果考核是对考核期内员工工作目标的实现程度的测量和评价，而工作行为评估则是针对员工在绩效周期内表现出来的具体行为态度进行评估，同时在绩效实施过程中所搜集到的能说明被评估者绩效表现的数据和事实，可以作为判断被评估者能否达到关键绩效指标要求的证据。

（四）绩效反馈与绩效面谈

绩效反馈是绩效管理过程中一个非常重要的关键环节，通过绩效反馈面谈，可以使员工了解自己在绩效周期内的业绩是否达到所定的目标，行为态度是否合格。通过面谈使双方达成对评估结果一致的看法，找到员工绩效未合格的原因并制订绩效改进计划，并且可以对下一个绩效周期进行协商，形成下一阶段的个人绩效合同。

（五）绩效改进

绩效改进是绩效管理过程中的一个重要环节。现代绩效管理将员工能力的不断提升和绩效的持续改进和发展作为其根本目的，这与传统的绩效考核工作中将评估结果作为确定员工薪酬、奖惩、晋升或降级的标准的根本目的有很大的不同。绩效改进首先要分析员工绩效考核的结果，找出员工绩效中存在的问题，然后针对存在的问题制定合理的绩效改进方案，并确保其能够有效地实施。

四、公共部门人力资源绩效考核的基本方法

（一）比较考核法

公共部门工作人员绩效比较考核法是指评价者拿一个人工作绩效与其他人进行比较,从而确定每位被评价员工的相对等级或名次的方法。这种方法通常是对员工的工作绩效或价值从某方面进行全面的评价,而且根据评价结果设法对同一工作群体中的所有员工进行排序。一般来说比较法可以分为排序法、配对比较法及强制分布法。

1. 排序法

排序法是指根据对被评价员工的工作绩效进行比较,从而确定每一个员工的相对等级或名次（如表8-2所示）。等级或名次可以从优到劣进行排序。比较标准可根据员工绩效的某一方面(如出勤率、事故率、优质品率)确定,一般情况下是根据员工的总体工作绩效进行综合比较。排序法可分为简单排序法和交替排序法。简单排序法是指管理者把本部门的所有员工从绩效最高者到绩效最低者进行排序。交替排序法是指管理者对被考核的工作人员的名单进行审查后,从中找出工作绩效最差的员工排为最后一名,也把其名字从名单中划去,随后在剩下的员工中再找出一名工作绩效最好的员工将其列为第二名,找出一名绩效最差的员工列为倒数第二名,以此类推,直到将所有的员工排序结束。该方法的优点是简单易行;局限是一般用来考评人数不多,且从事相同工作的员工或同一部门的员工。

表8-2　员工工作绩效考核结果排序表

部门：	考核内容：
工作绩效最好的员工 1. 2. 3. 4. … N. 工作绩效最差的员工	
考核时间：	人力资源管理部门确认:(签字、盖章)

2. 配对比较法

配对比较法是管理者将每一位员工与工作群体中的其他所有员工进行一对一的比较，如果一位员工在与另一位员工的比较中被认为是绩效更为优秀者，那么此人将得到1分，另一人为0分。在全部的配对比较都完成之后，管理者再统计每一位员工获得较好评价的次数（对所得分数进行加总），这便是员工的绩效评价分数，然后根据员工所获得的分数将员工进行排序（如表8-3所示）。

表8-3　员工工作绩效考核结果配对比较表

员工姓名	A	B	C	D
A	—	1	1	1
B	0	—	1	1
C	0	0	—	1
D	0	0	0	—
就被考核员工的创造力要素进行考核				

3. 强制分布法

强制分布同样是采取排序的形式，只不过对员工工作绩效的培训是以群体的形式进行的。强制分配法是按照"两头小、中间大"的分布规律，把评价结果预定的百分比分配给各个部门，然后各部门根据各自的规模和百分比确定各等级的人数的方法（如表8-4所示）。强制分配法会迫使管理者根据分布规则的要求而不是根据个人的工作绩效来将他们进行归类。因此，此方法得出的结果是一个相对的概念。强制分布法要求定级者必须按照一定比例将员工分成不同的等级。这种方法既不能得知员工之间别的大小，也不能在诊断工作问题时提供准确可靠的信息，但能克服近期效应和中心倾向偏差、过宽或过严偏差。这种方法比较简单，也相对公平，它适用于规模大、工作种类繁多的组织，不适用于只有三五个人的小团体。因此，该方法广泛地用于规模较大的组织的年终考评，如先进的评选、工资晋升等。

表8-4　员工工作绩效考核结果强制分布法范例表

绩效等级	最好	较好	一般	较差	最差
百分比	10%	25%	30%	20%	15%
员工姓名	A B	C D	E F	G H	I J

（二）图评估尺度法

图评估尺度法是最常用的一种绩效评估方法。此方法使用前必须确定两个因素：一是评估项目，即从哪些方面评估员工工作绩效；二为评定每一个项目分为几个等级。在使用过程中，评估打分者只考虑一位员工，然后从中圈出一个与被评估者具有某一种特性的程度最为相符的分数即可。表8-5是一公共部门所采用的图评估尺度等级的例子。

表8-5　员工工作绩效考核图评估尺度法范例表

绩效维度	评价尺度				
	优秀	良好	中等	需要改进	不令人满意
专业知识	5	4	3	2	1
沟通能力	5	4	3	2	1
协调能力	5	4	3	2	1
决策能力	5	4	3	2	1
创新能力	5	4	3	2	1
工作效率	5	4	3	2	1
团队合作性	5	4	3	2	1
同事的评价	5	4	3	2	1
请根据以上指标对被评价者进行评价，并将相应的分数圈出来。					

图评估尺度法的优点：一是考核内容全面，打分档次可以设置较多；二是实用而且开发成本小。其缺点：一是被评价者的绩效评价分数受评价者主观因素影响比较大，对评价项目诸如工作范围、工作数量、工作知识、可靠性及合作性等不能进行确切的定义；二是这种方法没有考虑加权，每一个被评价项目对于员工工作绩效评估的总结果都具有同样的重要性；三是这种方法得出的绩效考评结果不能指导行为，员工并不知道自己应该如何改善自己的行为才能得到高分，也不利于绩效评价的反馈，这种方法比较适用于评价工作行为和结果都比较容易被了解的员工。

（三）关键事件法

关键事件法是1954年美国学者弗拉赖根和伯恩斯共同创立的，它要求评价者对发生的事件作出书面记录，所记录的事件应该是与说明被评价者令人满意和令人不满意工作绩效的工作行为有关的内容。随着时间的推移，记录的事件成为评价绩效和向员工提供反馈的依据。

关键事件法把员工的优良行为与负面行为保留的书面记录作为评价的依据。这种方法需要对每一个被评价的工作人员设置一本"绩效记录册"或"考绩日记"，由进行评价并且知情的人（通常是被评价者的直接上级主管）随时记录。运用此方法需要说明以下事项：一是所记载的事件既有好事，如某人提前完成了上级分派给他的任务，也有不好的事，如某日因违反审批的流程而造成的一次重大工作失误等；二是所记载的必须是比较突出的、与工作绩效直接相关的事（即关键事件），而不是一般的、生活细节方面的事；三是所记载的应该是具体的事件和行为，不是对某种品质的评判；四是事件记录本身是客观的，不是评语，而是真实情况的积累，但是有些以具体事实为依据，经归纳、整理便可得出可信的评价结论。关键事件法的优点在于可以通过记录下来的关键事件的评价向员工提供明确的反馈，让员工清楚地知道自己在哪些方面做得好、哪些方面做得不好，有助于员工改进自己的工作。此外，在使用关键事件法时还可以通过重点强调那些能最好支持组织战略的关键事件，而与组织的战略紧密地联系起来。关键事件法存在的不足一是许多管理者都拒绝每天或每周对其下属员工的行为进行记录。二是由于每个事件对于每个员工来说都是特定的，所以针对不同员工进行比较往往也是很困难的。运用关键事件法进行公共部门人员工作绩效考核如表8-6所示：

表8-6　运用关键事件法对公共部门工作人员进行工作绩效评价范例表

负有的职责	目标	关键事件
安排工作计划	充分利用组织中的人员和各种设备，及时发布各项指令	上个月的指令延误率降低了10%，计算机及网络设备利用率提高了20%
加强对工作流程的监督	在相同的工作任务前提下，减少完成工作的时间	上个月行政审批速度提高了15%
对机器设备进行维护	不出现因设备故障而导致的各种工作的停顿或滞后	本月审批中心更新了一批新的计算机设备；由于及时发现机器故障阻止了机器的损坏

（四）行为锚定等级评价法

行为锚定等级评价法是美国学者史密斯和肯德尔于1963年提出的，该方法利用特定的行为锚定量表来描述员工的行为和绩效，是传统的图评估尺度法和关键事件法的结合。该方法一般要先明确定义每个评价项目，确定关键事件,初步建立绩效评价指标,然后重新分配关键事件,并确定相应的绩效评价指标,再确定各个关键事件的评价等级,最终才能建立行为锚定等级评价表。开发一项行为锚定等级评价表的过程是相当复杂的,主要需经历以下步骤:①搜集大量代表工作中优秀和无效绩效的关键事件;②将这些关键事件划分为不同的绩效维度,确定评估员工工作绩效的重要维度,列出维度表并对每一个维度进行定义;③把那些被专家们认为能清楚地代表某一特定绩效水平的关键事件作为指导评价人员科学评价员工工作绩效的行为事例的标准;④为每一维度开发出一个评价量表,用这些行为作为"锚"来定义量表上的评分。管理者的任务就是根据每一个绩效维度来分别考察员工的工作绩效,然后以行为锚定为指导来确定在每一个绩效维度中的哪些关键事件是与员工的情况最为相符,这种评价就成为员工在这一绩效维度上的得分。

行为锚定等级评价法的优点主要有:①行为锚定等级评价法是通过管理人员和在职人员双方的积极参与制定出来的,这就增加了这种方法被接受的可能性;②锚定是由实际完成工作的员工根据其观测和经验制定出来的;③行为锚定等级评价法可以用于为员工的工作绩效提供具体的反馈。

行为锚定等级评价法的缺点主要有:①该方法的制定要花费相当长的时间,投入相当大的精力;②由于那些与行为锚定最为近似的行为是最容易被回忆起来的,所以它在信息回忆方面存在偏见;③管理者在使用过程中容易与特性评估法混淆。此外,还必须为各种工作单独制定不同的表格。

表8-7　行为锚定等级评价法使用范例表

等级	对……的评价
优秀(7分)	制订综合的工作计划,编制好文件,获得必要的批准,并将计划分发给所有相关人员。
很好(6分)	计划、沟通并观察重大事件,每星期陈述有关计划的执行情况。编制最新的工作计划完成图及累计待办的工作,采用这些方法使任何要求修改的计划最优化。
较好(5分)	列出每项工作的所有组成部分,对每一个部分的工作作出时间安排。努力提早完成计划以留出富余时间,超时现象很少发生。
一般(4分)	制订了到期日一览表,并随工作进展的情况修改日期,经常增加不可预见事件,经常引起来办事人员的抱怨。可能制订了一个不错的计划,但没有记载工作中的进展,也不报告时间安排上的疏漏或发生的其他问题。
低于平均分较差(3分)	计划制订得不好,编制的时间进度通常是不现实的。
很差(2分)	对所承担的工作没有计划或安排,对分配的人和物很少制订计划或不作计划。
不能接受(1分)	因为缺少计划,且对制订计划漠不关心,所以很少完成工作。

(五)360度绩效考核法

360度绩效考核法又称为多评估者考核或多角度反馈系统。它是由被评价者的上级、同事、下级、用户及被评价者本人共同就工作绩效进行评定。这是一种全方位的工作绩效考核方法。由于评价信息来源的多样性，从而保证了评价的准确性、客观性和全面性。

1. 上级评价

这里的上级主要是指被评价者的直接上级主管，直接上级主管最有可能有最佳机会观察员工的实际绩效。通过上级主管评价，员工可以了解自己在工作部门以及工作中的重要性。不过如果直接上级主管的下属过多，会导致其观察员工实际表现的机会减少，那么直接上级主管可能无法真正评价员工的实际绩效。

2. 同事评价

同事评价是指员工个人的绩效由其同事进行评价。同事是指员工在同一工作团队或单位的共事人员，或是同一组织中职位或级别相仿的其他员工。就其工作而言，工作绩效一般很难由上级来加以正确评价，而同事由于与被评价者之间有较为密切的互动关系，应该比较了解同事的工作性质和工作绩效，所以同事的评价可提供对员工绩效较为适当和确切的观点及评价角度。

3. 下属评价

下属评价是指个人的工作表现由其下属来加以考评的一种评价角度。因为下属经常直接观察到主管的管理行为，所以他可以将主管的行为反馈给主管作为参考。此外，有些领导行为只发生在下属与管理者身上，那么下属的评价就显得格外重要，所以向上评价对于个人与组织发展的作用越来越受到重视。

4. 用户评价

这里的"用户"对于公共部门的工作对象可以理解为来找公共部门办事的群众或政府服务的大众。他们对公共部门人力资源的工作态度、工作效率、工作满意度最有发言权。

5. 自我评价

自我评价是指员工对自己的工作表现进行评价。由于自我评价能够降低员工对工作绩效评价的抗拒心理，并减少同事和上级对员工工作在认知上的差距，且在自我评价的过程中，最不易产生晕轮效应的偏差，因此自我评价可作为衡量员工实际工作绩效的评价角度之一。

与传统绩效评价方法相比，360度考核法从多个角度反映员工的工作，使结果更加客观、全面和可靠，特别是对反馈过程的重视，使绩效评价起到了"镜子"的作用，并且提供了相互交流和学习的机会。通过这种新型的绩效管理方法，公共部门可以全方位地了解员工的绩效，包括领导能力、行政能力、沟通协调等能力，被评价者也可以从多个维度的绩效反馈中清楚地知道自己的长处、不足与发展要求，便于改进绩效，以利于组织和自身的发展。

360度考核法的优点主要有：①可以促进员工的个人发展。360度绩效考核中，评价不是最终目的，而是为促进被评价者的个人发展、提高工作绩效而采用的一种手段。在得出评价结果后，应该将其反馈给被评价者个人，使被评价者对自己的优势和不足有清醒的认识。通常在反馈评价结果时，设有专门的职业生涯规划和指导，这些咨询意见和建议一旦被评价者接受，就能改善其个人的职业生涯规划，从而促进员工的个人发展。②被评价者容易接受相同的评价结果。在传统的绩效评价方法中，只有上级对下级进行评价，员工有可能对得到的反馈信息持怀疑态度。在360度考核法中，如果从上级、同事、下级和用户得到的是同样的信息，那么这个信息的可信度就比较高。如果上级、同事、下级和用户说某人的沟通能力比较差，那么被考核者本人更有可能接受这条反馈意见，因为它是来自不同渠道的信息。③可以更好地适应当前组织发展的需要。组织中越来越多的工作是由团队而不是个人完成的，个体更多地服从领导小组的管理，而不是单个领导的管理，这样员工的工作表现就不应只由一位上级来评价，凡是有机会较好地了解员工的工作表现的领导都应参与员工的绩效考核。这种方法与传统的绩效考核方法相比更可以表明组织对员工考核的重视。④有利于形成积极的组织氛围。通过360度考核法进行评价，员工之间的相互评价可以在组织中建立相互帮助、共同发展的组织氛围，从而促进组织中的团队建设，同时还能增强组织的竞争优势，有助于强化组织的核心价值观。通过加强双向沟通和交流，在员工间建立更为和谐的工作关系，这样既能增加员工的参与度，还能帮助领导发现问题，找到解决问题的办法，提高组织的竞争力和组织的工作绩效。

360度考核法的缺点主要有：①评价结果信息失真的可能性仍然存在。有的公共部门在实施360度绩效考核时，各类评价者被被评价者本人提名，这样做有失公允。个别评价者的选取缺少广泛性、代表性,不排除被评价者有提名与自己关系好的人作为评价者的现象。因此上级和下级的评价者可由人力资源部门提名,员工少于10人的部门,其下级应全部参加评价;员工较多的部门可随机抽取下级评价者。②定量的业绩考核不够。由于360度绩效考核侧重于被评价者各方面的综合评价,定性评价比重较大,定量的工作绩效评价比较少,所以在360度工作绩效考核评价中可尝试与关键绩效指标评价相结合,使评价更加全面与客观。③对员工整体评价变得更加困难。由于信息来源的多角度性,从不同渠道来的评价得分和信息有时差距较大。例如对某一员工的沟通协调能力进行评价,上级评为优,下级评为中,用户评为差,这就会对这位员工的整体评价带来困扰。④考核成本高。360度绩效考核法涉及的数据和信息比单渠道评价方法要多得多,这个优点本身就可能是个问题,因为搜集和处理数据的成本很高。同时由于大量的信息要汇总,这种方法有变成机械或追逐文字材料的趋势,即从两人的直接沟通演变成表格和印刷材料的沟通。⑤容易造成组织内的气氛紧张。在实施360度考核法的过程中,如果方法运用不当,可能会在组织内造成紧张气氛,影响组织成员的士气,而且组织内的文化专断、不良习气的增加、组织成员忠诚度的下降、监督的失效等都有可能造成360度考核法不能达到其最初的目的。

(六)目标管理法

目标管理法是一种以人为中心的综合的系统管理方法。这里介绍目标管理法在员工工作绩效考核中的应用。目标管理法是一种程序或者方法,它使得组织中上级和下级一起协商,根据组织使命确定一定时期内组织的总目标,进而决定上下级的责任和分目标,并且把这些目标作为评价组织绩效和评价每个部门和个人绩效产出对组织贡献的标准。

应用目标管理法评价员工工作绩效时,关注的不再仅仅是员工的工作态度,而是工作业绩和工作结果;要求员工参与组织计划目标的确定,并参与讨论部门的目标,确立员工个人目标。通过这种方法,员工能够了解努力工作和业绩之间以及业绩和奖励之间的关系,这样可以加强员工的责任感,部分地实现"自我管理"。在绩效管理中使用目标管理法时,管理者必须和每位员工共同制定一套便于衡量的工作目标,并定期与员工讨论目标的完成情况。

目标管理法用于员工工作绩效考核的优点有：有助于改进组织结构的职责分工；对可量化的指标会带来良好的绩效；强调员工的积极参与，提高团队士气；使用限制条件少，开发费用不高；较为公平，促进管理者和员工之间的沟通。该种方法的缺点主要有：目标难以制定，目标商定过程中可能会增加管理成本；对员工工作动机作了比较乐观的假设；缺乏必要的行动指导；容易倾向于短期目标。

（七）关键绩效指标法

1. 关键绩效指标的内涵

关键绩效指标不仅特指绩效考评指标体系中居于核心或中心地位、具有举足轻重作用和能够制约影响其他变量的考评指标，而且也代表绩效管理实践活动中派生出来的一种新的管理模式和管理方法。关键绩效指标是衡量组织战略实施效果的关键指标，其目的是建立一种机制，将组织战略转化为内部过程和活动，以不断增强组织的核心竞争力和持续地取得高效益，使绩效考评体系不仅成为激励约束手段，更成为战略实施工具。

2. 关键绩效指标的提取流程

（1）分解战略目标，分析并建立各子目标与主要业务流程的联系

组织的总体战略目标在通常情况下均可分解为几项主要的支持性子目标，而这些支持性更为具体的子目标本身需要组织的某些主要业务流程的支持才能在一定程度上达成。

（2）确定各支持性业务流程目标

在确认对各战略子目标的支持性业务流程之后，需要进一步确认各业务流程在支持战略子目标达成的前提下流程本身的总目标，从而进一步确认流程总目标在不同维度上的详细分解内容。

（3）确认各业务流程与各职能部门的联系

该环节是建立流程与工作职能之间的关联，从而在更微观的部门层面建立流程、职能与目标之间的关联，为组织总体战略目标和部门绩效指标的建立联系。

（4）部门级关键绩效指标的提取

在本环节中，将从通过上述环节建立起来的流程重点和部门职责之间的联系中提取部门级的关键绩效指标。

（5）目标、流程、职能、职位目标的统一

根据部门关键绩效指标、业务流程及确定的各职位职责，建立组织目标、流程、职能与职位的统一。

在关键绩效指标体系建立的过程中，尤其是在制定职位的关键业绩指标时，需要明确的是建立关键绩效指标体系并不是我们工作目标的全部，更重要的是关键绩效指标的建立过程，各部门、各职位对其关键绩效指标通过沟通讨论达成共识，运用绩效管理的思想和方法，来明确各部门和各个职位的关键贡献，并据此运用到确定各部门和各个人的工作目标之中。在实际工作中围绕关键绩效指标开展工作，不断进行阶段性的绩效改进，达到激励、引导目标实现和工作改进的目的，避免无效的劳动。

知识点提要：

1. 公共部门人力资源绩效管理的内涵。绩效管理是指为了实现组织发展的战略和目标，采用科学的方法，通过对员工个体或群体的行为表现、工作态度、工作业绩以及综合素质的全面监测、考核、分析和评价，充分调动员工的工作积极性、主动性和创造性，不断改善员工和组织的行为，提高员工和组织的素质，挖掘其潜力的活动过程。绩效管理是以绩效考评制度为基础的人力资源管理子系统，它表现为一个复杂而有序的管理活动过程。目前，我国公共部门人力资源的绩效管理主要集中在人员的考核工作上，考核的重点也只限于"德、能、勤、绩、廉"五个方面，而对于考核指标的具体化、标准化方面还有待加强。而绩效管理的程序和方法也有待规范和调整。

2. 绩效管理与绩效考核的关系。绩效管理是为了达成组织的目标，通过持续的沟通，形成组织目标所预期的利益和产出，并推动团队和个人做出有利于目标实现的行为。绩效考核是一套完整的正式的结构化的制度，用来衡量、评价并影响与员工工作有关的特性、行为与结果。绩效考核是绩效管理系统的一个子系统。

3. 公共部门人力资源绩效管理的基本流程。公共部门绩效管理的基本流程包括：制订绩效计划、进行绩效沟通、绩效考核、绩效反馈与绩效面谈、绩效改进。

4. 公共部门人力资源绩效考核的基本方法。一是比较考核法，包括排序法、配对比较法、强制分布法；二是图评估尺度法；三是关键事件法；四是行为锚定等级评价法;五是360度绩效考核法;六是目标管理法;七是关键绩效指标法。

复习思考题:

1. 公共部门人力资源绩效管理的侧重点有哪些?
2. 绩效管理与绩效考核之间的关系是什么?
3. 公共部门人力资源绩效管理的基本流程有哪些?
4. 公共部门人力资源绩效管理的主要方法有哪些?
5. 什么是360度绩效考核法? 探讨公共部门实施360度绩效考核法的可能性。
6. 你认为公共部门如何利用关键绩效指标法和行为锚定等级评价法对员工实施有计划的考核?

进一步阅读:

我国公务员绩效考核的现状分析与考核评价体系设计

随着经济发展和社会进步,对各级政府及各类公务员进一步转变职能、规范管理、加强服务提出了新的更高的要求。党的十七大报告提出,要完善体现科学发展观和正确政绩观要求的干部考核评价体系,完善公务员制度。从总体上看,我国各级行政机关及其公务员能够按照执政为民、依法行政的要求,认真贯彻落实党的路线方针政策,切实履行职责,保证了经济社会的正常运行。但必须看到,有令不行、有禁不止、办事效率低下等问题在一些地方和部门不同程度地存在,直接影响了政府的执行力和公信力。开展公务员绩效考核评价工作,对规范公务员管理,保障公务员合法权益,加强对公务员的监督,建设高素质的公务员队伍,促进勤政廉政,提高工作效能,增强人民群众对政府的信任,都有重要意义。目前,我国的公务员绩效考核评价制度还处于初级阶段,在理论上还不成熟、不完善,在制度设计和实际实施中也存在很多困惑和误区。随着我国经济和社会各项事业的不断发展,公务员绩效考核评价制度建设不适应经济社会发展的矛盾日益凸显,从中央到地方各级政府已经充分认识到了公务员绩效考核评价制度建设的重要性。

一、我国公务员绩效考评现状

从20世纪90年代开始,我国逐步认识到对党政干部队伍的考核评价工作的重要性,相继下发了一些干部考核评价的相关制度性文件,并根据形势发展不断地进行调整和完善,随着考核法规的不断充实和完善,基本形成了比较系统的公务员考核制度体系。但从中央到各级地方还没有形成科学性、系统性的公务员绩效考评体系。近年来,各级地方政府都采取不同形式进行绩效考核评价的探索和研究,取得了一定的成效。如北京市人事局提出以职位分析为基础,建立科学规范的考核指标体系,整个考核过程把个人认知、群众民意和主管领导的评价较好地结合起来,使考核工作更加公开、公平、公正,改变以往单纯由领导凭印象或简单凭民意测验确定考核等次的做法,同时把对人员考核与对部门督察考核相结合,充分发挥考核的激励作用,加大平时考核工作力度,制定规范具体的措施,有力推进公务员考核工作的科学化进程。上海市人社局提出了加强公务员考核必须从"进口"抓起,必须与培训相结合,与使用相挂钩,公务员考核要与各个环节相联系,要注意考核办法、评价体系的科学性,同时也要防止复杂烦琐、难以操作,要充分发挥考核在公务员管理中的作用, 就必须把加强考核的立足点放在有利于提高公务员队伍的整体素质上去考虑、去实践,才能达到最佳的效果。

(一)我国现阶段公务员绩效考核的主要特点

第一,考核评价程序和方法是年初制定工作目标,年底采取民主测评、核查资料、实地查看等方法进行评价。

第二, 考核评价内容按法律规定要按照管理权限全面考核公务员的德、能、勤、绩、廉,重点考核工作实绩。

第三,考核评价方法主要采取填写各类测评表的方式进行,多数精力都注重研究测评表的内容设置是否全面,对测评的方法较为单一。

第四,考核评价结果运用。根据2014年4月出台的《公务员奖励规定(试行)》规定,对国家公务员的奖励分为嘉奖、记三等功、二等功、一等功和授予荣誉称号。在奖励周期上,规定给予嘉奖和记三等功,一般结合年度考核进行;给予记二等功、一等功和授予荣誉称号一般每5年评选一次。在奖励实施上与考核制度相结合,年度考核被确定为优秀等次的,予以嘉奖,连续3年被确定为优秀等次的,记三等功。对获得奖励的公务员,按照规定标准给予一次性奖金。其中对获得荣誉称号的公务员,按照有关规定享受省部级以上劳动模范和先进工作者待遇。

(二)我国公务员绩效考核评价体系存在的主要问题

按照《公务员法》的有关规定,各级地方政府都相应制定了对本地区公务员的绩效考核评价制度,通过近年来的实际运行情况来看,绩效考核评价各环节都存在很多问题,绩效考核体系没有发挥其应有作用,部分地区绩效考核工作有逐步流于形式的趋势。问题主要表现在以下方面:

1. 科学理论运用欠缺

科学理论和科学方法的运用是设计科学的绩效考核评价的前提和基础。现阶段各地绩效考核评价体系的构建都是以《国家公务员考核暂行规定》和《公务员法》为指导,结合地区实际和多年干部考核工作经验,制定本地区绩效考核评价内容和方法,自我总结经验性的内容和方法多,内容和方法制定随意性强,对企业绩效管理和国外政府绩效管理中成熟的科学理论和方法运用较少。

2. 缺乏系统性

现阶段很多地区将年初制定目标,年底考核和测评认为是绩效考核评价体系,对绩效考核体系进行系统化的设计和分析的理念和意识不强,仅停留在不断改变考核目标和测评内容初级评价手段的研究。对公务员绩效评价从基本概念、作用程序、实施原则以及综合使用的系统性研究不够。没有形成包括坚持事前沟通,认真制定标准并实施考核,完成考核结果评定、分析、反馈、控制等过程的完整考评系统。绩效考核评价体系缺乏稳定性和连续性,给被考核者造成了绩效考核工作不严肃的印象,每年的绩效考核结果可比性不强。

3. 指标粗糙化,标准不明晰

政府公共投资产生的效益主要是经济效益、社会效益和环境效益,这三个方面共同构成一个相互联系、相互制约的有机整体。要求公务员的基本价值和绩效考评指标定位应该是以人民利益为本位、公共利益为上、促进全面协调和可持续发展等。目前,公务员绩效考评指标概念浅薄、层次不清、重点不突出,没有充分体现科学发展观的要求。导致考评指标设计过于粗糙化,指标标准不明确,以定性评价为主,定量评价为辅。年初绩效考评指标体系制定完成后,不制定相应评价标准,年底考核评价部门评价随意性比较大。我国公务员绩效评估虽然明确强调要采取定性和定量相结合的原则,但政府目标的多元性和复杂性,使公务员的工作受多种因素的制约,以至于一些单位缺乏评估公务员的量化测评指标体系,不同部门、不同岗位的公务员都采用统一评估指标体系,对不同职位职责及其所承担的工作任务没有区分,公务员的评价依然是公式化、概念化、简单化,评估过于笼统,缺乏针对性,这些都造成了评估效度不高,从而难保证考核工作的顺利开展。

4. 考评方法与手段简单陈旧

现阶段公务员评价方法主要是将评价内容简单罗列,由评价者进行评议,人们形象的把考核工作比喻为"开个会、发张表、打个勾"。有的公务员考评单位主要领导干部还从"德、能、勤、绩、廉"5个维度进行评价,而其他公务员则直接投票划分等次,这是一种定性的、主观随意性较强的方法。很难保证考核评价结果的客观性和真实性,考核一定程度上陷入"假、大、空"的困境。实际考评也没有将这5个维度很好地转化成具体的评价目标,缺乏细化因素,评价的针对性不强,给考评者留有自己发挥的较大余地,导致考核结果的模糊和失真。同时,考评者针对千篇一律的评价内容容易产生一定的逆反心理,使得考评流于形式,不能获取到有效、真实的信息。

5. 平时考核重视不够

《公务员法》中指出,公务员的考核分为平时考核与定期考核,定期考核以平时考核为基础。在实际操作中,绝大多数部门只注重定期考核,即年终考核,而平时考核没有建立相应的机制,缺乏对被考核对象的日常管理,日常考核与管理形式化。考评机构与被考评人员间沟通较少,对考评目标的整体运行情况以及平时工作中遇到的客观困难不够了解。这就导致一是年初制定的脱离实际的目标不易被发现,影响考评效果和权威性;二是一些部门日常不注重抓工作,到年底突击准备或弄虚作假,使得年终考评缺乏依据,考评结果不全面、不准确;三是不注重平时积累,年底考核成本过高。

6. 缺乏有效的沟通与反馈

绩效考评不仅要关注绩效结果,更要注重对绩效过程的控制、反馈与改进。通过与考核对象共同制定绩效目标、绩效实施过程中持续的信息交流与沟通、进行绩效反馈与指导,从而改进考评对象的工作以达成组织的绩效目标。而目前我国的绩效考核基本上是一个单向的过程,在目标的设定、标准的确定、考评的实施以及考评结果的运用上,被考评对象的参与都非常有限,缺乏上下级之间的沟通、缺乏意见的反馈及对考评对象的指导,下级在整个绩效考评过程中都处于被动参与的状态。公务员考评结束后,只是将考评结果进行简单的书面反馈,对存在的问题也没有进行全面的梳理和反馈,使得大部分被考评者不能清晰地认识到自身存在的问题,满足于现状。没有督促被考评者进行绩效改进,使得绩效考核仅仅是一个每年必经的形式,无法调动考评对象的积极性。

7. 缺少外部监督,民主化、公开化程度不高

考核程序是指为保证考核的客观、公正而必须经过的法定步骤或阶段。但在公务员考核的实践中却不是这样的,由于我国行政机关大多数实行行政首长负责制,首长权力集中,实际上领导的评价作为公务员考核的一个重要组成部分往往起着很重要的作用,同时被考核者的直接上司对人员考核也占有很大的权重系数,忽视了群众对公务员的评议和考核,领导评估与群众评估相分离,使公务员考核成为上司任人的合法途径,使公务员考核带有很强的主观色彩,同时缺少必要的考核信息反馈。

8. 评估等次比例不合理

考核结果等次越多,区分度越高,考核的准确性就越高。1993年颁布的《国家公务员暂行条例》和1994年发布的《国家公务员考核暂行规定》规定了公务员考核的结果分为3个等次:优秀、称职、不称职,又规定了优秀的比例。一般在本部门国家公务员人数的10%以内,至多不超过15%,在实际工作中,80%以上的人就集中到了称职这个等次。在这个等次中,有德才和工作实绩表现好的,也有表现差的,他们享受同样的待遇,大大削弱了考核制度的激励作用。虽然《公务员法》增加了"基本称职"这个等次,但是对于考核结果等次少的状况没有多大改变。

9. 奖惩不合理

对被评为优秀的公务员奖励不够,中间两档又几乎与利益无关,奖励档次没有拉开。对评为优秀的公务员只进行物质奖励和精神鼓励,与公务员以后的发展基本没有任何形式的衔接,导致了"优秀"公务员轮流坐庄的现象。这很大程度上影响了干部群众对绩效考核评价工作的认可度,认为绩效考评只是形式,不影响个人职业发展,一定程度上产生了"干好干坏一个样,干与不干一个样"的思想认识,很难引起评估者与评估对象的广泛重视。对不

称职公务员的处理似乎又过于严厉,连续两年考核被确定为不称职等次的,按规定就会予以辞退,这比受行政处分的公务员惩罚更重、更严厉,这就使得执行起来存在多方面的压力,较为困难,容易造成放宽标准定等次。结果导致"平均主义"和"轮流作优"两种现象,即不管工作实绩优劣,表现如何,一律"利益均沾",严重挫伤了公务员的工作积极性,大多数公务员就在这样平淡而又无可奈何的制度下混日子、等年头,公务员考核评估的激励作用得不到体现,没有鼓励、没有刺激、没有动力,最终导致公务员考核评估变得软弱无力、疲惫不堪。

二、公务员绩效考核评价体系设计

公务员绩效考核体系设计是按照"合理运用管理学知识,明晰考核目标要求,科学制定评价方法,全面反馈评价意见,合理运用评价结果,逐步形成良性循环"的总体思路,结合公务员制度的特点和客观实际,根据对当前公务员绩效考核评价体系存在的问题及原因的深入剖析,通过运用公共部门平衡计分卡理论和关键绩效考核评价法改进绩效考核指标的设置、建立日常管理机制强化日常绩效考核和管理、运用360度绩效考评法完善考评方法、丰富绩效反馈与沟通的方式、提出绩效考核结果在公务员发展中应用等一系列的具体方法,设计出相对完善的公务员绩效考核评价体系。设计的公务员绩效考核评价体系主要包括绩效考核目标及标准、绩效日常管理、360度绩效评价、绩效反馈与沟通、绩效结果的运用5个环节。

(一)公务员绩效考核目标制定

各地区编委会根据本地区目标和战略,制定"三定"方案,明确各党政部门的机构构成、人员和职能职责。考核部门以"三定"方案规定的职能职责为基础,结合部门实际,根据考核目的,对被考核党政部门的工作内容、性质以及完成这些工作所具备的条件等进行研究和分析,从而明确被考核党政部门所应达到的工作目标、采取的工作方式等,初步确定绩效考核的各项要素,对具体职能职责进行通俗化、可测量化的描述,确定党政部门的目标和战略。

(二)绩效日常管理规范化

绩效日常管理是绩效考核目标运行情况的日常记录、监督和修订。公务员绩效目标日常管理主要从两个角度进行管理，一是考核的主管部门对被考核对象目标的整体运行情况的监督，二是承担考核目标评价职能部门对考核目标日常运行情况的过程记录。

(三)公务员绩效评价方法创新——360度绩效评价法

年终绩效评价是绩效管理的收官阶段，运用360度绩效评价法考核评价公务员符合我国构建服务型政府的理念和行政体制的特点。360度绩效评价法是指从与被考核者发生工作关系的多方主体那里获得被考核者的信息，以此对被考核者进行全方位、多维度的绩效评估的过程。要坚持上下结合、内外结合的原则，重点突出了业务水平、领导考核和公众考核的比重，突出量化考核方法的使用，即通过问卷调查等方式考核其满意度。另外根据一些职能的特殊性，在某些指标中可以采取跨部门考核的办法。要将来自不同主体的评价信息赋予不同的权重，进行汇总量化打分，将公务员按照得分进行排序，并依据绩效考核评分等级政策及规定的相应配额比例给每个公务员评价等级。

(四)绩效考评结果反馈与沟通

绩效反馈与沟通是绩效考核后向公务员反馈通过绩效考核发现的问题，肯定成绩的同时找出存在问题的原因，同时就拟评定的绩效结果与公务员沟通，共同确定绩效结果。这是绩效管理的一个重要环节。一方面，绩效反馈和沟通可以使公务员了解自己的绩效与绩效目标之间的差距，认识到有待改进的方面，与管理部门共同制定绩效改进的计划；另一方面，绩效反馈与沟通是要让绩效考核的双方对绩效结果达成一致的意见，最终客观反映出公务员在这一绩效考核周期内的绩效结果。采取有效的方式反馈成绩和不足，对反馈与沟通的效果至关重要。绩效反馈与沟通主要有两种反馈与沟通形式：书面反馈、面谈反馈。

（五）绩效考评结果的运用

在严格的惩戒机制下，员工可能会努力地行动起来，但他们若得不到有效的指导，能力得不到提升，长远的绩效则无从谈起，所以我们应把更多的精力用在促进员工能力提升的绩效沟通辅导上，把更多的资金用在对员工的培养发展上。绩效管理的最终目的不是对公务员的绩效进行评价和确定等级，而是要通过对绩效的考核和管理来持续提高公务员的绩效，实现公务员持续发展。因此，绩效考核不是绩效管理的最终环节，将绩效考核结果科学、合理地运用，与相应的公务员管理制度相结合，充分发挥其他相关制度的激励作用，才能真正实现绩效管理的最终目的。绩效考核结果为计划和目标的科学制定、资源分配、人员晋升和调整、薪酬奖励和惩罚提供了依据和基础。我国公务员管理相关条例对绩效考核的正面激励和负面激励都做出了具体规定，正面激励以物质和精神奖励为主，负面激励以扣发奖金和降低职务为主。正面激励没有与公务员职业发展相结合，这没有满足我国公务员既是"经济人"又是"政治人"的人性特性，而且近年来负面激励没有有效发挥作用，这与主要领导重视不够、绩效考核评价体系不科学等原因有关。

（六）影响绩效考核质量相关因素

绩效考核评价体系建设是个系统化的工程，影响绩效考核质量除受绩效目标和标准、绩效管理、绩效评价、绩效反馈与沟通、绩效结果运用等主要因素外，还有许多如组织实施、绩效管理队伍建设、考核监督等其他方面的因素，只有全面完善各个环节，才能真正建立起体现科学发展观的公务员绩效考核评价体系。

　［文章来源：人事资料网（2014-04-28），http://www.ahsrst.cn/a/201404/10585.html］

第九章
公共部门薪酬与福利管理

一、薪酬与福利管理的相关概念

（一）什么是薪酬

薪酬是员工因向所在的组织提供劳务而获得的各种形式的酬劳。薪酬有狭义与广义之分。

1. 狭义的薪酬

狭义的薪酬指的是组织对员工所做的贡献（包括他们实现的绩效、付出的努力、时间、学识、技能、经验与创造）付给他们相应的回报。包括直接薪酬（对公共部门来说，直接薪酬包括基本工资、奖金、津贴、补贴、绩效工资）和间接薪酬与福利（含各种保险、补助、带薪假期、教育培训、劳动保护、医疗保健等）。

2. 广义的薪酬

广义的薪酬除了包括狭义的薪酬以外，还包括获得的各种非货币形式的满足。其中包括参与决策的权力、较大的工作自主权、较大的责任、较有兴趣的工作、个人成长机会、活动的多元化等。由此可以看出，广义的薪酬包含更多的是与工作本身相关的、对员工个人成长的激励，主要满足的是员工自我现实的需要，发挥员工的潜能，实现自我价值。

（二）什么是福利

福利是用人单位为了改善与提高员工的生活水平，增加员工的生活便利而免费给予员工的待遇。福利包括货币性福利和实物性福利两种形式。按照福利的内容可以分为居住性福利、休养娱乐福利、生活设施福利、其他福利四种。

福利在组织薪酬管理体系中具有重要作用。首先,它是对员工生活方面的一种平均的、满足需要性的照顾;其次,它有着一定的社会保险和职业安全保护的强制性内容;再次,它在一些项目上实行差别性的发放,成为激励性薪酬的一部分,并因为一些高福利的项目而成为吸引人才和留住人才的重要手段。

二、公共部门薪酬的功能

(一)补偿功能

薪酬是对公共部门工作人员在工作过程中付出的体力和脑力的物质补偿,通过这种补偿,他们的劳动能力才能恢复,才能使工作循环进行。同时,一定的工资和必要的福利也是公共部门工作人员提高自身素质、进行自我教育、积累自身人力资本的基础。工资和福利报酬起到了对公共部门劳动力付出的补偿作用。

(二)激励功能

薪酬福利是人员激励的基础。一方面,工资与福利是公共部门工作人员满足物质、文化生活需要的主要手段;另一方面,工资的多少、福利水平的高低与一定的职位和社会地位高低相联系。因此,薪酬和福利对公共部门工作人员起到了重要的激励作用。

(三)调节功能

薪酬的调节职能主要体现在两个方面。一方面,引导人才的合理流动。工资和福利水平的高低使人才从工资福利水平低的地区流动到工资福利水平高的地区。由于工资和福利水平的高低也反映了对人才的不同需求程度,因此工资和福利水平实际上起到了调节人才过剩和不足的作用。另一方面，公共部门通过一定的工资和福利水平，吸引公共部门发展所需的专业人才，同时调整组织内部的个人、集体和国家之间的利益关系，起到宏观利益的调节功能。

三、公共部门薪酬水平的影响因素

（一）外部影响因素

1. 国民经济发展水平

国内生产总值的人均水平是决定薪酬水平的基础性因素。不论在何种生产方式下，薪酬水平的高低最终取决于社会生产可供消费的产品数量的多少。一个国家（地区）人均国内生产总值越高，全社会薪酬总额也会不断增大，社会整体薪酬水平就越高，同样，公共部门工作人员的薪酬水平也就越高。

2. 劳动力市场的供求状况

当社会对劳动力的供给大于需求时，劳动者的薪酬水平趋于降低；当社会对劳动力的供给小于需求时，劳动者的薪酬水平趋于升高。当劳动力在市场上的供求状况不断变化时，劳动者的薪酬水平亦随之上下起伏。公共部门内部相关职位的薪酬水平和公共部门的人力资源状况以及非营利性组织人力资源的替代性有关。

3. 就业规模

根据边际分析理论，当劳动力的投入与其他生产要素的投入达到最佳比例配置时，物质生产部门的劳动生产率、人均创造的国民收入均达到最高水平，获得最佳收益。此后，如果继续增加劳动力的投入而保持其他生产要素投入量的不变更，就会造成要素间配置失衡，物质生产部门的劳动生产率、人均创造的国民收入的增长速度就会放慢，劳动者薪酬水平的增长速度将会放慢。

4. 物价变动

物价变动水平是影响公共部门员工薪酬水平的直接因素。当货币工资水平不变，或其上升幅度小于物价上升幅度时，将导致员工实际薪酬水平的下降；当货币工资水平上升幅度大于物价上升幅度时，将导致员工实际薪酬水平上升。

5. 地区或行业的工资水平

公共部门人员的薪酬主要来自政府的财政收入，由于各个地方的经济发展和财政收入存在明显差距，再加上公共部门员工的分工存在不同，因此不同地区不同行业的公共部门员工的薪资水平存在明显差距。

6. 政府政策的调控

政府政策的调控包括直接调控与间接调控。前者是专门用于调节工资水平及其变动的政策，如通货膨胀下的工资指数化政策、最低工资法；后者是指不专门调节薪酬水平的变动，而是调节其他经济和社会行为的政策，如扩大投资政策、地区开发政策（如我国的西部大开发战略）、稳定价格政策等。这些政策的实施都会影响公共部门的薪酬水平。

（二）内部影响因素

1. 员工的工作能力

员工的工作能力是指员工在完成工作目标过程中所表现出来的能力，即薪酬支付对象身上所承载的组织发展所需的知识、能力和经验的多少以及相对重要性。它包括能看见的行为方式或表现出来的语言方式，如表达能力；潜在素质，如逻辑思维能力、人际沟通能力、个人影响力等素质。工作能力在实现工作目标过程中体现出来，同时对工作目标的达成有重要影响。

2. 工作绩效

工作绩效是针对工作目标员工实际所达到的工作结果，即薪酬支付对象为组织创造业绩的多少及相对重要性，也是组织目标的传递和分解。工作绩效是确定员工可变薪酬（或绩效工资）的重要依据。强化工作绩效可以使薪酬分配更加公平合理，可以使薪酬具有更大的灵活性，提高激励的效果，从而鼓励员工不断改进工作绩效，发挥潜能做出更大的贡献。

3. 职位责任

职位责任是指薪酬支付对象所在职位责任的大小和相对重要性，即该职位对组织所承担责任的大小。它体现职位在组织工作中的相对难度大小。责任主要包括对本职工作的责任和对他人的责任，由于公共部门的活动涉及公共利益，因此工作责任在绩效薪酬结构体系中占有重要地位。

四、公共部门薪酬管理的基本原则

(一)公平性原则

满足员工对薪酬分配的公平感,是进行薪酬管理的首要原则。薪酬的公平性原则包括以下三个方面:一是外部公平,即公共部门工作人员与相同条件(如年龄、职位、学历相同)的非公共部门工作人员相比较,薪酬大致相同;二是内部公平,即同一公共组织内部的同一部门内部不同的职务所获得的薪酬应与各自的贡献成正比;三是职员水平,在公共部门内部的同一部门同一工作小组中,不同员工的薪酬应与各自的绩效水平成正比。

(二)竞争性原则

在目前的人力资源市场中,要吸引更优秀的人才加入到公共部门组织中,公共部门工作人员的薪酬要有吸引力。当然,公共部门的薪酬水平一般需要政府相关部门的批准,不能简单地由公共部门制定,但是对于公共部门中的高级管理人员的薪酬水平应当不低于非公共部门的高级管理人员的薪酬水平。

(三)激励性原则

公共部门内部各级、各类职务的薪酬水准应适当拉开差距,真正体现按劳分配、按责分配的原则,以充分发挥薪酬的激励作用,调动员工的工作积极性,提高工作效率。

(四)经济性原则

公共部门的薪酬最终来源于政府的税收,所以在薪酬管理中需要考虑各级政府的财政收入能力。因此,公共部门的薪酬需要考虑节约、经济的原则。

（五）合法性原则

我国公共部门必须遵守国家法律尤其是必须遵守国家的劳动法规。公共部门在薪酬的确定、发放方面必须遵循劳动法规定的相应制度，如最低工资制度、职工保险、节假日加班薪酬加倍等制度。

五、公共部门薪酬制度及结构

（一）公务员薪酬制度及结构

1. 公务员薪酬制度的基本形式

公务员薪酬制度是指公务员依法履行职责、完成本职工作后，国家以法定货币支付给公务员个人劳动报酬的制度。

公务员薪酬制度的基本形式为公务员实行国家统一的职务与级别相结合的薪酬制度。职务工资主要体现公务员的工作职责大小，一个职务对应一个工资标准，公务员按所任职务执行相应的职务工资标准；级别工资主要体现公务员的工作实绩和资历。公务员级别为27个，每一职务层次对应若干个级别，每一级别设若干工资档次。公务员根据所任职务、德才表现、工作实绩和资历确定级别和级别工资档次，执行相应的级别工资标准。

2. 公务员工资的结构

公务员工资是由职务工资、级别工资、基础工资和工龄工资四个部分组成，分别体现工资的不同职能，其中职务工资和级别工资是工资构成的主体。

（1）职务工资

按公务员的职务高低、责任轻重和工作难易程度确定，是职级工资制中体现按劳分配的主要内容。我国公务员的12个职务层次，对应12个职务工资档次，每个档次又划分为不同层次的。

（2）级别工资

按照公务员的资历和能力确定，每个级别对应1个级别工资标准。27个级别共对应27个级别工资标准。

（3）基础工资

按大体维持公务员本人的基本生活费用确定，各职务层次、各级别的公务员均执行相同的基础工资。

（4）工龄工资

按公务员的工作年限确定，随着工作年限的增加逐年增长，一直到离退休当年为止。

3. 公务员工资相关制度规定

（1）正常的增资制度

为了使公务员的工资有计划地增长，保证工资制度正常地运转，建立相应的增资制度，具体办法如下：

①晋升职务工资档次。公务员正常晋升职务工资档次要在严格考核的基础上进行。考核结果为优秀或称职的，每两年可在本职务工资标准内晋升一个工资档次，并从下一考核年度的第一个月起兑现；考核结果为不称职的，不得晋升工资档次。

②晋升职务工资。公务员职务提升后，按新任职务工资标准执行。

③晋升级别工资。晋升级别的公务员均可相应增加级别工资。公务员在原级别任职期间连续五年年度考核结果为称职或连续三年考核结果为优秀的，在本职务对应的级别内晋升一级。

④增加工龄工资。工作人员的工龄工资每年增加，一直到离退休当年止。

⑤调整工资标准。在正常晋升职务工资和级别工资的情况下，国家定期调整公务员的工资标准。根据城镇居民生活费用的增长情况适当提高基础工资；根据国民经济发展和企业相当人员工资水平的增长，定期调整职务工资、级别工资和工龄工资的标准。

（2）实行地区津贴和岗位津贴

地区津贴一般分为两类：一类是艰苦边远地区津贴，根据不同地区的地域、海拔高度、气候以及当地物价等因素来确定。建立艰苦边远地区津贴，体现了不同地区在自然地理环境等方面的差异，是对艰苦边远地区现行特殊工资政策的进一步完善，这更有利于发挥工资的补偿和导向作用。另一类是地区附加津贴，根据各地区经济发展水平和生活费用支出等因素，同时考虑公务员的工资水平与企业职工工资水平的差距确定。实行地区附加津贴，使不同地区的公务员工资水平与当地企业职工工资的提高与经济发展联系起来，允许各省、自治区、直辖市根据地方的财力适度安排工资性支出，用于缩小公务员工资水平与当地企业职工工资水平的差距，鼓励公务员为国家和本地区的经济与社会发展多做贡献。

岗位津贴是针对特殊岗位的公务员实行的，该类公务员在调离特殊岗位后，岗位津贴即行取消。领取津贴的岗位及岗位津贴发放标准需经国家批准，需要新建岗位津贴或提高岗位津贴标准的，由主管部门提出意见并报国务院审批。

（二）事业单位工作人员薪酬制度及结构

1. 事业单位薪酬制度模式

（1）岗位薪酬制

岗位薪酬制是按照岗位的性质、责任大小、工作难易程度、工作环境因素，确定各个岗位的薪酬标准，岗变薪变，实行责、权、利相结合的薪酬制度。岗位薪酬制的特点是重实绩、重贡献、重关键岗位，对事不对人。

岗位薪酬制一般要划分岗位等级。岗位等级划分的方法首先要对各岗位工作进行评价并给出各岗位的评分，然后按其所得分数的多少由低到高进行排列，并在此基础上按照事先确定的区域，确定相应的岗级。

岗位等级与薪酬间的对应关系一般有一岗一薪制和一岗多薪制两种。一岗一薪制是指一个岗位对应一种薪酬标准，劳动者只要岗位不变薪酬也不变；一岗多薪制是指在同一岗位内再划分为若干档差，不同档差对应不同的薪酬标准。不同岗位薪酬标准确定的方法是先确定最高岗位与最低岗位的薪酬差别，然后确定各岗位的岗差系数，最后确定最低岗位的薪酬标准，并据此推算其他岗位的薪酬标准。对一些重大项目急需的人才和特殊的关键岗位可以建立特聘岗位，实行特聘岗位薪酬制，或建立薪酬特区，薪酬待遇由用人单位和个人根据具体情况协议确定。

（2）职务等级制

职务等级制是按照员工所担任的工作职务规定薪酬标准的一种薪酬等级制度，主要适用于事业单位的管理人员。职务等级制中职务的处理方法有两种：一是对具有相同工作性质的职务实行同一个职务薪酬标准，每个职务内部再划分为若干个薪酬等级，某些等级可以跨越相邻的两个职务；二是对不同类型单位（如不同地区、不同规模）中的同一职务，确定不同的薪酬等级，各职务之间的薪酬标准上下不交叉。实行职务等级制，必须具备以下三个条件：编制定员必须健全，先进合理；职务范围清晰、责任分明、工作规范，能够评价；有正常的职工调配、考核、晋升制度。

（3）职能等级制

职能等级制是根据员工履行职务能力的差别来划分薪酬标准的制度。职务能力包括哪些要素，各国不尽相同，例如法国通常规定一线员工的职务能力分为技术等级、创新意识、人际关系、自由度、所承担责任的大小和劳动效果六项指标。作为职能薪酬方面主要能力，由固有能力、活用能力和劳动态度三部分构成。体力、知识、技能等属于基本的固有能力，而熟练程度、理解判断、沟通协调属于活用能力，情感意识、工作勤奋性等决定劳动态度和业绩。

（4）项目薪酬制

项目薪酬制是指以技术、项目作为基本核算单位，由项目负责人对项目的质量、完成时间、经费支出等进行总体承包，项目组内工作人员的薪酬，则由项目负责人根据每个人的责任风险和实际贡献大小自主进行分配的薪酬制度。项目薪酬制有利于改变专业技术人员"单兵作战"的现象，改变项目的各个环节分离脱节的现象，也有利于促进专业技术人员增强工作责任心。项目薪酬制可以有多种形式，如项目承包制、项目提成制、项目津贴制等。

（5）绩效薪酬制

绩效薪酬制是指根据单位的经济效益情况，将员工的职务（职称）、能力（学历、专业水平）及实际贡献与薪酬挂钩的浮动薪酬制度。绩效薪酬制的重要特点是将激励机制融于组织目标和个人业绩之中。因此，有利于奖勤罚懒，使薪酬向业绩优秀者倾斜，提高工作效率和节省薪酬成本。绩效薪酬制度的运行需要绩效考核指标设计科学，指标权重配置合理，绩效考核严密，而且保证绩效薪酬部分占总体薪酬的比例在50%以上。

不同行业和类型的事业单位可以根据本单位的实际情况，在以上五种方式中选取一种或多种，也可以不局限于上述范围自行设计。应当注意的是，组织变革必然形成不同行业、不同单位甚至单位内部的相同职务（职称）工作人员之间的收入差距。这是由于工作人员之间的效率差异造成的，也是客观存在的。在收入水平上保持一定的差距有利于单位工作效率的提升，有利于工作人员创造性和积极性的发挥。

2. 事业单位工作人员薪酬的结构

实施绩效工资后，事业单位的工资结构主要由四个部分构成：一是基本工资,包括岗位工资和薪级工资两项,全国实行统一标准;二是国家统一规定的津贴、补贴,主要包括地区津贴和事业单位特殊岗位津贴,全国实行统一标准;三是绩效工资,主要包括基础绩效工资和奖励性绩效工资两部分,事业单位原发放的年终一次性奖金纳入绩效工资,绩效工资的总量由同级人民政府的人力资源与社会保障部门、财政部门共同核定,单位在核定总量内自主分配;四是改革性补贴,各地的事业单位该项补贴项目和补贴标准各不相同,有的地方比照政府机关工作人员发放项目和标准进行发放,有的地方与政府机关发放项目和标准不同。

六、公共部门薪酬管理的历史沿革与现实问题

(一)公共部门薪酬管理制度的历史沿革

我国公共部门的薪酬管理随着经济的发展与社会的进步基本经过了五个重要的发展阶段。

1. "配给制度"阶段

这一阶段的时间是从1949年开始,到1955年结束。中华人民共和国刚成立时,对事业单位、机关单位等公共部门工作人员实施的是工资制度和配给制度相结合的收入分配机制。随后配给制的薪酬水平经过了数次变更,但这并没有实质性地影响"配给"这一阶段的基本制度。配给制度的形式主要有包干制、大包干以及小包干,但从1952年起我国逐渐地将实行"包干制度"的公共部门单位减少,而增加实行工资制度的幅度和范围。到1955年7月时,国家发布了公共部门全部实行货币工资制的法令,使用了六年之久的"配给"薪酬管理方法被终止。

2. "工资制度"摸索阶段

这一阶段的时间是指1956年到1984年。从1956年7月开始,随着《关于工资改革方案实施程序的通知》《关于工资改革的决定》和《关于工资改革中若干具体问题的规定》等一系列规定的正式下发,我国公共部门实施"职务等级工资制",劳动者之间的差异性逐步明显。此外,妥善处理地区间差异问题也是"按劳分配"原则是否得到合理贯彻实行的试金石之一。

3. "分权式"改革阶段

这一阶段从1985年开始,到1992年止。国家于1985年6月下发了《关于国家机关和事业单位工作人员工资制度改革问题的通知》,标志着我国公共部门薪酬管理制度第二次重大变革序幕正式开启,该《通知》的执行时间为1985年7月1日。初步理顺薪酬收入的关系、构建合理的薪酬收入制度,并为未来薪酬制度的逐步完善提供基础,是第二次薪酬管理制度改革的基本指导思想。该《通知》改善以往对薪酬管理中存在的管得过于死板、集中的现象,并注意循序渐进地克服平均主义思想,同时坚持执行"按劳分配"的基本原则,以构建政企分开、分级管理的薪酬管理机制模式;该《通知》还要求,要构建有利于公共管理部门人员提高政治觉悟、业务水平和工作绩效、人才科学合理流动、工作职能与工作绩效紧密相结合的薪酬支付机制,并建立薪酬收入增长的合理机制,以保障薪酬收入增长与经济、社会的发展相和谐,同时改善薪酬分配中长时间存在的平均主义问题。这次薪酬管理改革的主要执行内容是薪酬收入管理权力的下放。首先,将企业从事业单位、国家机关的薪酬分配体系中分离出去,为各个单位定制出适合自身的薪酬收入管理制度;其次,将薪酬收入管理权力下放,改变以往权力集中的薪酬管理机制,中央仅限于管理省部级、直辖市以及自治区的公共部门和重要事业单位,而省、市、自治区将各自管理自身权限范围内的公共部门人员的薪酬体系。

4. "统分相结合"的改革摸索阶段

这一阶段主要是指1993年至2005年。在1993年4月24日,国务院颁发了《国家公务员暂行条例》,并于1993年10月1日开始实施,由此开始了国家机关和事业单位工作人员薪酬收入分配制度的新一轮改革。1993年11月15日国家又下发了《机关工作人员工资制度改革方案》《国务院关于机关和事业单位工作人员工资制度改革问题的通知》。此次薪酬收入制度改革的主要内容包括:实施地区和岗位差别化的津贴补助制度,依据岗位工种津贴和边远贫困地区津贴两种类别来发放;实施职级工资制,其组成为工龄工资、基础工资、职务工资和级别工资。第三次改革后职务级别工资制工资标准表、级别与职务关系对照表详见表9-1和表9-2。

表9-1 职务级别工资制工资标准表(1993年) 单位:元/月

职务	职务工资								级别工资		基础工资	工龄工资
	1	2	3	4	5	6	7	8	级别	标准		
主席												
副主席	480	555	630						一	470	90	
总理									二	225	90	
副总理	400	460	520	580					三	382	90	
国务委员									四	340	90	
部长 省长	330	380	430	480	530				五	298	90	每工作一年按一元发放
副部长 副省长	270	315	360	405	450				六	263	90	
									七	228	90	
司长 厅局长	215	255	295	335	375	415			八	193	90	
副司长 副局长	175	210	245	280	315	350			九	164	90	
处长 县长	144	174	204	234	264	294			十	135	90	
副处长 副县长	118	143	168	193	218	243			十一	111	90	
科长 主任科员	96	116	136	156	176	196	216		十二	92	90	
副科长 副主任 科员	79	94	109	124	139	154	169		十三	77	90	
科员	63	75	87	99	111	123	135	147	十四	65	90	
办事员	50	60	70	80	90	100	110	120	十五	55	90	

资料来源:人事部工资保险福利司编:《一九九三年机关、事业单位工资制度改革工作手册》,人民出版社,1994年。

表9-2　级别与职务关系对照表（1993年）

级别												
一	总理											
二		副总理										
三		国务委员	部长									
四			省长	副部长								
五				副省长	司长							
六					厅长	副司						
七					局长	副厅						
八						副局	处长					
九							县长	副处长				
十								副县长	科长			
十一									主任	副科长		
十二									科员	副主任		
十三										科员	科员	
十四												办事员
十五												

资料来源：人事部工资保险福利司编：《一九九三年机关、事业单位工资制度改革工作手册》，人民出版社，1994年。

5. "新型职级薪酬制度"阶段

这一阶段时间是从2006年至今。2006年开始实施《公务员法》，该法规定，公务员实行国家统一的级别与职务相结合的工资制度。根据相关法律规定，职务工资所表征的是工作人员工作职能责任的大小。领导职务和相当领导职务水平的非领导职务则按照各自的薪酬水平进行实行，各个职务都存在一个相对应的详细薪酬标准。公务员则按任职类别执行对应的薪酬标准，其职务种类有领导职务和非领导职务两类。级别工资代表的是工作人员的工作绩效和工作资历，公务员的级别有27个，每一个级别规定了数个薪酬档次，而每一个职务则包括数个级别。公务员在实行相对应的级别薪酬标准时，应该综合考虑工作资历、德行才品、工作绩效和职务类别，且工资级别还会根据年度考核定期上升或下降。

2015年党中央、国务院批准了《公务员工资制度改革方案》，这是公务员工资的又一次新的改革，该方案明确指出，列入实施范围的单位，除工勤人员以外的工作人员实行国家统一的职务与级别相结合的工资制度。公务员晋升职务后，执行新任职务的职务工资标准，并按规定晋升级别和增加级别工资。

公务员年度考核称职及以上的，每五年可在所任职务对应的级别内晋升一个级别，每两年可在本级别对应的工资标准内晋升一个工资档次。公务员的级别达到所任职务对应最高级别后,不再晋升级别,在最高级别工资标准内晋升级别工资档次。公务员套改的级别和级别工资额低于相同学历新录用公务员试用期满确定的级别和级别工资额的, 执行相同学历新录用公务员定级的级别和级别工资额。套改的级别高于相同学历新录用公务员试用期满确定的级别,但级别工资额低于定级的级别工资额的,可按相同学历新录用公务员定级的级别工资额就近就高套入套改级别对应的工资标准。本次改革后职务级别工资制工资标准表、级别与职务关系对照表详见表9-3和表9-4。

表9-3 公务员职务工资标准对照表(2015年)

职务工资		
职务	工资标准	
	领导职务	非领导职务
国家级正职	5250	
国家级副职	4290	
省部级正职	3440	
省部级副职	2720	
厅局级正职	2130	1990
乡科级副职	720	690
科员		600
办事员		510

资料来源:百度网,2015年3月9日,http://wenku.baidu.com/link?url=He0ilVLGN08hR-rmE8gb00y8VSAg2qJeR5L6pCR1OIutsk2GRPOmFxBib9sUuvxxAW0rS_U4f1qCT-MaTwh8be4bPXIfuT46483hW4uUO57。

表9-4 公务员级别工资对照表(2015年)   单位:元/月

级别工资														
级别	档次													
	1	2	3	4	5	6	7	8	9	10	11	12	13	14
一	6135	6604	7073	7542	8011	8480								
二	5625	6029	6433	6837	7241	7645	8049							
三	5160	5524	5888	6252	6616	6980	7344	7708						
四	4721	5055	5389	5723	6057	6391	6725	7059	7393					
五	4318	4632	4946	5260	5574	5888	6202	6516	6830	7144				
六	3949	4243	4537	4831	5125	5419	5713	6007	6301	6595	6889			
七	6922	3896	4170	4444	4718	4992	5266	5540	5814	6088	6362			
八	3336	3590	3844	4098	4352	4606	4860	5114	5368	5622	5876			
九	3079	3313	3547	3781	4015	4219	4483	4717	4951	5185	5109			
十	2841	3056	3271	3486	3701	3916	4131	4346	4561	4776	4991			

续表

级别	级别工资 档次													
	1	2	3	4	5	6	7	8	9	10	11	12	13	14
十一	2620	2818	3016	3214	3412	3610	3808	4006	4204	4402	4600	4798		
十二	2415	2598	2781	2964	3147	3330	3513	3996	3879	4062	4245	4429	4611	
十三	2225	2395	2562	2735	2905	3075	3245	3415	3585	3755	3925	4095	4265	4435
十四	2049	2207	2362	2523	2681	2839	2997	3155	3313	3471	3629	3987	3945	4103
十五	1887	2034	2181	2328	2475	2622	2769	2916	3063	3210	3357	3504	3651	3798
十六	1738	1874	2010	2146	2282	2418	2554	2690	2826	2962	3098	3234	3370	3506
十七	1602	1727	1852	1977	2102	2227	2352	2477	2602	2727	2852	2977	3102	
十八	1478	1593	1708	1823	1938	2053	2168	2283	2398	2513	2628	2743	2858	
十九	1365	1470	1575	1680	1785	1890	1995	2100	2205	2310	2415	2520		
二十	1263	1358	1453	1548	1643	1738	1833	1928	2023	2118	2213			
二十一	1171	1256	1341	1426	1511	1596	1681	1766	1851	1936				
二十二	1089	1164	1239	1314	1389	1464	1539	1614	1689					
二十三	1017	1082	1147	1212	1277	1342	1407	1472						
二十四	954	1010	1066	1122	1178	1234	1290	1346						
二十五	899	947	995	1043	1091	1139	1187							
二十六	851	893	935	977	1019	1061								
二十七	810	846	882	918	954	990								

资料来源：百度网，2015年3月9日，http://wenku.baidu.com/link?url=He0ilVLGN08hR−rmE8gb00y8VSAg2qJeR5L6pCR1OIutsk2GRPOmFxBib9sUuvxxAW0rS_U4f1qCT−MaTwh8be4bPXIfuT46483hW4uUO57。

综合分析上述我国公共部门薪酬管理四次变革的历程，不难看出，公共部门薪酬管理是伴随着经济发展、社会进步、基本国情的变化不断细化、不断完善的，基本保持了与经济社会发展的相适应性。公共部门现行"新型职级薪酬制度"标准详细，薪酬水平划分细致，具有一定的先进性。

（二）公共部门薪酬管理存在的问题

中国改革开放以来，经济上已经取得了举世瞩目的成就，国内生产总值位列全球第二，虽然我国公共部门薪酬管理经过了四次大的变革，薪酬管理机制发展取得了一定的成果，并在一定程度上满足了经济发展和社会发展的需求，但面对新时代的挑战，目前公共部门薪酬管理机制仍然存在不少问题。

1. 薪酬水平相对较低

改革开放以来，伴随着国家经济总量的不断增大、社会持续进步，国民的生活水平和标准日益提高，政府已经连续多次提高公共部门人员的薪酬收入水平，但相比于其他行业，加薪幅度并不是很大、甚至可以说较低，因此公共部门人员的薪酬收入水平并不高。自从改革开放以来，我国经济总量以高于8%的增长率持续快速增长，然而公务员的薪资增长水平只有约6%。根据《中国统计年鉴》的统计数据，公务员的薪酬水平在我国各大行业的排名中徘徊于倒数几位。在人才流动以市场为导向的今天，公共部门的薪酬水平不具有吸引人才流入的良好竞争能力，这就导致了公共部门人才的缺乏，阻碍了公共部门整体的发展。

2. 薪酬结构设置不合理

薪酬结构设置不合理，不但不能提升公共部门工作人员的工作士气，甚至会打消公共部门工作人员的工作激情，造成与激励相反的结果。因此，科学的薪酬结构在薪酬设计体系中起着至关重要的作用。

我国公共部门的薪酬管理制度已经不能满足现状的要求，使得一些地方的公共部门的工作人员为了利益而收取大量的"灰色收入"，这部分"灰色收入"主要是各公共部门单位内部设立的补贴、津贴或各种消费的报销项目等构成。另外，在公共部门中工资的级差和档差的区别不是很大，增加薪酬的机制作用有限，造成了对公共部门工作人员的积极性的挫伤，严重影响了他们的工作效率和工作进度。公共部门的薪酬调整本应该是由广大人民群众来决定的，但是实际上我国的公共部门的薪酬调整是由政府或其他公共部门来决定的。关于公共部门的相关薪酬预算支出的审议工作没有得到广大人民群众的重视，缺少了人民群众的参与和监督，没有将薪酬体系的优势凸显出来。

在我国的公共部门中，工作人员的薪酬基本上是根据其职位来确定的，也就是说薪酬是随着职位的变化而变化的。特别是公务员，加薪的唯一途径就是升职。如此一来，在公共部门中处于领导岗位的工作人员就比较有利。在公共部门工作的一般人员的职业发展受到了一定限制，不能很好地适应公共部门职位管理的要求。

3. 地区和行业之间的薪酬水平差异较大

自从《公务员法》颁布后，公务员工资曾经进行过一次大的改革，那就是统一了津贴补贴标准，取消了五花八门的工资发放名目，目前公务员工资主要是两大块，一块是基本工资，一块是津补贴，从某种程度上实行了统一化和阳光化。然而问题仍然不少，特别是公务员工资出现了较大差距，表现在地区之间差距、部门之间差距、上级机关与基层之间的差距。我国地区和行业之间的差异较大,公共部门的薪酬管理也存在很大的不同。有些地区和行业中的公共部门薪酬模式比较集中,其结果是每个人的薪酬增加缓慢,会严重影响公共部门工作人员的工作积极性,也会影响他们的生活质量。还有一些地方和行业中的公共部门工作人员的薪酬模式比较松散,其结果是薪酬管理不规范。

4. 薪酬平均主义仍然存在

绩效考核是决定公务员的薪酬水平的重要机制,但实际工作中很多公共部门的绩效考核过程只是形式上的,其考核结果无法体现出相关工作人员的实际付出。由于公共部门中存在一定程度的薪酬平均主义,从而导致公共部门的薪酬只能体现出每个人的职位高低,而不能体现出个人能力的差异。公共部门的薪酬平均主义表现为以下两点:第一,通过出勤率来考量工作人员的工作,这掩盖了签到之后每个人工作内容和工作量的不同;第二,在同一个单位中还存在着另外一种平均主义,例如在一些高校中,教师的级别分为助教、讲师、副教授和教授,这也是教师的薪酬分配的依据,但这样的分配方法并没有体现出同一级工作人员的差异。

5. 公共部门的福利问题更加突出

公务员的福利是为改善和提高国家机关以及公共部门工作人员生活质量而采用的相关办法和措施。公共部门福利的主要功能是为吸引更优秀人才,降低公职人员的流动率,在激励公务员工作积极性的同时,并提高和改善公共部门的服务质量和服务效率。然而在我国,有些地区福利在公务员薪酬收入中所占的比重太大,而且过于社会化的福利提供方式还容易造成福利设施的闲置和浪费,增加了财政负担,也不利于公共部门组织结构的精简,同时不合理的福利项目设置和福利资金提取及使用混乱也使得个别公共部门的“小金库”盛行,乱发各种补贴和福利。此外,公共部门的福利待遇差距大,过多的福利发放使得社会成员的个人收入差距扩大,造成不良的社会影响。因此,对我国公共部门薪酬管理中的福利制度进行改革,以妥善处理好公共部门福利问题,这也是当前公共部门薪酬管理所面临的一个重要难题。

七、完善公共部门薪酬管理的对策

（一）建立适度的薪酬调整机制

调整机制的方向是缩小地区之间的差距，形成合理的地区之间工资关系，建立艰苦边远地区津贴增长机制。此外，工资分配上要注意向基层倾斜，稳定在基层工作的干部队伍。首先，要对公共部门的薪酬进行实时调整。根据工作职务、管理范围、学历、职称、工作年限等不同因素来确定每个人相应的薪酬水平。这样的动态调整不仅代表着对公共部门工作人员薪酬水平的上调，还意味着对某些收入较高的公共部门工作人员薪酬水平的下调，从而解决公共部门工作人员工资只涨不降的问题。并且根据当地政府的财政能力和当地经济的发展水平适时调整薪酬水平，可以使公共部门工作人员的薪酬水平更加符合当地的经济发展水平。其次，公共部门的薪酬变化标准应该建立在其工作绩效水平上。对公共部门工作人员来说，其基本工资仅能够维持正常的生活水平，可以稳定地生活，但是由于缺乏工作业绩评判标准，公共部门工作人员自我学习的积极性很低。如果在薪酬管理中纳入工作绩效评判指标，那么公共部门工作人员为了得到更多的薪酬，就会努力工作，要求自我工作水平的提高，这对公共部门有着重要的意义。

（二）有效调整薪酬结构

公共部门工作人员薪酬福利改革的着力点就是要放在缩小差距上，就是要实现工资的阳光化、统一化，保证公平公正。首先，就是要解决工资结构不合理的问题，使基本工资占主体，优化工资结构，还应通过一系列措施解决灰色收入问题。应该对公共部门员工的薪酬管理制度赋予更多的形式。一方面，应该把决定公务员薪酬的权力下放给地方政府，由地方政府来决定当地公务员的薪酬水平；另一方面，中央政府应该对公务员的薪酬组成进行全面的把控，对地方政府制定的薪酬制度要进行审核和监管，以保证公务员的薪酬处在稳定的水平。地方政府根据当地的经济发展水平，结合中央政府的监管来自由调整公务员的薪酬水平。其次，应该加强公共部门公务员薪酬管理的制度化和标准化。严格管理公务员薪酬之外的各项津贴、补贴等收入，改善公务员的待遇和福利。

（三）缩小不同地区、不同行业的公共部门之间薪酬差距

1. 实行灵活的薪酬管理模式

首先，相对于公共部门外部而言，应尽可能保证公共部门员工的薪酬水平和社会上其他行业的机构持平，以维持外部公平性和部门整体竞争力，市场导向的薪酬体系将是一个很好的选择。公共部门工作人员在进行自身工作岗位与同类别机构的相同工作岗位的薪酬水平对比时，能够感觉到相对公平，这样就不会造成负面影响。其次，就公共部门内部来讲，各个工作岗位的薪酬水平应具有一定的比较差异，应实行以工作岗位类别和工作技能需求为导向的薪酬体系，这有利于内部效率的提升和更高薪酬水平公平性的实现。

2. 实行柔性薪酬机制

公共部门薪酬管理机制在实际实施的过程中，经常受到部门规模、所处地理位置、所属行业、部门业务种类以及管理理念和管理文化等多种因素的影响。薪酬水平应根据部门工作性质特点、工作所创造价值、工作难度以及工作时环境的属性而相应制定，以体现薪酬管理中柔性化的特征。有效、合理、科学的薪酬管理机制应该综合考虑并评价多方面的影响因素的权重，这样能有效选择对部门影响最大的关联因素，制定合理的薪酬水平以发挥公务员的积极性，实现部门整体的高效运行，并最终同时实现效率与公平。

3. 建立互动包容的部门文化

公共部门文化建设中，应做到及时对公共部门工作人员贡献的认可回报，构建长效的工作信息交流、沟通、调解渠道，注意倾听他们对薪酬管理的意见和建议，并给予及时处理，这样可以很好地疏导公共部门工作人员的不满情绪，避免对工作负面情绪的累积，最终在实现更高水平公平的同时，不断提高效率。

（四）构建多层次的激励机制

在现实受益与未来受益之间，统筹好公共部门人员薪酬水平与福利保

障一体化,构建多层次的激励机制。首先,要给公共部门员工灌输一种"有付出一定有收获"的理念。在公务员的薪酬制度中纳入更多的激励机制,将公务员的薪酬和每个人的工作能力和工作绩效挂钩,让公务员明白只有靠自己提高能力、工作努力才能得到更多的工作报酬。职能工资制由能级工资、职位工资两部分组成:能级工资是根据每个人的工作经验、学术水平和管理水平来评定的;职位工资主要是来评价公务员的工作质量,其评价指标主要是工作量、工作难度等内容。由于职能工资制的评价需要根据每个人的工作而实时变化,造成了评定过程的工作量大、困难较多,而且评定结果的不确定性也相应增加。其次,将每个人的绩效工资和其工作绩效挂钩,提高公务员的工作热情。在公共部门的薪酬管理制度中,缩减固有工资所占的比重,增加绩效工资所占的比重,提高公务员对工作绩效的重视。这样不仅可以提高公共部门工作人员的积极性,更重要的是大幅度地提高了公共部门的服务质量和工作效率。

(五)不断健全公共部门福利制度

福利管理是公共部门薪酬管理的一个重要方面,建立健全其相关制度有利于加强和改善公共部门的薪酬管理。因此,要尽快制定配套的公共部门薪酬福利管理的相关法规。行政审批项目繁多,也是导致行政收费乱的重要原因之一。近些年来,我国各级政府加大了行政审批制度改革步伐,大大减少了收费项目,有效遏制了行政收费的增长态势。加快行政审批制度改革,是治理行政乱收费的治本之策。当然,高素质的队伍是依法行政的基础和保证。要加强对行政执法队伍的培训工作,提倡学法律、学知识、学业务,不断增强其法律意识,提高其依法行政的自觉性和主动性。

健全完善我国公共部门的福利制度可从以下四个方面入手:首先,简化各项补贴项目,实现福利的货币化、显现化。其次,建立公共部门财务中心制度,加强预算外资金的控制和监管力度。不健全的财务制度容易降低公共部门的整体社会形象,因此加强资金的监管和使用能减少公共部门的各种不合理收入。再次,福利费用的增减应和经济水平发展相协调。最后,应逐渐缩小经济发达地区与欠发达地区之间公共部门工作人员的福利差距。政府有关部门对全国公共部门的福利进行统一的调节,尽可能地实现不同地区公共部门的福利水平基本平衡。

知识点提要：

1. 薪酬与福利管理的相关概念。狭义的薪酬指的是组织对员工所做的贡献付给他们相应的回报，包括直接薪酬、间接薪酬与福利；广义的薪酬除了包括狭义的薪酬以外，还包括获得的各种非货币形式的满足。其中包括参与决策的权利、较大的工作自主权、较大的责任、较有兴趣的工作、个人成长机会、活动的多元化等内容；福利是用人单位为了改善与提高员工的生活水平，增加员工的生活便利而免费给予员工的待遇。福利包括货币性福利和实物性福利两种形式。按照福利的内容可以分为居住性福利、休养娱乐福利、生活设施福利、其他福利四种。

2. 公共部门薪酬的功能。一是补偿功能，二是激励功能，三是调节功能。

3. 公共部门薪酬水平的影响因素。一是外部影响因素，二是内部影响因素。其中外部影响因素包括国民经济发展水平、劳动力市场的供求状况、就业规模、物价变动、地区或行业的工资水平、政府政策的调控，内部影响因素包括员工的工作能力、工作绩效、职位责任。

4. 公共部门薪酬管理的基本原则。一是公平性原则，二是竞争性原则，三是激励性原则，四是经济性原则，五是合法性原则。

5. 公共部门薪酬制度及结构。首先，介绍了公务员薪酬制度及结构；其次，介绍了事业单位工作人员薪酬制度及结构。

6. 公共部门薪酬管理的历史沿革与现实问题。首先，分析了公共部门薪酬管理制度的历史沿革：一是"配给制度"阶段，二是"工资制度"摸索阶段，三是"分权式"改革阶段，四是"统分相结合"的改革摸索阶段，五是"新型职级薪酬制度"阶段。然后，分析了公共部门薪酬管理存在的问题：一是薪酬水平相对较低，二是薪酬结构设置不合理，三是地区和行业之间的薪酬水平差异较大，四是薪酬平均主义仍然存在，五是公共部门的福利问题更加突出。

7. 提出了完善公共部门薪酬管理的对策。一是建立适度的薪酬调整机制，二是有效调整薪酬结构，三是缩小不同地区、不同行业的公共部门之间薪酬差距，四是构建多层次的激励机制，五是不断健全公共部门的福利制度。

复习思考题：

1. 狭义的薪酬和广义的薪酬有什么区别？

2. 公共部门的薪酬有什么功能？

3. 影响公共薪酬水平的因素有哪些？其中外部影响因素有哪些？内部影响因素有哪些？

4. 公共部门薪酬管理的基本原则有哪些？

5. 公务员基本薪酬制度与结构有哪些？事业单位的基本薪酬制度与结构有哪些？

6. 公共部门薪酬管理中存在的问题有哪些？

7. 完善公共部门薪酬管理的对策有哪些？

进一步阅读：

国外公务员的待遇

（一）英国公务员的待遇

英国公务员的总体数量比中国少，不包括地方政府的工作人员，队伍中绝大多数都是名校高才生。根据2012年的一项调查报告，英国外交部公务员有62%毕业于牛津大学和剑桥大学；而在其他各部门的高级公务员中，这一比例也高达55%。英国是现代国家公务员制度的发源地，整个公务员系统可分为两大组成部分：高级行政与政策管理集团（包括副司长、司长、副次长、次长四种高级职位）和副司长以下级别的人员。而在实行工资制度时又把国家公务员划分为工业系统公务员和非工业系统公务员，分别实行等级工资制和协商工资制。同时，英国对高级公务员与低级公务员分别实行年薪和周薪制。从2002年4月起英国的高级公务员薪酬管理制度出台新的措施，实行单一的、不容许协商的薪酬制度。中央政府通过设置薪级"上限"统一制约各部门的薪酬管理，每年由独立的高级公务员薪酬评估机构以报告形式提出建议，再由政府结合每年的新情况确定薪级的上限标准；取消每年自动增薪制,实行三级薪级制;采用增薪与绩效挂钩的办法,使同薪级内的最高薪酬与最低薪酬额相差70%,而低级公务员的周薪共分为24个等级,除技术工人外,非技术工人的工资标准从0级至22级。在英国,就薪金而言,公务员最低与最高之比为1∶17。由此,根据绩效表现来确定公务员的工资级别,使公务员的薪酬在一个较大的范围内变动,激励公务员通过取得良好的绩效来提高自己的薪酬。

英国公务员工作朝九晚五,一般来说工作强度不大,工资水平维持在中等,退休金也还算丰厚,是有吸引力的职业。普通公务员起薪通常在每年2.5万英镑至2.7万英镑之间,一般工作四五年后,可以达到每年4.5万英镑的水平。据2014年初披露的一份数据,伦敦2012年的人均税前工资为41597英镑,因此一般公务员工资基本是社会中等水平。不过收入最高的和最低的公务员年薪能够相差10倍。

英国公务员虽然不算高薪,但福利不错。很多可以实行弹性工作制或者在家办公,休闲娱乐、孩子入托和看护,甚至孩子假期活动,都有相关保障。其中最主要的福利是养老金。与普通国民一样,英国公务员参加国家基本养老保险制度,除此之外,国家还为公务员设立了不同类型的职业养老金保险制度。跟同属于公共部门的大学职工相比,大学职工养老金是单位缴纳职工工资额的16%,个人缴纳6.35%,退休时职工能拿到最后工资的一半。而国家公务员的单位平均缴纳21.3%,个人缴纳1.5%~3.5%不等,退休时能拿到退休前最后工资的约2/3。

(二)法国公务员的待遇

法国公务员以国家行政机关公务员、军警和医务人员三类为主。目前,法国公务员大约有五百三十万人,其中三百多万为在职公务员,由国家公务员、地方公务员和公立医院系统工作人员三部分构成。法国对公务员的招聘和任用依据法律条文来进行,公务员被分为A、B、C三个等级,A类为高级公务员,B类为中级公务员,C类为一般公务员。考上国家公务员后即变为实习公务员,并可领取报酬,通常不能立即上岗,必须先到行政管理学院进行一年半到两年的专业培训,最后按照成绩排名的先后,各自挑选自己喜欢的职位。

法国公务员的报酬是根据等级、级别、职务和工龄等指数来计算的。据统计,2000年行政机关公务员平均月工资为2312欧元。虽然他们的工资水平在社会上不算很高,但仍具有吸引力,因为法国公务员福利优越,补贴繁多,享受的福利待遇不少。公务员每年可领取13个月的工资,此外还享受着25种各类补贴。有些补贴是比较滑稽并有意思的,如自行车补贴、服装补贴、穿鞋补贴、小装饰补贴,还有买内衣或衣物丢失补贴等。同样是司机,公交车司机的最低年补贴仅为138欧元,而部长、国务秘书、总理的司机每年可领到4372欧元的补贴。尽管当公务员可以享受不少优厚待遇,但它并不是法国人首选的职业。有人认为,一些法国人并不是甘心情愿地成为一名公务员,实际上是"在服从一种命运,在满足一种不得已的社会需求"。公务员职业不大被看好的原因在于不少人认为从事这项工作个性受到限制,个人发展机遇比较少。

(三)美国公务员的待遇

在美国各种公务员可谓五花八门,美国公务员不仅包括联邦和地方政府中的所有公职人员,还包括公共事业单位的工作人员和国有企业的管理人员,连国家森林公园的看门人员也属于公务员的范畴。联邦政府每年都要新聘公务员30万人。现在越来越多的大学毕业生选择公务员这个职业。从某种意义上说,公务员代表着国家,也代表着政府,这是毕业生找工作时所向往的,特别是中央情报局和联邦调查局这些特殊部门,更吸引喜欢挑战和刺激的青年人前来就业。

最近分析报告显示,联邦政府工作人员的年人均工资为67075美元,而首都华盛顿地区最新统计的全民年人均工资48420美元,全美年人均工资是36764美元。也就是说,美国首都华盛顿普通百姓的收入大概只有他们"父母官"的四分之三,而全国普通百姓的平均收入只有"父母官"的一半多一点。除了工资,在美国做公务员最让别人羡慕的要算福利待遇了。公务员退休待遇一般要比私营部门更有保障,退休金也更高。此外,他们还享受住房津贴、一年一次带薪假期和各种健康保险。美国政府公务员的工作既轻松又悠闲,不用担心丢掉饭碗,因此很多美国人都想做公务员。有调查显示,公务员虽然挣钱不多,但60%的美国公务员很满意他们的工作,其中主要原因是这份工作压力不是很大。①

---

① 参见彭正龙:《公共部门人力资源管理》,同济大学出版社,2007年。

（四）德国公务员的待遇

德国公务员涉及范围较广，除了政府各部门的工作人员外，学校、邮局、铁路等部门从业人员也都属于公务员。目前，德国有公职人员501万人，其中国家公务员160万人。德国所有公民都有权报考公务员，但必须通过严格的资格考试。初中毕业生可报考低级公务员，高中毕业生可报考中下级公务员，而中高级公务员则需具有大本以上学历。德国联邦公共行政管理学院是德国唯一的联邦开办的专门培养和培训各类公务员的高等学校。

德国公务员的月工资比较高，刚刚参加工作不久的公务员工资大约为1400欧元，局长可达8000欧元，副部长级官员则达到上万欧元。德国公务员终身受聘于国家，因此不存在失业问题，也无须缴纳社会保险和养老保险，连续在政府工作40年（包括大学学习时间）的公务员，在65岁退休时可领取最高工资75%的退休金。另外，公务员还有一笔其他收入，如职务津贴，它是为那些带"长"字的官员设置的，每月200欧元。此外，还有岗位津贴（每月30欧元左右）、年度带薪休假补贴（相当于一个低级官员工资的20%）、房租补贴等。此外，女性公务员生育后可享受6~8周的产假，还可以申请三年的不带薪假期，同时每月还能获得150到300欧元的抚育补助。与德国其他职业的工作人员相比，做公务员相对稳定，社会地位较高，福利也有保障，因此很多人都想加入这个行列，而这些优厚的待遇和令人羡慕的社会地位，也使绝大多数公务员更珍惜这份职业。

（五）挪威公务员的待遇

在挪威，政府、医院、学校、幼儿园和养老院等都属于公共部门，一个人无论在公共部门或私营部门就业，从劳动关系来讲都是雇员。雇员薪酬高低与学历、年资和职位都有关系，私营部门相同岗位的薪酬会比公共部门高出约二十万克朗。但是公共部门工作稳定，失业的可能性很低。

挪威公共部门和私营部门的雇员都参加统一集中的全民保险计划，交费标准完全一样，都是上缴工资收入的8.2%作为社保金。不管在哪个行业，只要参加了社保并按规定缴费，在失业、医疗、生育以及家庭福利方面，适用同样的标准。不过，为了吸引高素质人才到公共部门工作，政府在退休金方面对公共部门雇员有些优待政策。比如除了上述社保金外,还参加了"公共服务退休金计划",按规定每月交工资的2%,单位再交个人缴费额的5倍或6倍。这样,她67岁退休时只要达到30年工龄,总共领取的退休金将相当于工资的66%。

(六)韩国公务员的待遇

韩国公务员考试科目众多,不同级别公务员的考试要求也不同,比较难考,所以能当上韩国公务员的基本算是各领域的精英。由于收入稳定、工作环境良好和社会地位高,退休后还可享受完善的养老、医疗福利,韩国公务员一向被称为"铁饭碗"。

韩国一般公务员(除总统、总理等政务类之外)分为九级,一级最高,九级最低。根据《公务员年金法》,韩国公务员收入包括基本工资、补贴和福利。但级别岗位不同,收入差异也很大。

以2014年韩国一般公务员的工资标准为例。九级公务员的月薪在122.76万韩元(1美元约合1089.7韩元)到269.38万韩元之间。而一级公务员的月薪则在336.17万韩元到577.68万韩元之间。因为还有部分隐性福利收入,所以公务员实际到手的工资要稍稍高于这个基准。即便如此,也有小部分公务员的月薪到不了200万韩元,这在韩国属于中等偏下收入水平。

(七)新加坡公务员的待遇

新加坡公共机构雇员包括各部委和其他提供公共服务的"法定机构"雇员,薪金包括固定的月工资和花红(一般相当于2至4个月的固定工资)。

公务员根据工作岗位大致分为四类:第一类是专业人才和管理人才,需要有大学学位;第二类是执行员;第三类是技术人员;第四类是低技术工种。不同的分类也意味着不同的职业路径和薪金水平。

外界盛传新加坡公务员"高薪",但其实并未反映新加坡公务员待遇的全貌。2012年,第四类公务员月薪介于860新元(1新元约合0.75美元)和1540新元之间,在当地算是低收入。据当地媒体报道,2013年月薪在1460新元以下的公务员有大约1300人。新加坡公务员薪资水平原则上是与市场水平看齐。新加坡政府很少大范围公开公务员的具体薪金,根据人力资源行业的了解,2011年加入公务员队伍的大学毕业生月薪一般不超过2800新元,与市场上大学毕业生起薪的中位数基本持平。一般而言,他们工作五年左右和十年左右之后的月薪水平也与市场平均水平不相上下。

新加坡公务员工作稳定,但纪律和财务约束又极严。公车使用、公务宴请都有严格规定,个人的财务状况也要严格申报。而且执行"裸薪"原则,也就是货币化。即便是高级公务员,也没有分房、配车或其他工资外补贴,养老金也逐渐取消。但是,新加坡奉行精英治国的理念,对于一部分岗位,尤其是显然需要发挥领导才能的高级别岗位,还是给出有市场竞争力的薪水,并可根据市场状况和任职能力进行调整。

(资料来源:新华网,《外国公务员待遇》,2015年1月20日,http://news.xin-huanet.com/world/2015-01/20/c_1114064152.htm)

第十章
公共部门员工关系管理

一、员工关系相关概念界定

(一)员工关系的内涵

员工关系是就业组织中由用工行为而产生的关系，是组织管理的一个特定领域,它以研究人力资源的行为管理有关的问题为核心内容。其基本内涵是指管理方与劳动者个人及团体之间产生的,由双方利益引起的,表现为合作、冲突、力量和权利关系的总和,它受制于一定社会中经济、技术、政策、法律制度和社会文化背景的影响。

在实践中,员工关系又被称为劳动关系、劳资关系、雇佣关系、劳使关系等。劳资关系、雇佣关系是相对于资本和劳动之间关系而言的,它反映的是出资人与劳动者或雇主与员工之间的关系。劳使关系是日本人力资源管理部门经常使用的概念, 主要为了更准确地说明劳动关系是劳动者与劳动力使用者之间的关系。劳使关系包含了劳使协同工作关系和劳使对立关系。研究员工关系最基本的目的在于寻求员工与雇主之间形成健康、良好关系的途径。

一般来说,公共部门的员工关系管理不仅体现在劳动关系上,而且在公共部门与员工个人之间形成一种积极的心理契约, 为公共部门的员工提供发言权、参与权并且与员工进行经常性的交流沟通。因此,公共部门人力资源战略必须确定清晰的理念, 如何发展一种合作性和有效率的公共部门员工关系氛围。

(二)员工关系战略

员工关系战略关注的主要是组织管理与员工以及员工组织之间的关系时应该解决或者变革的问题。和所有其他人力资源功能的战略一样,员工关系战略也必须关注组织发展的战略,并且致力于支持组织战略。如果组织与员工之间的关系是相互合作和彼此信任的, 那么这必将极大地提高组织效率,从而支持组织战略目标的实现。另外,员工关系战略必须确定员工能够如何行使组织发言权,他可以通过代表行使,也可以通过个体沟通的方式来行使。

如果公共部门关注的重点是工作流程的优化和服务质量的提升, 那么组织就必须更加强调员工的投入和参与,包括推行持续改进的管理计划。如果组织战略是管理成本的节约,或者是度过生存危机,那么组织的员工关系就应该主要致力于通过优化和员工以及员工组织之间的合作关系, 最大限度地降低员工和组织信誉的伤害,而实现组织节省管理成本的目标。

1. 员工关系战略关注的问题

员工关系战略主要关注的问题有:

(1)建立组织与员工之间稳定的、合作性的关系,使冲突最小化;

(2)通过员工参与和沟通计划,达成员工承诺;

(3)发展相互信任的关系,通过组织文化建设,建立组织和员工之间的共享价值观,保证组织和员工个人双方拥有共同的利益,实现组织的目标;

(4)发展合作伙伴关系,推动员工关系中各方之间的投入,致力于使各方的收益最大化。

2. 员工关系战略的战略性结果

员工关系战略的意图可能会引导组织朝以下方向发展:

(1)改变程序性协议的形式和内容;

(2)通过员工参与、给员工发言权的方式,获得员工承诺水平的持续提升;

(3)提高管理者在管理弹性方面的运用程度;

(4)改善员工关系氛围,形成更加紧密的、合作性的关系;

(5)发展和员工组织的合作伙伴关系,把员工视为利益相关者,认为双方合作才是最好的方式。

3. 员工关系战略的类型

员工关系战略的类型主要有以下四种：

（1）对抗性的。组织决定需要做什么，需要员工如何匹配；而员工唯一能够展现的权利就是拒绝合作。

（2）传统性的。良好的日常工作关系，管理层提出方案，而员工通过选举代表（或工会）的方式来进行回应。

（3）参与式的。组织在设计和执行组织政策时，主动让员工参与其中，但是保留管理的权力。

（4）权力分享式的。员工不仅能够参与日常的决策，而且还能够参与战略决策。

当前，对抗性的方式已经越来越少，传统的员工关系战略仍然是最主要的方式，但越来越多的组织表现出对参与式的员工关系管理战略的兴趣，很少有组织采用权力分享式的员工关系战略。公共部门可以根据工作单位的实际情况设计员工关系战略。参与式员工关系战略的目标是发展和保持积极、有效率、合作包容的员工关系氛围。

二、员工关系管理的特征

（一）多变性和复杂性

因为组织或员工出发点的不同，导致双方看待工作中的问题也不会完全相同。当两者之间的分歧较大时，就容易形成矛盾，当双方意见差别不大时，合作的意愿会较强烈，因此组织中的员工关系并不是一成不变的，而是会根据组织内外相关因素的变化而变化。而这些组织内外的相关因素，又包含了许多方面，比如国家经济政治、组织制度变更等，所以员工关系又存在复杂性的特征。

（二）群体性和个体性

组织中的员工关系往往有两种表现形式，群体关系和个体关系。群体关系主要指成立工会的组织，由工会代表集体成员向组织提出合理的意见，以此促进双方的和谐发展；个体关系指组织管理者与员工个体的关系，员工为组织工作，帮助组织实现目标，管理者为员工提供物质报酬，并实施相对应的激励制度。

(三)经济性和法律性

组织通过充分调动员工的积极性和创造性，最终实现组织的工作目标，而员工也是为组织提供劳动，从中获取物质报酬、精神荣誉以及归属感和成就感等，没有这些动力作为基础，也就不可能实现员工关系的存在和发展。与此同时，组织和员工之间形成的用工关系，必须由国家法律法规来规范和制约双方的行为，用书面的劳动合同来维持契约关系。因此，员工关系具有经济性和法律性。

(四)平等性和不平等性

员工与组织之间签订的劳动合同，双方是站在平等的地位进行自愿协商的，不存在任何的从属关系。即便是在劳动合同执行期间，双方关于劳动条件的维持，也没有盲目服从的义务，体现了员工关系中平等的一面。但在劳动过程中，员工通过劳动得到报酬，提供职业劳动，员工应该无条件地听从管理方的指令，从这一个方面看，员工关系具有不平等的一面。

三、员工关系管理的目标

员工关系管理十分重要，员工关系管理的主要目标有以下三个：

(一)协调和改善组织内部的人际关系

组织的总目标能否实现，关键在于组织与个人目标是否一致，组织内部各类员工的人际关系是否融洽。员工关系管理就是要畅通组织内部信息交流渠道，消除误会和隔阂，联络感情，在组织内部形成相互交流、相互配合、相互支持、相互协作的人际关系，而这种人际关系一旦形成，标志着创造了一种良好的组织气氛，成为提高工作效率、推动组织发展的强大动力。

（二）树立员工的共同价值观

组织的共同价值观念是组织内部绝大多数人认同并持有的共同信念和判断是非的标准，是调整组织员工行为和人际关系的持久动力，它是组织精神的表现。员工的团体价值是决定组织兴衰成败的根本问题，对于塑造组织形象和组织生存发展具有重要的作用。组织的价值观念是经过长期的培养逐步形成的。因此通过员工关系管理，逐步地精心培育全体员工认同的价值观念，从而影响组织的决策、领导风格及全体员工的工作态度和作风，引导全体员工把个人的目标和理想凝聚在同一目标和信念上，形成一股强大的凝聚力。

（三）增强组织对员工的凝聚力

通过员工关系管理，使每一个员工都从内心上真正把自己归属于组织之中，处处为组织的荣誉和利益着想，把自己的命运和组织的兴衰联系在一起，为自己是该组织的一员而自豪，使组织内部全体成员"心往一处想，劲往一处使"，成为一个协调和谐、配合默契、具有强大凝聚力的集体，这是组织内部员工关系管理的又一重要目标。

四、员工关系管理的载体

（一）开放式沟通

开放式沟通是指员工通过双向沟通，与组织不断进行信息交流，从而参与制定政策。员工如果能广泛参与到组织的业务之中，则其敬业度和忠诚度就会显著提高。组织沟通专家苏珊·康妮说："我们建议您把所有的员工沟通工作看作强化最佳雇主品牌和改善员工行为的大好时机。"此外，开放式的沟通途径也有可能成为最佳雇主的一个关键要素。在知识经济时代，自由开放的组织应当拥有一个开放的沟通系统，以促进员工之间的关系，增强员工的参与意识，促进上下级之间的意见交流，促进工作任务更有效地传达。在组织内部建立起高效的信息沟通渠道，使每一位员工都能清楚地了解组织的状况,包括组织的发展战略、规章制度等,这是从上至下的沟通。同时员工对组织发展的各项意见、建议也能通过这些渠道快速、无阻碍地传递到相关部门或人员那里,这是从下到上的沟通。当然在信息传递的过程中,要确保信息的有效反馈,这也是信息沟通的最终目的,否则沟通渠道就形同虚设,发挥不了其应有的作用,而这正是员工关系管理的重要工作之一。

(二)员工关怀

员工关怀是通过各种文娱活动、员工慰问等方式,塑造良好的员工关系,从而形成友好、温暖、合作、相互关心、相互支持的人际氛围。员工关怀在管理中靠的是感情的力量,体现的是人与人之间相互尊重、相互关心的良好的人际关系。员工关怀从精神上激发和激励人们去努力克服工作中碰到的曲折和困难,从而增加他们自觉干好工作的热情。

关爱员工的组织重视员工的身心健康,注意缓解员工的工作压力。组织可以在制度上作出一些规定,如带薪休假、养老保险、医疗保险、各种有针对性的商业保险等,为员工解除后顾之忧。例如,有的单位有自己的体育运动场、足球场、网球场,那么单位有关部门积极组织大家参加各种文体运动,使员工在体育运动和个人爱好的活动中寻求工作团队中的幸福与快乐。这样既丰富了员工的生活,强健了他们的体魄,也培养了他们勇于奋斗的拼搏精神,从而更好地促进了工作。此外,也间接地促进了员工对单位组织文化的认同,促进员工更快地融入工作团队。

(三)奖惩管理

奖惩管理是指组织对员工进行考核、评估,在此基础上对员工进行奖励和惩罚。有效公平的考核奖惩制度可以使员工心情舒畅,为员工发挥积极性和创造性提供极为有利的环境条件,这一点在现代人力资源开发与管理上是非常重要的。

给员工一个客观、公正而又及时的评价是进行奖励与惩罚的基础,因此,进行奖惩管理的基础是建立一个有效的考核体系。考核体系应该具有以下功能:准确地测评出每个员工的工作业绩和行为,明确识别每个员工的缺点和不足,能够有效地激励员工去扬长避短,改进工作中的偏差,及时地将测评结果反馈给员工,让他们知道自己的问题所在,为员工今后的发展提供依据;有一个连续性的、跟踪性的记录,以便于员工今后的发展、晋升和调动。

1. 员工晋升

员工晋升对于组织目标的实现有着直接的影响,管理者在员工晋升管理中应该注意以下问题:事先制定一个明确的晋升政策,规定晋升的程序和方法,并向相关的员工公布这些政策的内容,让所有符合资格的员工都作为晋升的候选对象,保证公平竞争的机会。严格按照晋升的标准和程序并依据标准化的可信资料来筛选候选人。提高员工对晋升决策的民主参与程度。作出决策之前,与有关的候选人进行充分沟通,了解他们的职业发展规划和对待晋升的态度。作出晋升的决策后,与未获晋升的候选人及时进行沟通,向他们解释晋升工作中的有关事项,争取他们的理解与合作,尽量减少决策可能带来的负面影响。

2. 降职

为了减少降职可能带来的负面影响,应该注意以下问题:降职决策的发布应遵循一套合理的程序,先取得充分支持降职决定的事实资料,做到有理有据,不能只凭组织领导个人好恶来决定员工的降职。有关降职的意图和具体原因向被降职的员工通报,允许他们提出不同的意见,与之心平气和地、理性地沟通。在公布降职决定后,要照顾到被降职员工的情绪,努力维护其自尊心,在必要的时候,对其进行耐心、细致的说服和劝导。

3. 纪律处分

公正合理的纪律处分具有多种正面功能:一是可以使员工的行为与组织的规章制度保持一致,促进员工之间的互相配合,有利于提高组织的凝聚力,帮助组织更好地实现自己的目标;二是会使被处分的员工认识到自己的缺点和不足,更加自觉地约束自己的行为,改进工作方法,提高工作效率;三是对工作表现不佳或违法乱纪的员工实行适度的惩罚,在某种程度上是对遵纪守法、工作努力、认真负责的好员工的奖励。相反,如果组织中纪律松懈,对不良行为没有约束,就会挫伤好员工的工作积极性。

在对员工进行惩罚时,不仅要严格遵守国家的有关法规政策,而且要注意工作方法,纪律处分如果使用不当会给员工和组织造成有害的影响。纪律处分要做到公平,一个重要的前提是依照合理的处分决策程序,向员工说明规章制度的具体内容,使员工清楚地了解什么样的行为会受到惩罚以及惩罚的方式等。对员工表现的评价一定要以组织的规章制度为参照标准。实施纪律处分时要注意以下四点：要克服实施纪律处分时的能力障碍和心理障碍；执行处分时要选择适当的时间和地点；执行纪律处分应该保持一致性，避免时宽时严；采用规范化的处分程序。

4. 解除劳动合同

解除劳动合同一般在企业中比较常见，但是现在在一部分政府机关、事业单位正在试点实施聘用制改革，在此过程中对于不符合岗位要求的员工可以解聘，即解除劳动合同。这可能会伤害被解聘者的自尊，也可能降低留任者对单位的信任与忠诚，可能影响组织的形象和声誉，从而间接影响组织目标的达到，为了减少由于解除劳动关系而带来的负面影响，应注意以下事项：做出解除劳动合同之前，进行周密的考虑，保证辞退决策有充分的理由，分析辞退员工后会出现的可能结果，并提前准备必要的应对措施。

五、员工关系管理的误区

（一）误区之一——"什么都管"

上管祖宗，下管子孙，外管世界观，内抓潜意识。从员工进入组织到离开组织，不仅管结果，更是管过程。很多人认为组织就应当对员工的生老病死、吃喝拉撒睡都管起来，就应当大包大揽。结果不仅分解精力，效果也未必理想，人际关系也是越来越复杂，给组织带来了巨大的压力。组织的管理者对此也是十分的困惑。不管不行，不管就意味着不关心群众生活，没有以人为本，没有建设组织文化生活的积极心态。而管也未必行。对于公共部门而言，管得过严、管得过宽都会降低管理效率。更为严重的是这样的管理遥遥无穷期，犹如滚雪球，越管越多，越管越大，越管越杂，而且部门与部门之间、员工与员工之间相互攀比，不仅给公共部门的管理带来巨大的压力，甚至会埋下不安定的隐患，给公共部门的发展带来不稳定的因素。

（二）误区之二——"平均主义大锅饭"

不患贫而患不均，这是自古流传下来的哲理。在日常的管理工作中，如果干多干少一个样，干好干坏一个样，那么就很难调动员工工作的积极性和主动性,应该营造一种"让想干事的人有机会,让能干事的人有舞台,让干成事的人有发展,让会干事的人有前途,让不干事的人有危机"的氛围,避免过去平均主义大锅饭的倾向,这样才能提高公共部门的工作效率和公共部门的整体形象。

(三)误区之三——"文凭第一"

通过员工关系管理,大力提高员工素质,成为公共部门员工关系管理的共同目标。怎么提高员工的素质,误区更多。很多人认为提高员工的素质,关键在于提高员工的文化素质;提高员工文化素质的手段,就是提高员工的文凭级别,初中成为高中,高中成为大专,大专成为本科,本科成为研究生,以此类推。似乎文凭一高,素质就完全提高了。只要有文凭,就会有水平。与此同时,把学历结构作为衡量员工素质的标准全面流行。

这显然有些片面。实行员工关系管理本身就是打造学习型组织,这只是其中的一个重要方面,在提高员工的满意度和忠诚度基础上,更易于建立组织的共同愿景,通过员工个体的自我超越,改善组织内部合作的简单模式,以目标的统一来形成团队的合作,以此来系统整合组织的资源配置机制,从而提高组织的核心竞争力。学历教育只是员工素质提高的手段之一,本质在于提高员工的综合素质,提高员工个人的素质潜能,如果这些个体不能形成团队合作,那么组织的目标就如一辆受力方向不同的车,个体的力量越大,对组织的损害越大,最终除了车身撕破以外,很难想象还有其他的结果。

六、员工关系管理方法与技巧

(一)对孤僻员工进行引导

首先,拒绝冷落,施以温暖。管理这类员工最有效的策略是给其人世间的温暖和体贴。可以在学习、工作、生活的细节上多为他们做一些实实在在的事,尤其是在他们遇到了自身难以克服的困难时。在任何情况下都不要流露出对他们的表现漠不关心的态度,要像对待其他员工一样来对待他们。这里就需要领导者的宽宏大度了。其次,性格孤僻员工一般不爱讲话,对此,关键是选好话题主动交谈。一般而言,只要谈话有内容触到了他们的兴奋点,他们是会开口的。但也得注意,性格孤僻的人喜欢抓住谈话中的细枝末节胡乱猜疑,一句非常普通的话有时也会使其恼怒,并久久铭刻在心,以致产生深深的心理隔阂。因此,谈话时要特别留神,措辞、造句都要仔细斟酌。再次,从这类员工心理特点来说,他们有自己的生活方式,不希望被别人打扰。如果为了能和他们接触,而整日耐着性子,装出一副热情有加的样子和他们称兄道弟,保证不会得到什么好的结果。尤其是当他们感觉到上级是为了某种目的而想和他们"套近乎"时,他们一定会从心里认为上级是个十分虚伪的人。其实,只要和他们保持一般的工作上的接触就可以了。真正需要对他们进行帮助应该是在他们遇到了某种困难的时候。另外,保持耐心很重要。对性格孤僻的人进行管理,有时很容易遭到对方的冷遇,如果遇到这种情况一定要有耐心。"日久知人心""事实胜于雄辩",只有到了他们能够完全信任领导者的时候,你说的话才会有分量,管理行为也就具备了威信。最后,要投其所好,直攻其心。这类寂寞的人群总有他们独特的方式来享受这独处的时光。仔细观察了解,看看脾气古怪的员工是以什么方式打发时间的,以此作为突破口,打开彼此间的僵局。

(二)对桀骜不驯的员工设法掌控

每个员工都有自己不同于别人的心理,因此作为管理者来说,不是去压制他们的想法,而应该是巧妙地利用他们各自的不同为工作所用。对一个聪明的管理者来说,不仅应该细心研究自己及周围人员的性格特点、工作作风以及心理状态,更应做到因地制宜、对症下药,这样工作起来才能得心应手、事半功倍。对于那些桀骜不驯、属表现型的人,务必注意在工作的各个细节上都为其制订具体的计划,否则他们很容易偏离工作目标。要以同情的态度倾听他们的述说,不要急于反驳和争辩,当他们安静下来时,再提出明确的、令人信服的意见和办法。对他们的成绩要及时给予公开表扬,同时也要多提醒他们冷静地思考问题。管理是一门艺术,科学地采用适合于彼此的工作方法进行管理,处理人事关系,可以避免简单生硬和感情用事,避免不必要的误解和纠纷,扬长避短、因势利导,进而赢得同事的支持与配合,造就一支协同作战的团队,并且能更迅速、更顺利地制定和贯彻各种决策,实施更有效的管理。

（三）对"老黄牛"式员工要善待

在一个团队中，既需要那些很有创意的人才，同样也需要那些"老黄牛"式的员工，所有人的配合才能共同把工作做好。所谓"老黄牛"式的员工，往往是那些勤勤恳恳、踏踏实实、不张扬的人。这样的人虽然可能他们的主管并没有太注意，他们可能也没有太突出的业绩，但团队同样离不开他们。因此，作为管理者不能因为他们低调，就理所当然地忽略他们的成绩和存在，而应该一视同仁，像对待那些为团队作出突出贡献的员工一样来用心对待他们。"老黄牛"式的员工虽然平时一声不吭，但他们的心里同样有对上级不同的看法，有对团队发展的建议，平时这些问题不可能充分展开，大多数是上级占尽上风，但管理者非常有必要抽出时间，听听他们从自己的角度和心理对心中不快的宣泄。有时只需带着耳朵，耐心听完他们的叙述，甚至不必作出什么回答，对方的不平心理就已经得到舒展。

相对来说，"老黄牛"式的员工不是没有需求，只是他们很容易得到心理满足而已。因此，作为管理者只需要把"饼"画得清楚就行了。也许并不需要对这类员工进行特别的动员和嘉奖，只需要对团队的未来有一个长远、清晰的规划，就可以拴住他们的心，就可以激励他们为团队继续任劳任怨。"老黄牛"式的员工即使职务对他们并不合适，他们也会抱着是上级安排的，就应该努力干好的心理，而不会主动向上级提出来。这时就需要领导者用心观察他们的工作情况，如果发现他们目前的职务对他们并不合适，有时不妨直接告诉他们。即使他们以后离去，对团队和个人都是有利的。因此，对于管理者来说，针对"老黄牛"式的员工要区别对待，要用心解读他们的心理，而不仅仅是引导、利用，这样才能抓住他们的心理，从而做到更好地管理他们。

（四）对墨守成规的员工要多揣摩他们的心理

众所周知，有效的沟通是管理的法宝之一。但是领导者常常会碰到一些"墨守成规"的员工，他们往往是我行我素，对人冷若冰霜。尽管你客客气气地与他寒暄、打招呼，他也总是爱理不理，不会作出你所期待的反应。为了更好地管理这类员工，不妨从了解这类员工的性格特点开始。墨守成规的员工天生缺乏创意，喜欢模仿他人，做人、处世的方法和语言都按照别人的样子，既没有自己的主见,也没有自己的风格。没有现成的规矩,就不知该如何行事。这种人往往没有突破性的发现,对新事物、新观点接受得较慢。这种人因为墨守成规,当实际情况发生变化时,不知道灵活运用,只是搬出老黄历,寻找依据。这种人不知以变应变,他们往往难以应付新事物、新情况,因此这种人不宜委以重任。但他们同样也有优点,比如他们做事认真负责,易于管理,虽没有什么创见,但他们一般不会发生原则性的错误。一般的事情交给他们去办,他们能够按照上级的指示和意图进行处理,往往还能把事情做得令上级十分满意,难以挑剔。

从形式上看,似乎他们怎样对我,我当然可以以同样的方式去对待他们,但是这种想法对管理者是不恰当的。这种员工,他们的这种墨守成规并不是由于他们对管理者有意见而故意这样做。所以管理者完全没有必要去计较他们。因此,管理者不仅不能冷淡他们,反而应该多花些工夫,仔细观察,注意他们的一举一动,从他们的言行中,寻找他们真正关心的事情。一旦触及他们所热心的话题,对方很可能马上会一扫往常那种墨守成规的死板态度,而表现出相当大的热情。要管理好墨守成规的员工,更多的是要有耐心,要循序渐进。如果能够设身处地地为他们着想,维护其利益,逐渐使对方去接受一些新的事情,从而改变和调整他们的心态,那么他们可能对管理者心存感激,这样不但可以使他们改掉墨守成规的毛病,也为管理者对他们有效的管理添上了一分力量。

(五)员工关系管理技巧

1. 技巧之一:摆正心态,放低姿态

有句谚语说得好:“低头的稻穗,昂头的稗子。”意思是说低头是一种谦虚的人生态度,一种真正懂得为人处世的意义后表现出来的态度。有道是“人格无贵贱,人品有高低”。作为管理者老把自己看作高级领导,把自己摆在“高人一等”的位置上,逞威风,实则是把自己的人品降了三等。反之,不摆架子,低调一点,看似少了些官威,实则提升了自己的人品和威信。管理者应该敏而好学,不耻下问,虚怀若谷。把你的才智和谦虚结合地一起,保持学习的热情,时刻学习别人的长处,不断提高和充实自己。

作为一个管理者,不要认为自己比别人高明多少。事实上高明的人有很多,要放下管理者的“身架”把自己的言行举止融于常人当中,并始终把自己

看作是团队中普通一员。永远与下属保持良好的沟通平台。放低姿态等于抬高自己的身价，每一个人都不是完人，都有不足和"短板"，所以要多看别人的优点和长处，多肯定和包容自己的下属和身边的同事。

2. 技巧之二：以身作则，履行职责

吉姆·柯林斯在《从优秀到卓越》一书中说："言行一致，坚定不移、正直并且强有力的领导人才是优秀的领导人，才能攀越高峰。"作为一个管理者，言行一致不仅是一个做人的基本准则，也是做好管理和领导工作的基本准则。孔子曾说过："政者，正也。君为正，则百姓从政矣。"律人必须先律己。作为组织的管理者，必须注意自身修养，行动要以身作则，先正自身再去影响他人，进而率领员工去开拓进取，己不正，焉能正人？

管理者对于任何一个组织来说，其观点、力量、信心和忧虑，都会影响组织，你必须在你所说和所做的所有事情中为你的员工树立一个标准，树立起一个高标准的榜样让他们学习。管理者不在于你做了多少而是在于你带领下属完成了多少工作。在完成工作过程中你有没有以身作则，起模范带头作用。

3. 技巧之三：识人于微，用人于长

"防微杜渐"，见微知著。微的意思是事态的微细变化，君子见到微，就应有领悟，有所作为。人的一举一动，一言一行，无不折射出其人的学识修养。作为一个管理者，应该有叶落而知天下秋、饮一瓢而知河所在的本领。在细微之处来识别一个人的品性才华，为组织的人才选择把好脉。现代的公共管理部门都需要具有良好心理素质的员工，一个意志不坚强的人，最终会被时代抛弃；而勇敢坚强的人，不会在任何困难面前言输。作为一个管理者，在选择人才时，应该注意对员工心理素质的考察。

用人以长，知人善任。我们用人就是要用员工的长处和强项，把合适的人才放至最合适的地方，发挥员工最大的价值，一个不会用人的管理者，不会成为一个好的管理者，因此他与员工的关系也处理得很紧张。

综上所述，员工关系管理的问题最终是人的问题，主要是管理者本身的问题。所以管理者，特别是公共部门的中高层管理者的观念和行为对组织的发展起着至关重要的作用。在员工关系管理和组织文化建设中，管理者应是组织利益的代表者，应是群体最终的责任者，应是下属发展的培养者，应是新观念的开拓者，应是规则执行的督导者。在员工关系管理中，每一位管理者能否把握好自身的管理角色，实现自我定位、自我约束、自我实现，乃至自我超越，关系到员工关系管理的成败和水平，更关系到一个优秀的公共部门在社会中的形象，这也许就是我们每一个管理者进行员工关系管理时应该深深思索的问题。

七、公共部门提升员工关系管理的有效途径

（一）建立员工信息库

公共部门将员工的一些重要信息进行收集和整理，然后建立员工信息库。信息库的内容不仅包括个人基本信息，而且包括个人兴趣、心理档案、家庭困难等信息，运用多媒体技术和大数据管理技术对员工信息进行动态管理和追踪更新，并以此作为关怀员工、激励员工的前提，使组织在选人、用人、育人、留人等人力资源管理工作更加具有针对性，促进组织与员工个人关系的改善。

（二）做好有效的沟通与职业指导

公共部门的工作具有一定的特殊性，它们往往是为公众利益服务的，一些政府相关部门还负责政策和规章制度的制定与实施，因此要把各项工作搞好，工作团队成员之间必须要有紧密的沟通。对于年轻的员工特别是新入职的工作者要进行必要的职业指导，因为他们大多是第二代独生子女，依赖性强，团结协作意识弱，怕吃苦等，然而公共部门的工作具有压力大、成长周期长等特点，易使他们对所从事的职业产生困惑和懈怠。员工沟通贯穿于员工职业生涯的全过程，例如入职沟通、转正沟通、晋升沟通、异动沟通、离职沟通等，通过有效沟通，管理者帮助员工进行工作分析，着眼于员工个人与组织的发展，根据员工特质，设计符合个人的职业生涯发展模式，同时，为他们在职业发展的不同阶段做出职业发展的规划和设计，指导他们围绕职业生涯目标进行持续学习、岗位选择、职位晋升和才能发挥。

（三）成立矛盾调解机构

随着事业单位的改革不断深化和公职人员的基本养老保险"双轨制"变

为"单轨制",公共部门的人事关系及劳动关系都会发生一定程度的变化和调整,这就势必会影响一部分公共部门员工的利益,在一定范围内一些矛盾有可能更加深化,因此为了加强公共部门员工关系的管理,必须在公共部门内部成立矛盾调解中心,例如工作纠纷调解中心、人事改革领导小组、职工权益维护组织等,由管理学和心理学方面的专业人员以及相应部门领导组成,为大家提供诉说委屈和倾诉怨气的地方,矛盾调节机构工作人员要认真倾听员工的诉求,利用专业知识对员工进行心理疏导和应对压力的专业指导,同时对产生问题和矛盾的原因进行深入分析,为公共部门人力资源管理工作的提升和员工关系的改善提供参考。

(四)加强公共部门的组织文化建设

公共部门员工关系的管理活动是以公共部门的发展战略、工作目标以及工作特点为背景开展的,因此组织文化对员工关系管理有着深远的影响,主要体现在以下四个维度:

第一,精神文化方面。组织的愿景、核心价值观、组织发展理念等,是由组织的领导人、文化和经历等各种因素作用形成的,反映了组织的追求和信念,体现了组织的管理风格和发展思想,对组织向心力和凝聚力的形成具有强大的推动作用。组织精神文化的可贵之处,在于可以把组织提倡的思想观念贯彻到员工思想中,使员工思想统一起来,力量团结起来,调动员工的创造积极性,使广大员工自然融入组织中去。同时,也可以使组织全体成员上下一致、形成合力,使组织形成蓬勃向上的文化氛围。

第二,制度文化方面。包括组织的管理制度、工作基本流程、日常工作行为规范等。这些规章制度是组织文化的外在表现形式,清晰地指出了公共部门区别于其他组织机构的独有文化,从而形成了公共部门独特的管理风格。公共部门的组织文化所包含的规章制度,对公共部门的所有成员具有强大的约束和规范作用,严格规范了组织的各项管理,对组织和员工自身价值的实现,有着根本性的影响。

第三,行为文化方面。主要指组织的外在形象等方面对员工关系管理形成的影响。社会上人们对公共部门的评价,体现着人们对这个组织或部门的印象和所持有的观点,而这个观点又会进一步影响到组织内部的员工,形成员工的社会形象,而员工对于外界评价的好坏,又直接影响到员工对组织的忠诚度和自身工作的满意度,这些都对员工的工作效率造成很大的影响。

第四,物质文化方面。主要指组织的环境,良好的组织文化可以为员工营造一个优良的工作氛围,而这个良好的工作氛围是其他物质方面所不能代替的福利。在人们普遍注重精神价值的时代,人们对工作心情愉快与否的要求越来越高,已经不是完全根据经济收入来决定离职与否。因此,工作环境问题对员工工作效率和满意度有着直接的影响。

(五)员工帮助计划在员工关系管理中的应用

员工帮助计划是一项系统的、长期的福利与支持计划,是由组织为其成员设置的,通过专业人员对组织的诊断、建议和对组织成员及其家属提供专业指导、培训和咨询,旨在帮助员工及其家属解决各种心理和行为上的问题,维护组织成员的心理健康,提高组织成员在组织中的工作绩效,改善组织的管理和形象,建立良好的组织人文环境。员工帮助计划最早起源于美国,最初是为了解决员工酗酒问题,经过几十年的发展和完善,目前已经被实践证明是解决与员工个体相关的工作、生活、心理等问题的较好方法,进而演化成组织员工关系管理的重要手段。

员工帮助计划在公共部门员工关系管理中的应用,主要体现在公共部门从员工的个人生活、工作问题、组织发展三方面去识别影响员工个人工作表现、影响整个组织工作绩效的因素,并通过专业人员的诊断、评估、培训、咨询和有效指导,帮助员工自身及家庭成员解决各种心理和行为问题。公共部门可以通过工会或通过成立"职工之家"等类似组织的形式,给予员工关怀和必要的心理援助,使工作团队的每一个成员在关怀和帮助中积极地面对纷繁复杂的工作和生活,解决现实中的实际难题。

知识点提要:

1. 员工关系相关概念界定。先后介绍了员工关系和员工关系战略两个概念的内涵。

员工关系是就业组织中由用工行为而产生的关系,是组织管理的一个特定领域,它以研究人力资源的行为管理有关的问题为核心内容。其基本内涵是指管理方与劳动者个人及团体之间产生的,由双方利益引起的,表现为合作、冲突、力量和权利关系的总和,它受制于一定社会中经济、技术、政策、法律制度和社会文化背景的影响。

员工关系战略关注的主要是组织管理与员工以及员工与组织之间的关系时应该解决或者变革的问题。和所有其他人力资源功能的战略一样,员工关系战略也必须关注组织发展的战略,并且致力于支持组织战略。如果组织与员工之间的关系是相互合作和彼此信任的,那么这必将极大地提高组织效率,从而支持组织战略目标的实现。另外,员工关系战略必须确定员工能够如何行使组织发言权,他可以通过代表行使,也可以通过个体沟通的方式来行使。

2. 员工关系管理的特征。一是多变性和复杂性,二是群体性和个体性,三是经济性和法律性,四是平等性和不平等性。

3. 员工关系管理的目标。一是协调和改善组织内部的人际关系,二是树立员工的共同价值观,三是增强组织对员工的凝聚力。

4. 员工关系管理的载体。一是开放式沟通,二是员工关怀,三是奖惩管理。

5. 员工关系管理的误区。误区之一是"什么都管",误区之二是"平均主义大锅饭",误区之三是"文凭第一"。

6. 员工关系管理方法与技巧。一是对孤僻员工进行引导,二是对桀骜不驯的员工设法掌控,三是对"老黄牛"式员工要善待,四是对墨守成规员工要多揣摩他们的心理,五是员工关系管理技巧。

7. 公共部门提升员工关系管理的有效途径。一是建立员工信息库,二是做好有效的沟通与职业指导,三是成立矛盾调解机构,四是加强公共部门的组织文化建设,五是员工帮助计划在员工关系管理中的应用。

复习思考题:

1. 员工关系管理包括哪些方面?
2. 员工关系管理的特征有哪些?
3. 员工关系管理的误区有哪些?
4. 员工关系管理的方法和技巧有哪些?
5. 公共部门提升员工关系管理的有效途径有哪些?
6. 员工帮助计划如何在公共部门员工关系管理中进行应用?

进一步阅读：

我国公务员聘任制改革

公务员聘任制是指国家机关根据工作需要，经省级以上公务员主管部门批准，对不涉及国家秘密的专业性较强的职位和辅助性职位，按照平等自愿、协商一致的原则以合同的方式聘用的制度。内地多省市于2012年开始试点公务员聘任制。

一、相关制度及规定

《公务员法》第九十五条规定："机关根据工作需要，经省级以上公务员主管部门批准，可以对专业性较强的职位和辅助性职位实行聘任制。"

在我国，公务员聘任制是指机关通过公开招聘或直接选拔的方式，以平等自愿、协商一致的原则与所聘人员签订聘任合同，从事专业性较强的职位和辅助性职位。公务员聘任制是任用公务员的一种人事管理制度，是对中国公务员制度的发展和创新，是一种特殊的公务员制度，仍然属于公务员制度的范畴。公务员聘任制是相对于公务员考任制、公务员委任制、公务员选任制来说的。

二、公务员聘任制的主要特点

（一）对专业性较强的职位和辅助性职位实行聘任制

根据工作需要，经过省级以上公务员主管部门批准，可以对专业性较强的职位和辅助性职位实行聘任制。公务员聘任制适用于两类职位：一是专业性较强的职位，二是辅助性职位。专业性较强的职位主要集中在金融、财会、法律、信息技术等方面，包括领导职位和非领导职位。辅助性职位事务性较强，在机关工作中处于辅助地位，如书记员、资料管理等方面的职位。涉及国家秘密的专业性较强的职位和辅助性职位不实行聘任制。

（二）录用方式相对灵活

传统公务员录用程序较为严格,采取公开考试、平等竞争、择优录取的办法,而聘任制公务员录用方式相对灵活。《公务员法》第九十六条规定:"机关聘任公务员可以参照公务员考试录用的程序进行公开招聘,也可以从符合条件的人员中直接选聘。"机关可以采取两种方法选拔合适的聘任人选:一种是公开招聘,另一种是直接选聘。公开招聘参照公务员考试录用的程序进行;直接选聘是与符合条件的人员直接签订聘任合同。

（三）管理方式不同,纠纷解决机制有新突破

《公务员法》第九十九条规定:"机关依据本法和聘任合同对所聘公务员进行管理。"聘任制公务员具有公务员身份,公务员管理的一般原则和制度精神也同样适用于聘任制公务员的管理,比如聘任制公务员也应当具备公务员的基本条件,也应当履行公务员法规定的公务员义务等。但对聘任制公务员的管理,更主要的还是依据公务员聘任合同。聘任合同包括了合同期限、职位及其职责要求,以及工资、福利、保险待遇、违约责任等内容,是机关日常管理聘任制公务员的重要依据。

公务员聘任制对公务员与机关的纠纷解决机制有了新的突破。非聘任制对公务员与机关发生了纠纷,不服机关的处理决定,只能进行申请复核、申诉、向上级行政机关或行政监察机关提出控告,但是不能向法院提起诉讼。而聘任制公务员与机关的纠纷,可以通过人事争议仲裁和诉讼处理。

（四）任职期限不再是终身制

公务员聘任制打破了公务员"永业制",公务员不再是终身制。非聘任制公务员身份稳定,一般是终身制,非因法定事由和非经法定程序不被辞退或开除。而聘任合同期限为一到五年,聘任制公务员的公务员身份也将随聘任合同的终止而结束。

三、实施公务员聘任制的重要意义

面临着信息化、全球化和政府活动日益复杂化的新形势,现代社会对政府公共服务的要求越来越高,政府事务更加灵活多变,需要更多的政府专业人才来应对现代政府事务管理和服务。但由于知识与视野的限制,政府现有的专业人员无法满足提高政策水平、创新管理制度的需要。

(一)降低了机关用人成本,提高政府行政效率

公务员聘任制有助于降低机关用人成本,机关可以随时从社会上直接招聘适当人员来做,没必要经过严格的考试录用和长期培养,同时,公务员聘用关系终止后聘任制公务员即与机关脱离关系,机关免去了"进一个人就要终身负责"的后顾之忧,从而大大降低了机关用人成本。

公务员聘任制还有助于提高政府行政效率。另外,公务员聘任制的职位根据职位的性质、责任和难易程度进行分类,因事设岗、因岗用人,岗位职责清楚、任职条件明确,有利于调动公务员的积极性、创造性,从而也有利于提高政府的工作效率。

(二)健全了机关用人机制,促进公务员制度进一步改革

公务员聘任制使机关用人方式更加科学合理,更加人性化、弹性化。传统的公务员制度难以形成面向社会的"开放性系统",不能随时从社会上吸收优秀人才并同时吸收多样的思维方式和各种专业知识,不能满足政府公共管理对专业人才的需求,致使公务员队伍人员结构的固化与僵化,造成公务员制度缺乏灵活性和新陈代谢机制不畅等诸多弊端。

公务员聘任制拓宽了机关选人、用人渠道,改善了机关用人方式,解决了公务员能进不能出、能上不能下的人事制度上的弊端,使人才流动更加合理,健全了用人机制,并且为我国公务员制度的未来改革指明了方向,将促进中国公务员制度的进一步改革。

（三）完善了公务员权利救济体系

公务员聘任制将司法救济纳入了公务员的救济体系，聘任制公务员对人事仲裁决定不服，可以向人民法院提起诉讼，是对行政救济内在局限性的有效补充，完善了公务员权利救济体系，而且为非聘任制公务员提供司法救济打下了基础，从而有利于完善整个公务员权利救济体系。

四、公务员聘任制内地试点

（一）江苏试点

2012年2月起，江苏公务员正形成逐步完善的管理机制。江苏公务员的考核标准分为"优秀""称职""基本称职"和"不称职"4等。按照中组部、人社部出台的《公务员辞退规定（试行）》，如在年度考核中，连续两年被确定为不称职的，予以辞退。关于公务员考核标准分，江苏还专门出台相应规定，对"不称职"作了明确界定：因主观原因不完成本职工作任务或达不到年度岗位目标责任要求的；因直接责任事故造成公共财产或他人财产损失3万元以上并造成不良影响的；工作责任心不强，造成重大失误或责任差错在3次以上并造成严重后果的。

江苏省在聘任制公务员管理试行办法研制之前，江苏省扬州市较早就展开过"政府雇员"的试点。2008年8月，扬州经济技术开发区向全市率先招聘政府雇员，10名硕士、博士应聘上岗，一年后，其中5人被提拔使用，分别担任建设局、招标办、开发总公司等部门副科级干部。

（二）广东试点

2010年2月3日，深圳市人力资源和社会保障局公布了深圳市公务员分类管理制度改革的详细内容。改革将把公务员原来"大一统"管理模式划分成综合管理类、行政执法类、专业技术类，69%的公务员将被划入行政执法类和专业技术类中，通过职位分类和聘任制的实施，部分公务员"官帽"将被摘掉，"铁饭碗"变成"瓷饭碗"，独立的晋升渠道让长期困扰公务员的"天花板"

问题得到破解。已经在公务员聘任制上走在前列的深圳市,是全国唯一的公务员分类管理改革试点城市。据悉,深圳市在聘的聘任制公务员已超过1500人,成为深圳乃至全国最早的聘任制公务员。

在深圳,聘任制公务员与委任制公务员在身份和待遇上没有任何差别,都使用行政编制,履行公务员权利义务,在职责权限、能力要求、职务升降等方面执行同样的制度。而二者的差别体现在用人方式上,聘任制公务员实行合同管理,实行社会基本养老保险与职业年金相结合的退休保障制度,相对于委任制公务员而言,其退出机制更加灵活。

2012年2月20日,广东省全省行政机关公务员管理工作会议在广州召开。广东省委组织部副部长、省人力资源和社会保障厅厅长欧真志在会上介绍,2011年,公务员考试为广东各级机关补充公务员13594人。而在公务员制度的改革试点上,欧真志透露,深圳市公务员分类管理改革和聘任制试点取得阶段性成果,系统设计较好。佛山市顺德区也首次公开招录聘任制公务员51名,并顺利入职,聘任制公务员管理工作正式运行。

(三)贵州试点

2015年7月贵州省在聘任合同中明确聘任制公务员的岗位职责任务,应聘人员能明晰自己在聘任期间需要完成的具体工作任务。根据贵州省7家聘任单位的工作需要,此次聘任制试点8个聘任职位中,除贵安新区规划建设管理局高级规划主管职位的聘任合同期限为5年外,其他7个职位的聘任合同期限均为3年。聘任期满,聘用关系自然解除。根据工作需要,经双方同意,可以再签订聘任合同进行续聘。

贵州省这次招聘的聘任制公务员实行的是协议年薪制,主要根据聘任职位所需专业水平和所承担任务的重要程度,综合考虑国内市场同类专业技术人员的薪资水平等因素,科学合理确定。

五、公务员考核年薪制试点

浙江义乌招聘聘任制公务员,在浙江开启了公务员聘任制的"破冰"之旅,打开了一条引才"新通道",同时也打破了公务员"铁饭碗"的常规概念。此次聘任制公务员招聘是从2014年12月份开始,经过近5个月的资格审核、考试测评、考察和体检,5名聘任制公务员将于近期走马上任。年薪30万元起,半年试用期不合格将辞退,记者在浙江省组织部门官方网站上看到,被公示的5人是清一色的男性,他们有的来自企业,有的来自事业单位,还有的曾经就是公务员。义乌市委组织部公管办主任陈玲玲告诉记者,这5位拟聘任的人员中,1人是博士,3人是硕士,还有1人是本科生。

想要好的人才,义乌开出的价码也并不低。根据公告,在工资待遇和福利方面,聘任制公务员将按照合同实行协议工资,各岗位的指导年薪不低于30万元。

据义乌市人力社保局工作人员介绍,聘任制公务员的工资和公务员一样,分为基础工资、考核工资、年终奖三部分,基础工资占协议工资的50%,考核工资占30%,年终奖占20%。年终考核优秀的按基数发奖金120%,良好发100%,基本合格发70%。薪酬很高,不过对于聘任制公务员的考核也是非常严格的。聘任制公务员虽然是占用了行政编制,但没有正处、副处之类的行政级别,在这5年的聘期内,要进行试用期考核(试用期为6个月),以及季度、半年度、年终考核,而且,各个单位会对应聘者下达具体的考核目标,如果试用期的6个月当中应聘者没有做到,就会被辞退。年度考核不称职,或者连续2年为基本称职,也要被辞退。

六、公务员聘任制实施中出现的问题

在实践中,虽然中国在二十多年前就有地方实行了公务员聘任制度,但却因为没有具体的法律依据,各地做法不一,实践中也出现了很多问题。

(一)可聘任职位不明确

公务员法规定聘任制适用于两类职位:一是专业性较强的职位,二是辅助性职位,对哪些是专业性较强、哪些是辅助性职位缺乏具体而明确的规定。

(二)聘任程序不完善

公务员法规定机关可以采取两种方法选拔合适的聘任人选:一种是公开招聘,另一种是直接选聘。公开招聘可以参照公务员考试录用的程序进行,但是直接选聘却没有相关的程序规定,在操作中可能引发腐败。

(三)聘任工资、福利、保险等无具体规定

公务员法规定聘任制公务员按照国家规定实行协议工资制。但是有关聘任制公务员协议工资如何确定,福利、保险待遇等如何确定,都没有具体的法律规定。

(四)人事争议仲裁规定不明确

公务员法规定建立人事争议仲裁制度,但却有多处规定不明,人事仲裁委员会是常设机构还是根据需求临时设立? 如果是常设机构,那么应该设置在省、地、市、县的哪一级政府里面呢? 如果是根据争议的发生而临时设立的机构的话,那么它的公正性、权威性如何保证呢? 还有如果对仲裁结果不满意,应该向哪一级的法院提起诉讼呢? 这些在《公务员法》的规定都不明确。

(五)对聘任合同的司法救济存在问题

公务员法规定聘任制公务员对人事仲裁决定不服,可以向人民法院提起诉讼,现行行政诉讼法明确把因"行政机关对行政机关工作人员的奖惩、任免等决定"引起的争议排除在受案范围之外。此外,对聘任合同的司法救济,在审查范围、举证责任、证明标准等方面还存在很多问题。

(六)晋升难度加大,公务员流失率高

2015年3月17日,北京市人社局公布,面向全国公开招聘聘任制公务员2名。系北京第三次招聘聘任制公务员。聘任制公务员晋升通道"堵塞"致人员流失大;深圳否认"零解聘率"说法,称8年解聘47人。2015年4月8日,北京面向全国招聘2名聘任制公务员的报名时间截止,这已是北京第三次启动聘任制公务员招聘。从2007年深圳试水公务员聘任制以来,全国多个省份先后加入试点行列,作为公众关注的焦点话题,各地的公务员聘任制改革试点,引起舆论强烈关注。诸如"30万年薪""深圳聘任制公务员3年无一淘汰""变相铁饭碗"等质疑,也时常见诸报端。

第十一章
公共部门职业发展管理

一、职业发展管理的内涵与重要性

(一)职业发展的内涵

职业发展就是一个人的终生职业经历。职业发展是一个发展的概念,是一个动态的过程。它不仅包括一个人的过去、现在和未来那些可以实际观察到的连续从事的职业发展过程,还包括个人对职业发展的见解和期望。

具体地讲,职业发展是以心理开发、生理开发、智力开发、技能开发、伦理开发等人的潜能开发为基础, 以工作内容的确定和变化、工作业绩的评价、工资待遇、职称职务的变动为标志,以满足需求为目标的工作经历和内心体验的经历。职业发展是人生中最重要的历程,是追求自我实现的重要人生阶段。在这里,职业不只是谋生的手段,更是实现个人价值,追求理想生活的重要途径。人生过程分为少年、成年、老年三个阶段,而成年阶段时间最长,是人们从事职业生活最重要的时期,是人生全部生活的主体。因此也可以说,人的发展就是职业生涯的发展。

美国著名职业问题专家萨帕认为, 职业生涯是指一个人终生经历的所有职位的整体历程,是生活中多种事件的演进方向和历程,是个人独特的自我发展组型。中国台湾学者林幸台认为,职业生涯包括个人一生中所从事的工作,以及所担任的职务、角色,同时也涉及其他非工作或非职业的活动和个人生活中衣食住行、娱乐各方面的活动与经验。韦伯斯特把"生涯"的外延进一步扩大,他指出,职业生涯是个人一生职业、社会与人际关系的总称,即个人终生发展的历程。

一个人的职业生涯是一个漫长的过程。他可以遵循传统观念，一生只从事一种职业，持续而稳定地在该岗位上晋升、增值；也可以根据个人的兴趣、能力、价值观以及工作环境的变化而经历不同的岗位、职业甚至行业。当然，大多数人还是希望从事一种相对稳定、适合自己的职业。人的一生，人的生命价值，在一定意义上说，就在于其职业生涯方面的成就和成功。在一个人有限的生命中，职业生涯往往占有绝对重要的位置。有统计资料显示，大部分人职业生涯时间占可利用社会时间的70%~90%。职业生涯伴随我们的大半生，甚至更长远，拥有成功的职业生涯才可能实现完美人生。

（二）公共部门职业发展管理的意义

公共部门积极介入员工个人职业生涯发展规划，有别于传统的管理学中总是将个人与组织对立起来，从中延伸出两种比较极端的认识，使得人事行政管理也陷入某些误区之中。传统管理学认为，个人只是组织目标实现的工具，个人对组织只有义务，员工是在被监控甚至是在被强制的条件下为组织工作的；此外，管理者从"经济人"假设出发，认为组织是个人需求满足实现的工具，即个人从事工作的目的是为了获取利益。这些极端的认识使组织或个人以消极的方式面对对方，严重地限制了管理的效率和资源使用效率。

现代公共部门对人力资源职业发展管理的重视则基于一个重要思考，即员工是组织的财富和活水之源，组织有义务最大限度地利用员工的能力，最有效地保护员工的兴趣和潜质，并且为每一位员工提供一个不断成长以及挖掘个人最大潜力和建立成功职业渠道的机会。[①]实现和充分发挥员工个人成就与价值的过程，也是组织获得优异绩效的过程，两者是相互依赖的，是一体化的。因此，职业发展管理对于培养造就公职队伍、完善公共部门人力资源管理具有重要意义。

公共部门参与公职人员职业生涯发展规划的过程，是开发、发展人力资源这一现代管理理念的具体体现，它强化了公共部门的培训目标。传统人事管理认为人的能力是一定的，管理的目标就是在此条件下如何控制和使用人。而现代人力资源管理则从积极的态度出发，认为人具有潜质，组织创造的环境能够刺激或阻碍其潜在能力的发挥。组织对人力资源的培训就是不

---

① ［美］加里·德斯勒：《人力资源管理》（第六版），刘昕等译，中国人民大学出版社，1999年，第373页。

断地挖掘人的潜质,提高组织生产力的有效手段。组织之所以将参与职业生涯发展规划作为人力资源管理的一项新的职能,是因为在职业生涯发展规划的设计过程中,组织通过参与和配合,可以更多地了解员工的认知、价值观、期望与自我判断,从而根据组织环境和目标,有针对性地制定人员培养与开发规划,检视人员培训政策,更好地引导员工为组织目标而发挥自己的聪明才智。可以说,这一过程就是组织洞察员工培训需求的过程,也是为员工提供适宜的发展动力的过程。

公共部门参与公职人员职业生涯发展规划,有助于公职人员在组织环境中明确地认识到自身的角色和努力的方向,不断发展自己,提高自身的成就感。职业生涯发展规划从本质上说,是员工个人在其工作经历中作出的自我角色定位。这种自我意识极其重要,它使员工明了自己的主体特征,既知己所长又知己所短,客观评价自身的能力、专业知识和技能以及家庭背景,争取在职业生涯发展中,扬长避短,充分发挥潜能,避免不必要的职业危机,同时也可以使组织避免出现人才流失、离职率高的现象。而组织指导和参与员工的职业生涯发展规划,不仅可以使员工更加明确工作环境特性与自我定位的关系,而且可以在个人与组织不断匹配的过程中,将工作与员工个人特长有机协调,提高工作绩效。所以职业发展管理的一个重要目标设定就在于促进员工的成长和发展,增加员工的满意度和成就感,留住组织优秀的人才。

将公职人员职业生涯发展规划与人力资源规划结合起来,有助于人力资源的合理使用和合理流动,实现人与事的最佳组合,在完成组织目标的同时,使公职人员个人获得事业的成就感,最终形成组织利益与员工利益双赢的局面。组织人力资源规划要对未来员工的数量和种类需求进行预测,而职业生涯发展规划则描述出个人的职业偏好和能力特征。两者的结合,可以为组织判断人才的来源或人才的培养方式提供重要的依据,同时,人力资源规划也为个人职业生涯发展规划指明了方向,从而保证组织和个人都可以取长补短,合适的人才被用在应该用的地方,而不胜任工作或无法得到自我满足的员工,可以通过正常的渠道和方式流动到其他岗位或单位,也可以通过有规划的再培训,提高自己的绩效水平。这使得组织能够给个人提供更多的发展机会,并形成开放的人力资源管理系统,使人才得到充分的使用,不致造成人力资源的浪费。

在公共部门职业生涯发展规划与人力资源管理活动的相互匹配过程中,组织与个人不断调整各自的价值观,有助于形成组织和谐的文化氛围和良好的人际关系,建立团结的组织气氛。组织参与员工职业生涯发展规划或指导员工制定规划,是双方相互作用的过程,也是双方相互调适的过程。在调适中,双方可以加深彼此的了解和沟通,增强彼此的信任,从而有助于形成一种良好的组织气氛。

二、公关部门职业生涯规划的阶段

职业生涯贯穿人的一生。每个人在实现职业生涯目标过程中,都会经历不同的发展阶段,有着不同的职业需求和人生追求。不同的阶段任务,组成了人向职业生涯顶峰攀登的路径,同时也将决定自己未来的职业生涯去向。职业周期的阶段和任务与生命周期的阶段和任务紧密相关。一般来说,一个人在20岁左右时希望尽快进入角色,30岁左右追求发展空间,40岁左右追求突破,50岁左右则可能力求平稳。正确地认识职业生涯发展规律以及自己所处的发展阶段,对规划有效的职业生涯是非常重要的。人的职业生涯大体可以分为以下六个阶段:

(一)职业准备阶段(一般从14~15岁开始,延续到18~22岁,读研究生则延续到25~28岁)

这是一个人就业前学习专业、职业知识和技能的时期,也是人素质形成的主要时期。但对于这个职业生涯的起点,许多人是盲目的,甚至是由别人(通常是家长或老师)代替决定的。

(二)职业选择阶段(一般集中在17~18岁到30岁以前)

这一阶段的主要特征,是从学校走上工作岗位,是人生事业发展的起点。在这一时期,人们要根据社会需要和自己本身的素质及愿望,做出职业选择,走上工作岗位。这是人生生涯的关键一步。如果选择失误,将导致职业生涯的不顺利,抑或是浪费时间后再次选择,还可能顾此失彼丢掉其他的工作机会。

如何起步,直接关系到今后职业生涯的成败。一个人为了找到最适合自己的职业,可能要经历几次选择和磨合。可以多进行一些职业方面的尝试、探索,熟悉适应组织环境,熟悉工作内容并有初步的开创性成果。发展和展示个人专长、积累知识能力、学会与他人沟通协作、获得认可,所有这些目标都需要通过学习过程来逐步实现。因此,这一阶段的规划策略方案,也应当围绕学习这个主题来进行。可具体分解到以何种形式来学习知识,重返校园还是参加培训,学习的内容是什么,达到怎样的标准,以及能力积累提高的具体途径等。

（三）职业适应阶段（一般在就业后1~2年）

这一时期是对走上工作岗位人的素质检验。具备岗位要求素质的人,能够顺利适应某一职业;素质较差或不能满足职业要求的人,则需要通过培训教育来达到与职业要求相适应。自身的职业能力、人格特点等素质与工作岗位要求差距较大者,难以达到与职业要求相适应,则需要重新选择职业;而个人素质超过岗位要求、个人兴趣与现职业类别很不相符者,也可能重新对职业进行选择。

（四）职业稳定阶段（一般从20~30岁开始,延续到45~50岁）

这一时期是人的职业生涯的主体。一般是在人的成年、壮年时期,且占人的生命过程的绝大部分时间。这一阶段可能存在诸如发展稳定、遭遇发展瓶颈、面临中年危机、取得阶段成功等不同情况。对于大部分人来说,这一阶段应该致力于某一领域的深入发展,求得升迁和专精。它不仅是劳动效果最好的时期,也是人们担负繁重家庭责任的时期。一个人除非有特别的才干和抱负,40岁应该是职业锚扎根的时候,不宜再更换职业。因此,成年人往往倾向于稳定的某种职业,甚至特定的岗位上。一般这时的个人精力也不允许其像年轻人那样上学深造,适合的充电方式只有短期培训和实践积累。即使真的处于职业生涯的瓶颈口和转折点,需要重新调整职业和修订自己的目标,也应在45岁以前完成。在职业稳定期,如果从业者的素质能够得到发展和提高,潜力得以体现,就可能抓住机会逐步取得成果,成为某一领域的出色人才和行家里手,得到晋升并获得职业生涯的成功和成就。因此,处在这一阶段的职业生涯策略应重点围绕扩大工作视野,传、帮、带新人和提升领导(指导)能力来进行。这些内容仅从书本和培训中是难以得到的。

（五）职业素质衰退阶段（一般从45~50岁开始,延续到55~60岁）

这一时期,人开始步入老年。由于生理条件的变化,能力缓慢减退,心理需求逐步降低而求稳妥维持现状。一般来说,处在这一阶段上升的空间已经很小,就该规划退休前全身而退的策略,以及退休后的目标转移方案。也有一些老年人,智力并没有减退,而知识、经验还呈现越来越高的现象(有学者称之为"晶态智力")。这种晶态智力的发挥,能够使他们的素质进一步提高,出现第二次创造高峰,直至巅峰。这些人往往是所从事职业领域里的专家权威或专业方面的学术带头人。

（六）职业结束阶段

这一时期是人们由于年老或其他原因结束职业生活历程的短暂的过渡时期。

对于个人而言,职业稳定与适合是非常重要的。在上述六个阶段中,"职业稳定阶段"最长,"选择阶段"最为关键,其前的"准备阶段"在一定程度上决定着选择方向与稳定性。

三、职业生涯规划的过程

职业生涯发展管理是一个类型的过程,由一系列活动和工作组成。其中,员工职业生涯规划是其中一个重要的过程。

（一）员工自我分析

这主要是员工对自己的知识、能力、兴趣以及职业发展的要求和目标进行科学的分析和评估,然后在自身价值观的指导下,确定自己近期和长期的发展目标,拟订具体的职业发展规划。这一规划要有一定的灵活性,以便根据发展的实际情况进行相应的调整。

要正确分析和评价自己,往往要经过较长时期的自我观察、自我体验和自我剖析的过程。通过对类似表11-1的分析研究,员工个人可以分析出自己的能力、兴趣爱好以及对职业发展的要求和目标,这是进行职业规划的重要内容。

表11-1　员工通过自我评价从中了解自己人生发展中的需要和目标程序

1. 从下述所列项目中选出你近期最感兴趣的项目。
2. 从下述所列项目中选出你近期最不感兴趣的项目。
3. 写出下面未列出而你又最感兴趣或最想干的工作:
(1)有自由支配时间的工作;　　　(2)具有权力性的工作;
(3)工资福利待遇高的工作;　　　(4)具有独立自主性的工作;
(5)有趣味的工作;　　　(6)具有安全性的工作;
(7)有专业性地位的工作;　　　(8)具有挑战性的工作;
(9)无忧无虑的工作;　　　(10)具有广泛接触、能广交朋友的工作;
(11)有声誉的工作;　　　(12)能表现自己,且能让别人看得见的工作;
(13)具有地区选择性的工作;　　　(14)有娱乐活动性的工作;
(15)环境气氛和谐的工作;　　　(16)有教育设施和机会的工作;
(17)领导性的工作;　　　(18)具有专家性的工作;
(19)带有旅行性的工作;　　　(20)可与家人有更多时间在一起的工作。
4. 你目前从事着哪一类的工作?它能满足你下一步的要求吗?说说能或不能的理由。
5. 你希望你接着从事的工作能满足你的要求吗?如希望的话,如何进行或规划?如果不希望的话,请说明理由。
6. 请具体描述你下一步最希望从事的工作。
7. 根据你的实际爱好和能力,说明你最希望从事的工作的各种具体活动或内容,不要描述工作的头衔,而要说明这个具体工作的活动和内容。说明你将如何去实现自己的愿望。例如,具体列出你目前可以干的五种工作。如:我可以分析财务报表,我可以授课传授我的工作经验和技能,我可以编辑文字材料……
8. 为了从事你下一步的工作,你是否需要通过培训或自学等形式学习和掌握新的知识或技能?如果需要的话,请详细说明,并说明学习或获得这方面知识和技能的途径或方法。
9. 你的这些要求是否可在你目前从事的工作以外的方面得到满足?如果可能的话,你是否希望发展或晋升到更重要或更高一级的岗位上?
10. 概述你自己的希望和你能干什么工作,从而满足你的需要。

资料来源:郑绍濂等:《人力资源开发与管理》(第三版),复旦大学出版社,2006年,第148页。

(二)组织对员工个人能力、潜力和职业倾向进行评估

公共组织能否正确评价员工个人的能力和潜力是职业规划制定和实施的关键,对组织合理地开发和使用人才,对个人职业规划目标的实现都有重要的作用。组织对员工个人的评价方法主要有:

(1)在招聘过程中收集有关的资料和信息。这些资料和信息包括能力和个性等方面的测试,员工填写的有关教育、工作经历的表格,以及人才信息库中的有关资料等。

(2)收集员工在目前岗位上的表现的信息资料,包括工作绩效、评估资料,有关晋升、推荐或工资提级等方面的情况。

(3)通过心理测试和评价中心的方法,指导和帮助员工认识职业发展需求和目标,确定职业性向和职业锚。由于在对员工的绩效进行评估的过程中存在种种问题,如由于评估人的偏爱或歧视以及评估体系的局限而影响评估的信度和效度,对目前员工在岗位上的表现的评估并不能确切地预测其是否能胜任更复杂的工作。所以西方国家自20世纪70年代以来,逐渐采用更为科学的方法,即心理测试和评估中心等方法帮助员工确定职业性向和职业锚。

霍兰德职业性向测试是一种比较典型且运用较广泛的职业性向测试方法。它由美国霍普金斯大学教授约翰·霍兰德(John Holland)等职业专家开发而成。表11-2是霍兰德六种职业性向归纳,以及素质类型与相宜职业选择的匹配表。

表11-2 霍兰德素质类型与相宜职业选择的匹配

职业性向	素质特征	相宜的职业
实际性向	喜欢有规则的具体劳动和需要基本操作技能的工作,但缺乏社交能力,不适应社会性质的职业。	典型的职业包括技能性职业(如一般劳工、技工、修理工等)和技术性职业(如摄影师、机械装配工等)。
研究性向	具有聪明、理性、精确、批评等人格特征,喜欢抽象的、分析的、独立的定向任务这类研究性质的职业,但缺乏领导才能。	典型的职业包括科学研究人员、工程师、电脑编程人员、医生、系统分析员等。
艺术性向	具有想象、冲动、直觉、理想化、有创意、不重实际等人格特征,不善于事务性工作。	典型的职业包括艺术方面(如演员、导演、艺术设计师、雕刻家、建筑师、摄影家、广告制作人)、音乐方面(歌唱家、作曲家、乐队指挥)、文学方面(小说家、诗人、剧作家)。

续表

职业性向	素质特征	相宜的职业
社会性向	具有合作、友善、善社交、善言谈、洞察力强等人格特征，喜欢社会交往，关心社会问题，有教导别人的能力。	典型的职业包括教育工作者、社会工作者。
企业性向	具有爱冒险、有野心、独断、乐观、自信、精力充沛等人格特征，喜欢从事领导及企业性质的工作。	典型的职业包括项目经理、销售人员、营销管理人员、政府官员、企业领导等。
常规性向	具有顺从、谨慎、保守、实际、稳重等人格特征，喜欢有系统、有条理的工作任务。	典型的职业包括办公室人员、秘书、会计、打字员、行政助理、图书馆管理员、出纳等。

资料来源：赵冬芝、施俊琦：《霍兰德职业性向理论在人力资源管理中的应用》，《人才资源开发》2006年第12期。

所谓职业锚就是指当一个人不得不作出选择的时候，他或她无论如何都不会放弃的职业中的那种至关重要的东西或价值观。正如"锚"的含义一样，职业锚实际上就是人们选择和发展自己的职业时所围绕的中心。一个人对自己的天资和能力、动机和需要以及态度和价值观有了清楚的认识以后，就会意识到自己的职业锚到底是什么。埃德加·施恩（Edgar Schein）根据对自己学生的统计分析，提出了五种职业锚：

第一，技术或功能型职业锚。具有这种职业锚特征的人往往不愿意选择那些带有一般管理性质的职业，而倾向于选择那些能够保证自己在既定的技术或功能领域中不断发展的职业。

第二，管理型职业锚。具有这种职业锚特征的人有强烈的从事管理职业的动机，愿意将承担责任作为终身职业目标，他们具有比较明显的分析问题与解决问题能力、人际沟通能力和情感激励能力。

第三，创造型职业锚。具有这种职业锚特征的人倾向于选择具有一定风险性、追求创业和创新获取较高挑战性与成就感的职业，如企业家、知识与艺术创造职业等。

第四，自主与独立型职业锚。具有这种职业锚特征的人倾向于选择一种可以自己决定和更多自我支配的职业，避免受到其他人的摆布或依赖于他人，如自由职业、大学教授、小型零售公司的所有者等。

第五，安全型职业锚。具有这种职业锚特征的人倾向于选择具有长期职业稳定性和工作保障性，并预计有可靠的经济来源、体面的收入，甚至是有良好的退休规划和退休金保证的职业，如公务员职业等。

表11-3 就施恩给出的职业锚自我评价表

为了帮助你确定自己的职业锚,可以找几张空白纸写下你对以下几个问题的答案。

1. 你在高中时期主要对哪些领域比较感兴趣(如果有的话)?为什么会对这些领域感兴趣?你对这些领域的感受是怎样的?

2. 你在大学时期主要对哪些领域比较感兴趣?为什么会对这些领域感兴趣?你对这些领域的感受是怎样?

3. 你毕业之后所从事的第一种工作是什么(如果相关的话,服役也算在其中)?你期望从这种工作中得到些什么?

4. 当你开始自己的职业生涯的时候,你的抱负或长期目标是什么?这种抱负或长期目标是否曾经出现过变化?如果有,那么是在什么时候?为什么会变化?

5. 你第一次换工作或换公司的情况是怎样的?你指望下一个工作能给你带来什么?

6. 你后来换工作、换公司或换职业的情况是怎样的?你怎么会作出变动决定?你所追求的是什么?(请根据你每一次更换工作、公司或职业的情况来回答这几个问题。)

7. 当你回首自己的职业经历时,你觉得最令自己感到愉快的是哪些时候?你认为这些时候的什么东西最令你感到愉快?

8. 当你回首自己的职业经历时,你觉得最让自己感到不愉快的是哪些时候?你认为这些时候的什么东西最令你感到不愉快?

9. 你是否曾经拒绝过从事某种工作的机会或晋升机会?为什么?

10. 现在请你仔细检查自己的所有答案,并认真阅读关于五种职业锚(管理型、技术或功能型、安全型、创造型、自主与独立型)的描述。根据你对上述这些问题的回答,分别将每一种职业锚赋予从1~5之间的某一分数,其中1代表重要性最低,5代表重要性最高。

管理型( )	技术或功能型( )	安全型( )
创造型( )	自主与独立型( )	

资料来源:孙柏瑛、祁光华编著:《公共部门人力资源开发与管理》,中国人民大学出版社,2012年,第238页。

(三)组织为员工提供职业发展的有关信息,给予公平竞争的机会

员工在进入组织以后,要制订一个可行的、符合组织需要的个人职业发展规划,就必须获得组织内有关职业选择、职业变动和职位空缺等方面的信息。而组织为了使员工的个人职业发展规划制定得切合实际,也要将有关员工职业发展的方向、职业发展途径以及有关职位对候选人在知识、技能等方面的要求,及时地利用组织内部的报刊、公告或口头传达等形式传递给广大员工,使那些对空缺职位感兴趣又符合自己职业发展方向的员工参与公平的竞争。同时,组织还要创造更多的岗位或新的职位,以便更多员工的职业

规划目标能够实现。

（四）提供职业发展咨询

在制订自己的职业发展规划时，员工个人往往需要咨询下列问题：

（1）我现在掌握了哪些技能？技能水平如何？如何发展和学习新的技能？发展和学习哪些方面的新技能最可行？

（2）我在现在的工作岗位上真正需要的是什么？如何才能在现在的工作岗位上既使上司满意，又使自己满意？

（3）根据我目前的知识和技能，我是否可以或有可能从事更高一级的工作？

（4）我下一步应朝哪个职位（或工作）发展？如何实现这个目标？

（5）我的规划目标是否符合本组织的要求？如果我要在本组织实现我的职业发展目标，应接受哪些方面的培训？

人力资源部门和各级管理人员都应协助员工解答上述问题，要从各方面的信息资料分析中，对员工的能力和潜力作出正确的评价，并根据组织的实际要求和条件，帮助员工制定职业规划，并为员工实现规划目标提供具体的指导和支持。

四、对职业生涯规划方案的评估

（一）从个人层面进行评估

（1）与价值观及兴趣的一致性：职业生涯与个人的需要、兴趣、价值观相适应的程度如何？

（2）与职业需求的一致性：职业生涯战略帮助个人在职业中实现潜能的程度如何？

（3）与环境需求的一致性：职业生涯战略帮助个人抓住环境给他（她）提供的机会，或避开环境所造成的问题或伤害的程度如何？

（4）在资源条件允许的前提下的适应性：如果对个人来说，时间和财力充裕，这种职业生涯适合的程度如何？

（5）对风险的承受力：在多大程度上该战略能够迎合具有影响力的他人

的偏好(包括同事和家庭成员)?

(6)对于时限的适应性:职业生涯战略是否能接受时间的考验,与个人的目标相契合?

(7)可行性:职业生涯战略是否能实现个人的职业生涯目标?

(二)从组织层面进行评估

(1)职业生涯管理政策:什么政策能够促进组织中的职业生涯规划与控制?这些政策是否行之有效?在评估成功事项时是否采取了追踪调查的方式?组织中的正规的职业生涯规划范围如何(如继任规划、工作时间、咨询指导等)?

(2)职业生涯管理结构:组织中是否存在一些能提供一系列员工评价、咨询指导、多元晋升系统的结构? 这些结构是否会长久性地存在?

(3)领导:当组织准备为员工提供开发职业生涯发展的机会时,组织的领导是否大力支持这些工作? 这种组织文化是如何维持的?

(4)奖酬系统:组织中的奖酬系统是否与员工的职业生涯规划相一致?当员工学会一种新技术时,是否会得到鼓励和奖励? 对某些职业而言,获取酬劳是否比其他职业容易得多?

五、公共部门职业发展管理活动

(一)建立职业发展的信息与预测系统

员工个人职业生涯发展计划的设计要符合时代发展和社会的需要,必须依赖于与职业有关的一切信息。而个人由于精力、财力、空间以及认知能力的限制,其所掌握职业信息的来源和通道是有限的。组织在这方面则存在巨大优势。它在确立组织目标和进行组织人力资源需求预测的同时,就要广泛收集职业发展本身的信息,也能够预测职业发展的趋势。因此,建立有关职业的信息系统,是非常经济,也是非常重要的事情。职业发展信息内容包括某职业的性质、职业在社会中的地位和发展方向、从事职业必备的资格条件、职业的收入水平、职业生涯发展要求的知识结构与素质、在职业中晋升的通道等。

(二)提供职业咨询和职业管理指南

组织可以通过面谈、问卷、讲授等多种形式,由组织的领导者、部门主管和职业研究专家,为所属的员工进行职业咨询,解答其在职业问题上的困惑和难题,理清其职业发展的思路。职业咨询的内容包括:第一,帮助员工分析自身的特性、职业锚、长处、短处和发展需要;第二,帮助员工学习职业生涯发展的知识,使其能够更积极地管理职业生涯;第三,提供组织内、外部的可选择职业;第四,帮助员工克服职业生涯发展中出现的各种问题。通过职业咨询,使员工明确发展方向,树立职业信心,发挥自我才智。为此,组织需要投入管理的资源。表11-4展示了一个组织投入的职业发展管理资源。

表11-4　职业发展管理资源投入的个案

职业资源中心 　　媒体图书馆:备有评价工具、计算机化程序、技能盘点、指导职业计划训练、图书、杂志、视听节目等,帮助员工制订职业发展计划。
职业规划软件 　　将员工的价值观、兴趣、爱好和技能与工作数据库中的职位相匹配的一种自我评价工具,它还有助于员工建立职业目标、制订行动计划、撰写个人简历。
职业规划讨论会 　　使员工能在利用可得到的资源制订切合实际的职业生涯计划,并在了解他们自己的同时,向其他人学习。
管理人员的职业发展讨论会 　　帮助管理人员建立他们自己的职业目标和计划,帮助他们理解自己在支持员工职业发展计划方面的角色。
工作参考书 　　参考资料包括组织结构图、组织使命说明、组织中每个单位的目标、组织的人员情况数据以及有关影响职业选择趋势的信息。
职业向导 　　人力资源部以及组织培训与开发部的职能人员担任职业指导。他们很熟悉职业发展资源,并可以帮助员工计划其职业发展的开始步骤。
职业顾问 　　顾问活动包括一对一的面谈,专业职业顾问现场帮助员工进行自我评价,设定目标和制定计划。顾问们有责任为员工保守秘密和隐私。

资料来源:[美]詹姆斯·沃克:《人力资源战略》,吴雯芳译,中国人民大学出版社,2001年,第171页。

(三)制订职业生涯通路计划

职业生涯通路是对前后相继的工作岗位和经验所作的客观描述，表明在一种职业中个人发展的一般路线或理想路线。它建立在将职业角色放在一个不断变化和发展状态的基础上，为员工合理使用和拓展能力提供各种发展机会，包括确定某一职业进口和出口通道、职业的纵向流动通道、职业的横向流动通道三大方面。组织可以按照职业生涯通道的设计，寻找机会安排员工的工作变动和人事流动，从而使个人在此过程中得到应有的训练，具备担任更高职务或胜任其他岗位的广泛能力。职业生涯通路设计的内容是：①比较和分析工作的性质，对工作进行分类，并确定胜任工作必备的条件；②描述流动进步的条件，详细说明在职业生涯通路进程中需要的学历、工作经历、知识结构和技能；③规定垂直流动中逐级上升的逻辑次序与最低服务年限等。

(四)向员工开放的工作岗位

将组织内每个工作岗位的信息向员工开放，要求员工或求职者根据自己的条件和职业期望选择适当的岗位，工作建立在自愿的基础上。这是组织与员工之间双向选择的过程。同时，组织凭借这一过程，可以得到或反馈员工工作绩效信息，并完善可供员工选择的职业标准。

(五)回应和解决职业生涯发展中遇到的典型性问题

组织在为员工提供必要的职业发展通路的同时，也需要回应员工在职业生涯不同阶段遇到的一些问题，甚至是职业危机问题，以促进人力资源的开发。在员工的职业生涯中，可能存在着一些典型的职业危机情况。一是职业生涯高原。这是指一个员工在其职业中期由于个人能力不够或分配不公、组织成长程度低导致的发展机会少等原因，已经不太可能晋升到更高的职位上或承担更多的责任了，从而产生"中年危机"。组织面对产生了"中年危机"的员工，可以针对特定的原因，鼓励员工参与组织的开发活动，并采用培训、职务转换、短期任职等方式，尽可能为员工提供发展机会。二是技能老化。这是指员工在完成一次教育培训的相当一段时间后,由于知识和技能的更新跟不上组织发展的要求而导致工作能力和绩效下降。所以在员工职业生涯发展中,组织为了防止员工知识、技能老化,需要积极采取一些应对措施,包括强调终身学习、共同探讨技能发展问题、让员工承担具有挑战性的工作任务、对创新活动予以奖励等。

(六)教育、培训计划

组织可以针对职业发展的要求和员工素质的缺陷,进行有计划的培训。教育、培训包括两方面。第一是工作经验、技能等实际才干的培养,一般以师傅带徒弟或以榜样示范等方式实现;第二是当工作经验不足以有效提供更多的知识时,员工就要接受正规的课程学习和教育,以此丰富或更新知识结构,适应社会和组织提出的各种挑战,满足个人职业生涯发展的资格要求。

(七)建立以职业发展为导向的工作绩效评估体系

一方面,将职业发展要求纳入员工工作绩效的评估标准中,以激励和提升员工的绩效水平;另一方面,依据员工真实、可靠、客观的绩效水平状况和有关信息,管理者可以判断员工是否能够担任一定的工作职务并承担相应的责任。

六、职业发展管理应注意的问题

(一)提高对职业发展管理的认识

职业发展管理是现代人力资源管理中一个比较新的职能。但在目前,我国大多数的公共组织对之还缺乏足够的认识,人力资源管理职能部门还不具有职业发展管理这一职能。因此,组织的人力资源部门和各级管理人员要加强对职业发展问题的了解,提高对其重要性的认识。我们应该明白,只有不断满足员工成长和发展方面的愿望和要求,才能持久地激励他们,发挥他们的工作积极性、自主性和创造性。这是公共组织培养人才和吸引人才的有效途径,必须予以重视。

(二)个人职业发展与组织发展相结合

个人的职业发展离不开组织的发展。因此,要制订组织的人力资源开发的总体规划,并把它纳入组织总的战略发展规划之中,与其他规划协调一致。要根据组织未来发展对人力资源的需求,帮助员工制订个人发展计划,使组织的目标、需要与员工个人的目标、需要有机地结合起来,这是职业发展管理有效性的关键。

(三)对员工一视同仁,提倡公开而平等的竞争

近年来,我国越来越多的组织采取公开招聘和竞争的方法选拔人才,使很多优秀人才脱颖而出。这种方式只要组织工作做得好,克服人为色彩,就有利于在员工中形成奋发向上的良好气氛,有利于员工职业发展计划目标的实现。

(四)注意对不同职业发展阶段的员工的不同指导和关心

处于不同职业发展阶段的人有不同的需要。人力资源部门和各级管理部门不能千篇一律地对待他们,而应该深入了解他们各自的不同需要,并创造条件指导和帮助他们实现各自的需要,以增强他们的满足感。

知识点提要:

职业发展是以心理开发、生理开发、智力开发、技能开发、伦理开发等人的潜能开发为基础,以工作内容的确定和变化、工作业绩的评价、工资待遇、职称职务的变动为标志,以满足需求为目标的工作经历和内心体验的经历。公共部门积极介入员工个人职业生涯发展规划,实现和充分发挥员工个人成就与价值的过程,也是组织获得优异绩效的过程,两者是相互依赖的,是一体化的。因此,职业发展管理对于培养造就公职队伍、完善公共部门人力资源管理具有重要意义。

人的职业生涯大体可以分为以下六个阶段:职业准备阶段、职业选择阶段、职业适应阶段、职业稳定阶段、职业素质衰退阶段、职业结束阶段,其中"职业稳定阶段"最长,"选择阶段"最为关键。

复习思考题:

1. 通过对员工职业生涯发展阶段的认识,说明组织实施员工职业发展管理的意义。

2. 职业生涯发展管理与人力资源其他管理活动如何相匹配?

3. 为协调组织目标和个人发展目标公共部门需要在职业发展管理方面开展哪些重要活动?

4. 职业生涯发展管理应注意哪些问题?

进一步阅读:

基层青年公务员职业生涯管理困境及其对策分析

职业生涯管理引入到公务员管理中,既是一种开放性的思维,也是一种创新性的思维,对于培养高素质的现代公务员队伍和提升政府效能有着重要的意义。基层青年公务员是整个公务员队伍的主力军,正处于职业生涯的关键阶段,如果进行有效的管理,既能为他们整个职业生涯的成功奠定基础,又能促进基层公务员队伍的稳定和发展,推动和谐社会建设。

一、基层青年公务员职业生涯管理概念界定

职业生涯管理的概念是西方学者在20世纪50年代末60年代初提出的,此后吸引了众多包括周文霞在内的中外学者的研究,他们从不同的角度对职业生涯管理阐述了自己的看法。通过梳理国内外众多文献,职业生涯管理就是指企业指导员工制订其生涯计划和帮助其职业发展的一系列活动,是企业通过帮助员工制定个人在本企业的职业发展目标,促使员工个人发展目标与企业发展目标的有机结合并保持一致,实现组织与个人"双赢"。

依据我国《公务员法》的相关规定,"基层青年公务员"是指在市、县、乡

(镇)政府工作,级别在科级及以下且年龄在35周岁以下的非领导职务公务员。根据上述内容,笔者认为公务员职业生涯管理是指政府组织基于实现部门发展和公共利益的目的,采用指导公务员制定职业生涯的方式,帮助公务员确立与组织目标相契合的个人职业生涯发展规划,为公务员职业生涯发展创造机会,以使组织目标和公务员个人目标得到实现的过程。

二、基层青年公务员职业生涯管理存在的问题

(一)政府部门和公务员个人对职业生涯管理重视不够

职业生涯规划逐渐从企业界被引入到公务员管理领域,用来指导基层公务员队伍建设。但迄今为止,上至政府部门下至基层青年公务员对职业生涯管理的重视程度都不高。具体表现为:一是政府部门未能主动针对基层青年公务员的特点和需要开展职业生涯管理工作,基层青年公务员本身并未被政府部门作为一种富有增值潜力的资源加以开发,而是被视为一种实现组织目标而进行合理配置的工具;二是基层青年公务员自身缺乏主动实施自我职业生涯管理的自觉性。在平时的工作中,基层青年公务员只是妥善执行上级的命令,根本不去考虑自身的发展问题,一切等待组织安排,致使公务员自身的自主性逐渐降低。

(二)基层公务员职位晋升渠道不通畅

对于公务员的激励,除了物质奖励和精神奖励之外,就是职位晋升,相对于职位晋升来说,物质奖励和精神奖励对基层青年公务员产生的激励作用要小得多。一方面,面对每年庞大的考入公务员队伍的基层青年公务员数量,可供基层青年公务员晋升的职位有限,这就出现了严重的竞争现象,导致基层青年公务员对自己的职业生涯发展丧失信心;另一方面,在基层青年公务员晋升的操作过程中存在“人治”现象,“拉关系”等违规行为突出,缺乏一个公平择优晋升环境。

（三）培训制度流于形式的现象严重

培训有利于提高公务员自身的综合素质，对于其职业生涯发展十分重要，而当前各级政府组织对于"培训处于基层公务员职业生涯发展的关键位置"的认识还不够。具体表现在：一是缺乏培训需求分析。很多组织实施培训大多是"走过场"，而没有真正结合基层青年公务员职业生涯发展的需求；二是培训内容和形式单一。目前大多培训的内容侧重于对基层公务员思想政治方面的教育，岗位技能方面偏少，未达到通过培训提高公务员工作技能的目的；培训的形式依然以授课式为主，缺乏实践工作式的培训。

三、基层青年公务员职业生涯管理困境成因

（一）公务员管理体制机制方面

一是管理权限集中。目前，我国市级政府和各区县特别是乡镇政府的公务员管理权限分配极为不均，主要集中在了市级政府层面，这严重抑制了区县乡政府开展基层青年公务员职业生涯管理工作的主动性。二是公务员管理机制不完善。如公务员公开竞争择优选拔机制中存在职位数量少、级别低的问题，使得基层青年公务员产生"不求无功，但求无过"的消极工作心理。

（二）文化观念层面

一是组织文化中的"人本观念"体现不够。多年来，大多政府组织缺乏人力资源开发的观念，更多强调公共利益至上和公务员的无私奉献，而忽略了基层青年公务员个人诉求的表达，导致他们不敢奢望个人职业生涯发展。二是组织的公务员管理制度中缺乏职业生涯管理理念。目前大多的管理制度和措施中只是停留在"管理人"的层面，"发展人"的层面体现较少，公务员更多成了实现组织目标的"牺牲品"。

（三）青年公务员自身层面

一是"官本位"思想根深蒂固。许多基层青年公务员长期受"官本位"思想的影响，在实际工作中把"当官"作为职业的唯一追求，而忽略了自身职业发展的真正需要。二是价值观出现"错位"。在市场经济高速发展的环境下，基层青年公务员的价值观难免会受到"拜金主义""权力至上"等不良风气的影响，导致许多公务员自身的公仆意识逐渐让位于他们追求的职位权力意识。

四、克服基层青年公务员职业生涯管理困境的对策

（一）完善公务员管理体制机制

（1）理顺公务员管理体制。适当下放市级政府公务员管理权限至各区县、乡镇政府，扩大他们的管人用人自主权，建立以各区县、乡镇政府为责任主体的基层青年公务员管理体制，提高各区县、乡镇政府开展基层青年公务员职业生涯管理的积极性和主动性，并把基层青年公务员职业生涯管理列入各级政府的工作目标中。

（2）完善公务员管理机制。首先，完善公务员晋升流动机制。加大公开选拔、竞争上岗的力度，采用功绩晋升多元化晋升方式，规范晋升操作过程，真正做到依靠实力竞争、公平竞争，消除晋升中的"人治"色彩；适当扩大职务层次，增加级别数量，满足基层青年公务员晋升职位的数量需求。其次，完善公务员培训机制。采用多种方式征求基层青年公务员的培训需求，根据他们的职业发展需求制定培训方案；在加强思想政治教育的培训的同时，更加注重他们岗位技能的提高，改传统的授课式培训为案例教学、体验式学习等新的培训方式，增强基层青年公务员学习的热情。

（二）优化政府组织公务员管理理念

多年来，政府组织的管理理念多停留在"管理人""使用人"层面，而忽视了"服务人""发展人"，把人当作实现组织目标的工具。职业生涯管理的内涵

之一就是尊重人、满足人的发展需要,这高度体现了"以人为本"的精神内涵。因此,政府组织要注重将"以人为本"的理念融入组织文化建设中,把公务员作为一种优秀的人力资源来开发,在实现组织目标和公共利益的同时,满足公务员自身的发展需要。重视组织内上级与下级、部门同事之间的沟通交流,部门领导要走进下属群体中,了解青年公务员的职业需求,同时采用座谈会等多种形式增强上下级交流的效果;定期举办符合基层公务员职业发展的文体活动,丰富他们业余文化生活的同时加强部门之间的横向交流。真正以开展基层青年公务员职业生涯管理工作为契机,实现人与组织的"双赢"。

（三）提升基层青年公务员自我职业生涯管理的能力

（1）认真自我剖析,结合自身实际制订职业生涯规划。准确的自我定位可以帮助基层青年公务员在职业生涯规划时少走弯路,减少重大错误的出现。制订自我职业生涯规划时要注意两点:一是确定职业生涯规划目标,目标的设定要结合自身性格、专业能力等实际情况,注重个人目标与组织目标协调一致;二是选择职业生涯发展路径,对于自己是要走综合管理类职位,还是走专业技术类职位,这需要自己对"想做什么""能做什么"有一个客观的评判与清晰的把握,这样才能找到一个心理和经济上都能满意的职业发展路径。

（2）做到终身学习,提升自我能力。个人价值和能力的提升依赖于持续地学习,只有不断学习新的知识、新的技能,才可以有效地应对实际工作中出现的新问题、新情况,才可以保持职业竞争优势。对于"终身学习"基层青年公务员要处理好三方面的关系:工作和学习之间的关系,加强实践和强化理论之间的关系,政治理论学习和学习其他知识之间的关系。

职业生涯管理在基层青年公务员的职业发展中扮演着重要的角色,希望通过倡导这一重要理念,让政府组织和公务员个人能够意识到职业生涯管理对于基层青年公务员职业发展的重要性。在以后的工作中,政府要多加关注基层青年公务员这个特殊群体,发挥政府在其职业生涯管理中的导向作用,努力实现组织和个人的"双赢"发展。

（文章摘自:《江苏商论》,2016年第4期,作者吴春考）

第十二章
公共部门员工心理健康与干预

一、心理健康的概念与标准

(一)心理健康的概念

在现代社会中,健康不仅指生理健康,还包括心理健康、社会适应良好,三者的和谐统一构成了健康的基础。世界心理卫生联合会认为,心理健康是指身体、智力、情绪十分调和;适应环境,人际关系中彼此谦让;有幸福感,在工作和职业中能充分发挥自己的能力,过着有效率的生活。

我们认为,心理健康是一种平衡、积极的心理状态,既保持稳定的情绪,又可以充分发挥身心潜能的一种心理状况。

(二)心理健康的标准

人本主义心理学家马斯洛等人提出了心理健康的十条标准:
(1)充分的安全感;
(2)充分了解自己,并对自己的能力作适当的估价;
(3)生活的目标能切合实际;
(4)能与现实环境保持接触;
(5)能保持人格的完整与和谐;
(6)具有从经验中学习的能力;
(7)能保持良好的人际关系;
(8)适当的情绪表达及控制;

（9）在不违背集体利益的前提下，能有限度地发展个性；

（10）在不违背社会道德规范的前提下，对个人的需要能恰如其分地满足。①

2003年国家人事部印发的《国家公务员通用能力标准框架》（试行）提出公务员的心理健康标准：

（1）事业心强，有积极、乐观、向上的精神状态和爱岗敬业的热情；

（2）根据形势和环境变化适时调整自己的思维和行为，保持良好的心态和情绪；

（3）自信心强，意志坚定，能正确对待和处理顺境与逆境、成功与失败；

（4）良好的心理适应性，心胸开阔，容人让人，不嫉贤妒能。

二、公共部门员工职业倦怠与有效干预

（一）职业倦怠的内涵

职业倦怠也可以称为工作倦怠、工作耗竭、职业枯竭等，职业倦态概念首先是由弗鲁顿伯格（Freudenberger）1974年在《人事倦怠》一书中首次采用"倦怠"一词来描述服务业及医疗领域中的个体所体验到的一组负性症状，如情绪低落、身体疲劳、工作投入度降低、对待服务对象冷漠的态度和降低的个人成就感等。他从临床咨询的角度提出了工作倦怠的概念，主要是从他自己以及其他人所经历的情感耗竭、缺乏动机和承诺的过程进行的描述，侧重于临床的实践。1975年马斯拉池（Maslach）从社会心理学的角度提出了相同的概念，马斯拉池和杰克逊（Jackson）最早用三维度模型对其下了定义，他们提出了职业倦怠感的多维度概念，即职业倦怠包括情感耗竭（emotion exhaustion）、人格解体（depersonalization）、个人成就感降低（reduced personal accomplishment）。其中情感耗竭是这一系列症状的主要方面，它指一种过度的情感付出以及情感资源的耗竭；人格解体是指对他人消极、冷淡、过分隔离、愤世嫉俗以及冷淡的态度和情绪；而个人无效能感是指自我效能感降低以及倾向于对自己作出消极评价，尤其是在工作方面。

---

① 参见林仲贤、武连江：《儿童心理健康与咨询》，中国林业出版社，2000年。

（二）公共部门员工职业倦怠的表现及危害

我国心理学家张振声教授认为，职业倦怠有四种表现：

1. 身体方面的症状表现

职业倦怠人员身体症状包括深度疲劳、失眠、头昏眼花、恶心、过敏、呼吸困难、肌肉疼痛和僵直、月经不调、腺体肿胀、咽喉痛、反复得流感、传染病、感冒、头痛、消化不良和后背痛。其中，呼吸系统传染病和头痛会持续很长时间，有些人还会出现更为严重的肠胃问题、溃疡和高血压。有些职业倦怠人员还会出现睡眠紊乱的状况。有些人失眠，他们感到紧张、亢奋、不能放松下来，头脑中总是出现那些令他们忧虑的事情；睡眠过多又会感到很累。

2. 工作方面的表现

职业倦怠人员在作决定时很艰难，常常拖延和犹豫不决。一旦作出决定，又很难承担相应的责任。一个典型的反应是无论做什么，都是不对的。职业倦怠人员感觉自己的能力不足，但是又无法改变现状，所以他们只能用消极的办法来对待工作上的、人际上的竞争，时刻提防着别人，就很容易变得偏执。

3. 人际交往方面的表现

职业倦怠人员经常感到筋疲力尽，对一切都失去了兴趣，哪里也不想去，没有心情去和别人聊天，总感觉自己很怕和别人交流，只想自己一个人待一会儿，哪怕只是发呆也好。

4. 情绪方面的表现

职业倦怠人员被失败和失落的感觉干扰的结果就是个体自尊的崩溃。对于职业倦怠者来说，当他们感到他们没有达到自我预期时，他们就失去了自尊心。经历了很长一段时间的挫折和压力以后，工作的乐趣、信心和创造力都消失了。

5. 公共部门工作人员职业倦怠的危害

职业倦怠对公共部门工作人员的危害主要表现在三个方面：一是影响工作，导致员工工作表现不积极，工作绩效差；二是影响家庭，如影响与家庭成员的人际关系；三是影响社会，如引起人力资源的流失等问题。

(三)公共部门工作人员职业倦怠产生的原因

公共部门工作人员职业倦怠产生的原因,我们可以分别从个人、家庭和社会三个方面去分析。

1. 个人原因

第一,工作家庭冲突。在实践调研中发现工作家庭冲突在已婚公职人员中出现的较为显著。较高的工作负荷和较低的工资收入,使许多公职人员的工作得不到家人的理解和支持,例如公职人员中的公安干警,高强度、高危险的工作使他们休息不能得到保证的同时,人身安全也得不到切实的保障,家人的不理解、不支持会给公职人员带来更大的心理压力,从而导致职业倦怠感增强。

第二,个人专业兴趣。公职人员中经常会出现所学专业与工作职位不对口,俗话说,"男怕入错行",这样就会使一部分公职人员渐渐失去对工作的热情,产生职业耗竭感和失落感,甚至导致更加严重的职业倦怠产生。

2. 组织原因

导致公共部门工作人员职业倦怠的组织原因有四个:公共部门工作人员的组织管理难度大、组织工作负荷量大、个人职业发展前景模糊、组织内人际关系问题等。

第一,公共部门工作人员组织管理难度大。我国正处于由传统型政府向服务型政府转型的过程中,公共部门工作人员管理中的激励机制也基本沿袭了传统的干部人事制度的基本内容,西方的公共部门人员管理制度的建立与发展经过了一百多年的时间,最终才得以成熟。而我国在此方面与一些发达国家相比还存在很大的差距。通过对我国现行公共部门工作人员管理的制度分析,从组织特征的角度与职业倦怠感诱因方面进行分析,发现公共部门工作人员的晋升、激励、考核等方面存在一定的短板和不足,导致职业倦怠的出现,因为在工作中能否获得提升与职业倦怠有着明显的关系。要想预防不出现职业倦怠,有必要考虑如何让公共部门工作人员在工作中获得不断提升。在公共部门工作人员工作中有时会出现虽然好好工作,却不一定能得到相应的肯定和提升。在这种情况下,职业倦怠的出现也就成为不可避免的事情。

第二,组织工作负荷大。"工作比较累"已经成为现在上班族不得不去面对的问题,并具有越来越严重的趋势。例如公共部门工作人员加班几乎是义务的,而这种超时、超额工作的结果是导致工作压力过大,出现职业倦怠、进而导致工作效率和工作效果的降低。因此组织有必要考虑,如果能让公共部门员工的工作更为合理,确保组织成员能够获得"工作—生活"的平衡,可以预防职业倦怠的出现,提高公共部门组织成员的工作效率与工作效果。

第三,个人职业生涯前景的模糊。尽管我国政府相关部门加大了选拔、晋升年轻干部的力度,但是传统的资历观念依然严重,"晋升靠关系"还是许多公共部门员工所奉行的准则, 职业发展前景不明确导致许多公共部门的工作人员不知如何去规划自己的职业生涯,从而实现自己的职业目标。而目标的丧失会带来一系列的负面心理反应。在诸多关系公共部门员工职业发展的压力事件中,有些公共部门工作人员担心没有培训机会,有些公共部门工作人员有工作变动频繁的压力, 有些公共部门的工作人员有职业升迁的压力,有些公共部门工作人员在意工作中的成就和荣誉。①这些负面的反应都会给公共部门工作人员造成一定的心理压力,严重者产生职业倦怠感。

第四,组织内人际关系问题。公共部门工作人员在工作中,与领导或同事的关系是产生心理危机的重要因素。在管理活动中,公共部门工作人员的业绩考评乃至晋升,在一定程度上与领导和同事对自己的印象和评价有关。而某些公共部门特有的文化氛围和工作环境使公共部门的工作人员不得不小心谨慎、察言观色,以求明哲保身。甚至由于彼此竞争的存在,在群体中还会出现猜疑、妒忌和敌视的紧张局面,使人际关系扭曲化。人际关系如果处理得不是很好就会出现心理危机及职业倦怠。因此要治疗和预防职业倦怠,就必须让公共部门工作人员不断提升人际关系技能, 同时组织应该不断加强团队建设,营造和谐向上的团队文化氛围。

3. 社会原因

导致公共部门工作人员职业倦怠的社会原因有三个:角色冲突、社会期望值过高、社会经济地位低。

第一,角色冲突。导致公共部门工作人员职业倦怠的一个较深层次的原因是角色冲突,他们在职场中的角色与自己的价值观、思维方式等存在一定的差距,研究结果显示,导致职业倦怠出现的原因主要有某些公共部门潜规则与自己良心的矛盾让自己感到无所适从。也就是说,某些部门的潜规则使

---

① 尹月婷:《公务员的压力及其与心理健康的关系研究》,硕士学位论文,大连理工大学,2005年。

得公共部门工作人员产生了强烈的角色冲突。潜规则与明规则的对立与矛盾,直接动摇的是公共部门工作人员从事事业的理想和信念,而理想信念的动摇很容易使公共部门工作人员在置身职场时产生迷惘并形成严重的职业倦怠。

第二,社会期望值过高。随着社会的快速发展,各种信息渠道的不断建立与完善,特别是互联网的普及,使公众所掌握的信息越来越多,视野越来越宽广,法制观念逐渐增强,思想越来越活跃,社会公众对公共部门工作人员行为的要求与期望也在大大提高。公众期望在公共领域能够获得更优质的服务,期望公共部门工作人员能够在公共事务上有所作为,同时期望他们对职业权力的运用正当、透明,这就给公共部门的工作人员工作带来新的要求和挑战。与此同时,为提高公共部门工作效率,避免工作人员的责权利失衡,公共管理部门引入问责制,这在很大程度上避免了公职人员滥用职权、行政不作为等现象。而这些制度的引入在提高公共部门工作人员工作积极性的同时也大大增加了他们的心理压力,如果不进行及时的心理干预,极易导致职业倦怠的产生。

第三,社会经济地位低。现阶段,虽然公关部门工作人员的工资福利待遇在不断提升,但地区间的差异也很大,一些地区公共部门工作人员的整体工资水平较其他发达地区并不是很高,经济地位的低下使得公共部门工作人员工作失去积极性,失去了工作的信心和热情,因此较低的社会经济地位也是公共部门工作人员职业倦怠的一个重要原因。

(四)公共部门工作人员职业倦怠的预防与解决对策

职业倦怠是一种心理上的感受,在当今经济快速发展,社会竞争日趋激烈的形势下,公共部门工作人员可以利用以下方式来预防和调节职业倦怠。

1. 职业倦怠的个人预防与调节

(1)转变角度,多元思考

工作感到枯燥乏味或者遇到困难或挫折时,要善于变换角度,实施多元化思考,不要只从自己的利益出发,要学会"跳出自我看自我",并且在困难面前要适时地安慰自己,不能过度地否定自己,要懂得"塞翁失马,焉知非福"的道理,要学会辩证地去看待问题和思考问题,而且要学会欣赏自己、善待自己。

（2）适当运动，转移注意力

适当运动可以让体内血清增加，这不仅有利于睡眠，而且容易产生好心情，适当的运动还可以促进血液循环、把大量毒素排出体外，并增强身体的抵抗能力，使职业倦怠感减轻或消除。

（3）放下该放下的，让心灵释放

职业倦怠感严重都是因为工作压力过大引起的，如果因超负荷工作、缺乏休息而感到身心疲惫，那么就赶快给自己放个假，好好放松一下自己，也就等于给接下来的工作充充电；经过全身心的放松和心理调适，让自己的心灵得到释放，可以增强自己的工作信心，从而使职业倦怠感下降或消除。

（4）寻找社会支持网络

当工作上感到倦怠或者人际关系出现紧张时，可以从我们身边寻找社会支持网络，这个支持网络包括家人、朋友、同事。家人给我们更多的是情感上的支持，朋友对我们心理上的支持帮助更大。孔子曰："益者三友，友直、友谅、友多闻。"这告诉我们日常交友要多结交直率、宽容和博学广闻的朋友，这样的朋友才是我们一生的财富。与家人、知心朋友和同事进行倾诉，可以降低我们的职业倦怠感。

（5）参加进修培训

适时参加进修培训，可以改善我们的知识结构，增加工作经验和技能，通过不断地充电可以适应工作环境的发展，有效地避免"能力恐慌"，从而降低职业倦怠感的产生。

2. 职业倦怠的组织预防与调节

（1）营造良好的组织文化

良好的组织文化可以丰富组织成员的思想，统一组织成员的行为，使每个人在工作中具有高度责任感，在共同的工作目标的激励下都能自觉地、积极地努力工作，减少职业倦怠感。此外，由于良好的组织文化可以促进工作团队的形成，并能和谐组织成员的人际关系，因此可以丰富组织成员的情感，提升组织成员的人格，增强组织成员的个人成就感。

（2）健全完善激励机制

健全完善激励机制，有利于调动组织成员的工作热情，激发组织成员的工作积极性，最大限度地降低职业倦怠感。这里的激励包括物质激励、精神激励、晋升激励、情感激励、榜样激励、培训激励等，无论是哪种激励都可以对职业倦怠起到一定的预防和调节作用。

（3）拓展职业发展路径

职业发展路径，概括地说就是员工都有从自己现在和未来的工作中得到成长、发展和获得满足的强烈愿望和要求。为了实现这种愿望和要求，能够在自己的职业生涯中顺利成长和发展，从而制订自己成长发展的职业计划的实施过程。职业要发展必须要不断学习，不然会在职场的竞争中被淘汰，职业的未来掌握在自己的手中，而不受别人的控制，只有不断地学习才能更好地为自己的职业创造更好的舞台。不断拓展职业发展路径，会丰富组织成员的成长经历，促进其多渠道地快速成长，从而降低职业倦怠感。

（4）工作丰富化

工作丰富化是向工作深度发展的职务设计方法，此种职务设计方法可以集中改造工作本身的内容，使工作内容更加丰富化。工作丰富化主要通过增加职务责任、工作自主权以及自我控制，满足个体的心理多层次需要，从而达到激励的目的。

（5）关注组织公平

个体希望自身价值在组织里能有公正的评价，组织必须从以下三个方面做到公平：首先是绩效考核的公平。要运用科学的考核标准和方法对公共部门工作人员的绩效进行定期的考核与评价。其次是选拔机会的公平。使组织的每位成员在职务的晋升和选拔中拥有平等的机会。最后是收入的公平。组织的发展一方面要强调适度拉开差距，增加激励效应；另一方面要强调在讲求效率的同时要兼顾收入的公平，不打消落后人员的工作积极性，从而减轻职业倦怠感。

三、公共部门员工自我情绪管理

（一）情绪的基本内涵

情绪是指伴随着认知和意识过程产生的对外界事物的态度，是对客观事物和主体需求之间关系的反应。是以个体的愿望和需要为中介的一种心理活动。情绪包含情绪体验、情绪行为、情绪唤醒和对刺激物的认知等复杂成分。

（二）情绪的分类

我国古代将情绪分成"七情"，即喜、怒、哀、惧、爱、恶、憩。当代心理学家把情绪分为18类：安静、喜悦、愤怒、哀怜、悲痛、忧愁、忿急、烦闷、恐惧、惊骇、恭敬、抚爱、憎恶、贪欲、嫉妒、傲慢、惭愧、耻辱。情绪又可以分为正面情绪和负面情绪。正面情绪包括喜欢、愉快、兴奋等，负面情绪包括悲伤、愤怒、紧张、焦虑和恐惧等。①

（三）情绪的影响因素

情绪的影响因素有很多，归纳起来主要有个人因素、工作因素和社会因素。下面就这三个因素进行详细分析。

1. 个人因素

（1）身体状况是否良好。一个人的身体状况直接影响自身的情绪，一个身体状况很差的人，他的情绪也就不稳定，经常会产生情绪低落或行为过激的现象，正像我们经常所说的"身体是革命的本钱"，只有身体健康，才会有心理健康，才能保持积极乐观的情绪。

（2）家庭关系是否和谐。家庭和谐是事业成功的保障，和谐的家庭关系可以使人们享受天伦之乐，又可以促进人们形成良好的、积极向上的情绪，反之则相反。例如有过丧偶、离婚经历的人，一般都有一段时间情绪消沉和失落，这必然会影响工作态度和工作效率。

（3）经济方面是否存在压力。经济压力较大的人，情绪经常比较紧张，抱怨自己的收入太低，抱怨自己买不起房、买不起车、养不起孩子等。一天到晚为了金钱而奔波，长时间保持这种状态就会形成很多负面情绪，陷入一种紧张、焦虑的状态。

2. 工作因素

（1）工作环境是否满意。舒适的工作环境可以给我们带来良好的心情。这里所说的工作环境，一方面是指工作的硬件环境，如办公室的采光、通风以及温度湿度的适宜性，还包括各种办公设施的完备度；另一方面是指我们

---

① 任克勤、殷梅霞：《警察职业情绪管理论》，《湖南公安高等专科学校学报》2010年第2期。

的工作氛围,如果大家在一个积极进取、乐观向上、和谐愉快的氛围中工作,不仅拥有良好的情绪和心情,而且还会有较高的工作效率。

(2)工作待遇是否称心。工作待遇是调动员工积极性,使员工努力工作的有效激励手段,如果工作待遇跟不上,就会使员工产生"混日子""被动工作"的情绪,使员工人心涣散,凝聚力下降,甚至会引发"跳槽"行为的发生。

(3)人际关系是否和谐

工作中如何与上级、平级和下级保持和谐的人际关系既是一门学问,又是一门艺术,经常发生"内耗"的群体和组织会给工作成员带来不稳定或消极情绪,不利于身心健康和职业生涯的发展。同理,消极负面情绪的增加也会给工作带来一定的影响。

3. 社会因素

(1)社会保障是否完善

对于中低收入和弱势群体来讲,养老、医疗、住房、就业等基本社会保障需求尚未得到满足,因此这个社会群体中的一部分人会产生抱怨、不满的情绪,甚至会产生极端的行为,这直接关系到社会的稳定,也会影响利益相关者的情绪稳定性。

(2)社会分配是否公平

社会分配的不公平,特别是收入差距过大,会给中低收入阶层的人士带来严重的影响,使他们产生愤怒、抱怨、忿恨的情绪,影响工作和生活的积极性。

(3)社会安全感是否得到满足

各种自然灾害、瘟疫蔓延、社会动荡、失业增加、战争都会给人们带来社会不安全感,而这种社会不安全感会引发社会情绪的不稳定,甚至会引发社会骚乱。

(四)不良情绪及其影响

1. 乐极生悲容易诱发猝死

在医学上,乐极生悲被定义为"狂喜过后产生不良后果的一种情况"。在中国传统文化中讲人生有"四大喜事",即久旱逢甘雨、他乡遇故知、洞房花烛夜、金榜题名时。而这些突然到来的狂喜可以直接导致"气缓"症状的发生。所谓"气缓"即心气涣散,血运无力而淤滞,紧接着会出现心悸、心痛、失眠、健忘等症状,而成语中的"得意忘形"也是对这种高兴得失去了常态,不能控制形体活动的现象的一种描述。

人到中年之后，全身的动脉系统均会发生不同程度的硬化，心肌的冠状动脉当然也不可避免。一旦心脏开始剧烈跳动，身体的体能消耗必然会增加，此时相对地便会发生心肌供血不足的症状，从而出现心绞痛甚至心肌梗死或心搏骤停。这也是通常造成"乐极生悲"的原因之一。除此之外，"乐极生悲"还会导致血压骤然升高而突然感到头晕目眩、恶心呕吐、视力模糊、烦躁不安等。尽管此种现象可能会持续几个小时，但也可能由此引起脑血管破裂发生猝死。由此可见，对于喜事或悲事、顺境或逆境我们都应冷静地对待，学会自我管理情绪，时刻保持稳定成熟的心理状态尤为重要，切忌让自己超过正常的心理限度。

2. 思虑过度必伤脾胃

我国医学认为"思虑过度必伤脾胃"。一旦思虑过度，神经系统功能便会失调，从而使消化液分泌减少，如此一来就会出现食欲不振、颜容憔悴、精神乏力、郁闷不适的症状，也就是所谓的"思则气结"。三国时期的诸葛亮殚精竭虑、夜以继日、积劳成疾，最后病死于五丈原，享年54岁。保健专家告诫我们，作为一种现代文明病的"过虑死"正以越来越快的速度侵蚀着人们的生命。现代社会的信息量急剧增加、生活节奏加快、心理负担加重，生活方式复杂多变，以及竞争激烈都是构成越来越多的人患上"过虑症"的原因，要学会在繁忙工作中让自己的心情适度放松，让生活节奏慢半拍。

3. 过度恐惧会危及生命

过度的恐惧会导致肾上腺素急剧分泌，心血管功能产生障碍，甚至心脏功能衰竭。日本东京大学医学院的徐世杰教授指出："惊恐是上帝赐予人类的礼物，有时却也是撒旦降到我们身上的恶魔。"之所以这么说，是因为当一个人处于极度惊恐状态时，肾上腺会突然释放出大量的儿茶酚胺，促使心跳突然加快，血压突然升高，心肌代谢的耗氧量急剧增加。而过快的血液循环如洪水一般冲击心脏，使心肌纤维被撕裂，心脏出血，从而导致心搏骤停致人死亡。中医讲"恐伤肾"，就是说过度的恐惧耗伤肾气，从而使精气下陷不能上升，而升降的失调则会引发大小便失禁等症状，在女性身上则会表现月经不调等症状，严重的会发生精神错乱、晕厥等。

4. 嫉妒心强会伤害自己

著名哲学家黑格尔曾经说："嫉妒是平庸的情调对卓越才能的反感。"无论你身处什么领域，都可能遭遇嫉妒或被嫉妒，上学读书时可能嫉妒学业上比自己优秀的,容貌上比自己俊美的,才华上比自己出众的人;参加工作后可能嫉妒工资比自己高的、待遇比自己好的、工作能力比自己强的人;谈恋爱的时候,可能嫉妒别人交到了各方面条件更好的对象;结婚后可能嫉妒房子比自己家面积大、车子比自己家更好的。嫉妒之心在我们生活中无时不在,无处不在。然而嫉妒的程度有浅有深,程度较浅的嫉妒往往深藏于人的潜意识之中,而程度较深的嫉妒就会自觉或不自觉的表现出来,如对能力超过自己的同事进行挑剔、造谣、诬陷等。法国著名作家拉罗会弗科曾经说过:"嫉妒是万恶之源,怀有嫉妒心的人是不会有丝毫同情心的。"因为具有这样情绪的人不希望别人比自己优越,因为自私,他又总是想剥夺别人的优越。好嫉妒的人从来不为别人说好话,因为嫉妒之心使他容不下别人的长处,于是就通过说别人的坏话来寻求一种心理上的满足。因此,他便把身边所有的人视作自己的敌人,以冷漠的目光注视别人。而强烈的嫉妒心无疑害人又害己,所以公共部门工作人员应牢记"欲无后悔须律己,各有前程莫妒人"。

5. 无病生疑自找病

现代人越来越关注自己的身体健康, 很多人更是将健康养生作为自己一生的事业,这本来是一件好事,但很多人却过分关注疾病,只要遇到一点小病就担心自己是不是得了不治之症,从此惶惶不可终日。怀疑自己生病的心态作为一种无形的精神压力同样可以给人的精神和心理带来不良的影响。人一旦处于这种心理状态,必然将影响其正常的生理机能,从而削弱免疫能力,为各种疾病打开方便之门。高血压、冠心病等心脑血管疾病很多时候就是因此而诱发的。而有的人一旦患病,情绪就开始变得非常低落,特别容易紧张,而越紧张患者就越感到自己病情越严重,这样一来疾病越不容易好转。所以说调整好自己的情绪,用平和安定的心态面对每一次疾病,才是配合医生进行治疗的最好药方。

6. 过度紧张害处多

当前工作与生活的节奏越来越快, 工作在城市里的人们精神压力也越来越大,怎样才能晋升到更高的职位,怎样才能学到更多的东西,成为当下公共部门工作人员越来越关注的问题。为了能够跟上社会发展的速度,有的人甚至不顾身体承受能力奔波在各种学习班和工作岗位之间。快节奏的工作生活环境无疑也造就了高强度的紧张情绪。医生告诉我们,工作和生活造成的过度紧张是各种疾病产生的根源。只有让工作和生活张弛有度,才是缓解情绪过度紧张的方法。否则,一旦形成了这种不良习惯,百病缠身只是迟早的问题。而在我们实际生活中,由于过度紧张而引发头痛、心悸、眩晕、高血压、冠心病等各种疾病的事例屡见不鲜。不久前有关媒体报道,国外相关专家经过研究后发现,如果日常生活太紧张,仅仅依靠合理的膳食和有规律的体育锻炼都不足以使人们保持合理的体重。不仅如此,紧张的神经还会引起大脑内海马体的突起以及脑内的记忆区域减少。洛克菲勒大学的研究人员对此问题研究后指出:这个区域减少后,使人们过度肥胖的荷尔蒙增加,并由此造成免疫力下降,动脉容易堵塞,记忆力也会下降。管理好自己的情绪,防止长期过度的紧张才是防治疾病发生的根本。

7. 气急暴怒必折寿

经常面目狰狞、歇斯底里的人,大多会因为心脑血管疾病而死亡。医学研究证实,人在发怒时能引起唾液分泌减少,消化能力降低,肠胃痉挛,心跳加快,血压上升,呼吸急促,血液中红细胞增加,血液黏稠度增加,肾上腺素分泌剧增,脑动脉、冠状动脉紧缩变窄,此时极易发生脑卒中或猝死。除此之外,人在发怒时胃口处肌肉骤然紧缩导致整个消化道痉挛、腹部疼痛。特别是对于中老年人来说,好生气发火的人,体内免疫系统受损,抵抗力下降,组织器官会衰退并促使老化加速。所以在遭遇不良状况的时候,我们一定要保持冷静的头脑。相反如果暴跳如雷,对方更是无法接受,争执会越来越厉害。如果某一方患有心血管疾病,那么后果将更是不堪设想的。

8. 过度忧愁会早衰

研究表明,长寿的人一般除了有合理的饮食搭配与有规律的生活习惯之外,都保持着积极向上的健康情绪。在当今激烈竞争的时代,很多身处要职的公共部门工作人员随时都面临着各种压力,工作、财富、价值、感情是最让人头疼和郁闷的事情,因此忧愁的情绪也会不请自来。特别是面对挫折和失败的时候,总是低沉、苦闷,每天都面带一副难看的面容,不停地唠叨和抱怨,或者整天闷闷不乐,独坐叹息,过着郁郁寡欢但又找不到解决办法的生活。更有甚者,也许会焦虑成疾,导致难以入眠,感到异常烦躁。在中医看来,忧愁是情绪消沉郁结的状态,所以古人说"忧则气聚"。忧愁太过,气血不能舒畅,会导致内脏功能失调,免疫力下降,甚至会诱发高血压、癌症、冠心病、精神等方面的疾病。这样的例子屡见不鲜。像东周时期伍子胥,因无计闯过韶关,一夜之间满头白发;唐代文学家柳宗元才华出众,但由于长期被贬,沉闷、忧郁的贬谪生活把他折磨得容颜憔悴、体质虚弱,得了毒疮又患霍乱,47岁就含恨辞逝了。

(五)情绪调节的有效方法

1. 自我激励法

生活是一面镜子,你对它哭它就对你哭,你对它笑,它就对你笑。当我们遇到挫折和挑战时,我们可以运用自我激励的方法来调整自己的情绪。例如,用某些哲理或某些名言来安慰自己,鼓励自己同痛苦、逆境作斗争。或者用榜样的力量来激励自己,使自己走出心灵的低谷,并引导自己的情绪逐步好转。

2. 语言暗示法

语言是影响情绪的强有力工具。如你悲伤时,朗诵滑稽、幽默的诗句,可以消除悲伤。用"制怒""忍耐""冷静"等词汇自我提醒、自我命令、自我暗示,也能调节自己的情绪。

3. 环境调节法

环境对情绪有重要的调节和制约作用,正如我们经常所说的"环境改变心境"。情绪压抑的时候,到外边走一走,能起到调节的作用。心情不快时,到娱乐场所唱唱歌跳跳舞,会消愁解闷。情绪忧虑时,最好的办法是去电影院看看滑稽电影。此外,大自然可以包容一切,当心情不好时,可以出去走走,爬爬山或去赏花,将自己置身于绿色的大自然中,心情会自然逐步恢复为正常状态。

4. 注意力转移法

请你把注意力从消极方面转到积极、有意义的方面来,心情会豁然开朗。例如女士情绪消极低落时,可以选择购物、做家务;男士情绪消极低落时,可以选择读书、看电影、打电子游戏等方式调整,这些都可以通过转移注意力的方式,将各种烦恼抛到脑后或找到光明的一面,从而调适自己的情绪。

5. 能量发泄法

对于不良情绪的减少和消除,也可以通过适当的途径排遣和发泄,如果消极情绪不能适当地疏泄,容易影响心身健康。所以该哭时应该大哭一场,心烦时找知心朋友倾诉(这是最好的调整情绪方法之一),情绪低落时也可以唱唱欢快的歌或者对着大山吼两声,都可以将负能量降低,从侧面调整自己的情绪。

四、公共部门员工的压力管理

(一)什么是压力

压力英文为stress,而stress来源于拉丁文"stringer",原意是困苦。stress原本是物理学的一个概念,是指施加在物体上的力量。例如,金属体能够承受中等的外力,但在重压下却会失去弹性。同样当人类承受的压力达到一定临界点时,同样有抵抗衰退的表现。20世纪80年代在我国出版的《心理学大词典》中有"应激状态"(stress state)这一条目。对stress是这样解说的:一般是指作用于系统使其明显变形的某种力量,常带有畸形或扭转的含义,用来指有关物理的、心理的和社会的力量。

在当代的科学文献中,压力这一概念至少有三种不同含义。第一,压力是指那些使人感到紧张的事件或环境刺激。从这个意义上讲,压力对人是外部的。第二,压力是指人的一种主观反应。从这个意义上讲,压力是紧张或唤醒的一种内部心理状态,它是人体内部出现的解释性的、情感性的、防御性的应对过程。第三,压力可能是人体对需要或伤害侵入的一种生理反应。比如人们在有压力的情况下会感到脸部发热、手掌甚至脚心会出汗等。

(二)压力的类型

1. 中性压力

虽然在多数情况下,人们总是倾向于把压力看作完全消极的负担,但其实不是所有压力都是有害的,如果一个人对内部和外部的需求作出了一种中性的反应,也就是说虽然他的身体和心理处于唤醒状态,但他几乎感觉不到来自于这些需求的任何压力,那么他遇到的压力是中性的,也就无所谓好与坏或者有利与有害。

2. 积极压力

过度持续的压力会严重威胁健康,影响工作效率的提升和人际关系,但是适度的压力能对个人产生积极影响。积极压力表现的是一种愉快的满意的体验,它可以加深我们的意识,增加我们的心理警觉,还经常会导致高级认知与行为表现。因此积极压力是一种挑战,它能促进个人成长和职业发展。美国社会学学者沃特·谢弗尔(Walt Schafer)对积极压力的作用进行了归纳:

(1)积极压力有助于人们在压力下有更加出色的表现,如参加工作面试以及演讲;

(2)积极压力可以帮助我们对身体的紧急状态作出迅速有力的反应,如面对危险和灾难时;

(3)积极压力有助于应对最后期限,如一项工作必须在下班前完成;

(4)积极压力可以帮助我们在一定期限内发挥出潜能;

(5)积极压力让日常生活变得多姿多彩;

(6)积极压力有助于突破个人极限。

3. 不良压力

不良压力是对个人产生消极影响的压力,长期的不良压力不仅对人的身心健康有危害,而且这种危害还会降低人们的工作效率和生活热情,甚至影响个人与他人的正常生活。不良压力的产生因人而异,一个人是否把所经历的事情看作有害的事件,取决于该压力源的心理资源,取决于个人健康是否遭到了威胁。也就是说,事件本身并不会令其烦恼,只有当个体把它作为有害事件来看待时,它才会变得令人烦恼,并威胁人的身心健康。不良压力的早期预警信号可能是双手发抖、紧张性头痛等微小症状,对此我们应该加以重视,并采取建设性的应对措施,以防演变成慢性病或转变成需要治疗的重疾。

(三)公共部门工作人员压力源分析

公共部门工作人员在社会中的角色是多样化的,因此面临的压力是很大的,究其来源,有来自于工作中的,有来自于生活中的,有来自于社会中的,也有临时产生的。为了弄清引起压力的压力源,霍姆斯(Thomas Holmes)和拉赫(Richard Rahe)制定了一个测量程序来评估常见的生活事件所引发的压力程度,如表12-1所示。

表 12-1 生活事件与压力值对照表

排序	生活事件	压力值
1	配偶死亡	100
2	婚姻离异	73
3	夫妻分居	65
4	入狱	63
5	家中亲人去世	63
6	个人身体不适或疾病	53
7	结婚	50
8	被工作单位解雇	47
9	夫妻团圆	45
10	家庭成员身体健康状况发生变化	45
11	退休	44
12	怀孕	40
13	性生活遇到困难	39
14	家中新添人口	39
15	工作调整	39
16	经济状况的改变	38
17	好友去世	37
18	变换工作	36
19	与配偶发生争吵	35
20	高抵押率	31
21	丧失抵押品赎回权	30
22	工作责任的变化	29
23	子女离家单独生活	29
24	与儿媳或女婿相处困难	29
25	杰出的个人成就	28
26	配偶开始或停止工作	26
27	学业开始或结束	26
28	生活条件的改变	25
29	个人习惯的改变	24
30	与老板相处困难	23
31	工作时间和条件的改变	20
32	家居环境的改变	20
33	学习环境的改变	20
34	娱乐方式的改变	19
35	宗教活动的改变	19

排序	生活事件	压力值
36	社交活动的变化	18
37	少量的抵押与贷款	17
38	睡眠习惯的改变	16
39	家庭聚会次数的改变	15
40	饮食习惯的改变	13
41	休假	13
42	圣诞节	12
43	轻度触犯法律	11

从表中可以看出,压力值排在前十名的有八个与家庭或工作相关,但表中还可以看到压力值高的项目很少，大多数生活事件的压力还是低到中等值。此外,个体是不区分积极或消极压力源的,婚姻带来的兴奋和亲人的逝去可能会带来同样的压力,而且每个生活事件所产生的压力因人而异。如果压力值加总后得到的总分低于150分,说明你的健康状况良好;如果总分在150~199之间,说明为轻度生活危机——可能即将有额外的职责使你感觉到更大的紧迫感;总分在200~299之间的为中度生活危机——生活很快变得十分忙乱;总分大于300分的为调适生活危机——这时需要观察自己的生活中正在发生些什么,并采取行动来减轻自己的压力等级。得分越高,个体就越可能患上与压力有关的疾病。

(四)公共部门工作人员压力应对策略

1. 组织层面

(1)建立健全带薪休假制度,并严格遵守和执行

带薪休假制可以充分保护公共部门工作人员的合法权益,保证身心健康,并可以促进员工更好地投入工作,对于缓解心理压力具有积极的影响作用。但是一些政府部门由于工作的特殊性,带薪休假经常被压缩或者取消,长此以往必定会继续增大他们的工作压力,甚至会产生逆反心理或"跳槽"行为。因此,一些特殊的公职部门应严格遵守休假制度,或者根据工作需要调整休假时间。

(2)做好职业生涯规划,实施"员工援助计划"

做好公共部门工作人员的职业生涯规划, 对于有效干预员工心理压力

具有基础性作用。良好的职业生涯规划可以帮助公共部门工作人员改变认知,抛弃不切实际的目标而建立客观实际的职业发展目标。员工援助计划主要是根据公共部门工作人员的实际。解决他们工作和生活中的现实问题,例如角色认知问题、工作态度问题、事业发展问题、经济困难问题等,从而减轻他们的心理压力。

（3）增进交流,营造良好的人际氛围

人具有社会性和情感的复杂性,为公共部门工作人员提供一种和谐、宽松的人际氛围和可以互相交流的机会,不仅可以体现以人为本的管理理念,而且可以增进上下级之间的信任与理解,促进人际关系的和谐,还可以减少公共部门工作人员的心理压力,促进身心健康发展。

（4）合理授权,强调参与管理

工作中缺乏相应的授权,缺乏参与管理是公共部门工作人员压力产生的主要原因之一,权力过度集中在上层,使下属处于高度被控制状态,必然会让下属产生很大的压力感。因此,合理地授权,调动所有员工的积极性,强调共同参与管理可以有效地减少员工的工作心理压力。

2. 个人层面

（1）制定切实可行的工作目标

切实可行的工作目标是指既有挑战性,又可以通过自己的努力能够实现的工作目标。目标如果定得过高,则会增加心理压力;目标定得过低,又会让自己产生骄傲的心理。因此,日常工作中制定目标把握好"度"显得尤为重要。首先,要学会把工作目标层层分解,把大的目标分解为若干小的目标;其次,工作目标要分清轻重缓急,紧急而重要的工作先去落实和完成,这样就会在一定程度上缓解心理压力,提高工作效率。

（2）调整心态,沉着应对

"凡遇大事必先有静气",这是古人常讲的道理。在工作和生活中,如果能抱着"凡事做最大的努力,做最坏的准备"的心理,就能有效控制和疏解心理压力,就能够达到"行到水穷处,坐看云起时"的境界。无论工作还是生活,既要有积极的进取心,也要有善待别人的平常心。笑看人生起落,笑对冷面人生,这不仅是人生的一种修炼,也是有效应对和缓解心理压力的有效方法。

（3）运用技巧缓解心理压力

当公共部门工作人员心理压力增大时,可以利用冥想法、调整呼吸法有效地集中精力,降低血压和心跳,从而间接缓解心理压力。此外,还可以用找知心朋友倾诉的方法来缓解内心的压力。当然,也可以选择运动、旅游的方式来缓解心理压力。

五、公共部门员工援助计划的有效实施

(一)员工援助计划的内涵

EAP是Employee Assistance Programs的缩写,中文比较广为使用的翻译术语为员工援助计划。EAP最早发端于美国,经过数十年的发展,已经广泛应用于各种类型的企业中。国际EAP协会认为,EAP是一项基于工作场所的计划,该计划旨在帮助工作组织处理生产效率问题,以及帮助"雇员客户"甄别和解决个人所关心的问题,这些问题包括但不限于健康、婚姻、家庭、财务、酒精、法律、情感、压力以及其他可能影响工作绩效的问题。

还有很多学者从不同角度给出了EAP的定义,综合来讲,这些定义表现出以下共同特征:一是EAP是一种咨询服务。EAP服务对象非常广泛,不但面向组织内的个人和下属组织,还面向组织外部的个体,比如与员工相关的家人等。二是EAP由某个组织负责提供,而不是由员工个体或组织中的部门来提供,员工是免费享用的。这表明EAP的实施受益者之一是组织。三是EAP由一系列方案组成,不是单一的,从最初的咨询、诊断到发现问题并解决问题,是一个系统工程。四是EAP实施的根本目的是解决员工与组织之间的各种问题,从而改善个人和组织福利,提高劳动效率。

(二)员工援助计划的发展历程

EAP在其发展的每个历史阶段,所关注的主要对象和目标都有所变化,根据EAP在不同历史阶段关注点的不同,可以将其分成四个主要发展阶段:

1. 职业戒酒计划阶段

在这一阶段,EAP的主要关注对象是预防酒精。这也是EAP发展历史最原始的阶段。20世纪20年代初,美国社会中充斥着酒精依赖与药物滥用现象,这使得企业员工工作状态差、工作效率低下、企业事故状况频出,这些状况迫使政府出台相关的法律进行管控。1920年,美国宪法颁布了第十八条修

正案,要求禁止生产和销售烈性酒,企业管理人员的态度也从鼓励工人饮酒转变为消除工厂内的饮酒行为,以保证工人正常的工作与生活。此外,泰罗关于员工关系管理的"科学管理理论"在这一时期形成并逐渐得到发展,这一理论关注企业效率最大化,将企业员工关系管理纳入到一整套制度框架当中,采取了一定的惩罚和激励手段,企业管理者无法再容忍导致浪费、效率低下的酗酒行为。1935年美国俄亥俄州成立酗酒者匿名团体,成为EAP最早的组织。此后,美国越来越多的公司将职业戒酒计划纳入到员工福利当中去,但这些EAP的组织形式大都是非正式性的。

2. 员工援助计划阶段

在这一阶段,EAP的关注对象从单一的酒精滥用发展到与员工个体相关的、影响工作绩效的方方面面的事务。企业开始考虑与员工相关的诸如健康、财务、法律、心理等问题的发现与解决。在这一时期,政府出台了《全面预防酒精滥用以及酗酒预防、治疗和康复法案》、职业康复法案、《无药物工作场所法》等法律法规,为EAP的进一步发展提供法律保障。除此以外,劳工与管理者咨询机构和美国国家酒精中毒和酒精滥用研究所两大机构的成立,也对EAP的发展产生了不可磨灭的作用。

3. 职业健康促进计划阶段

职业健康促进计划的关注点是员工的身心健康问题,它进一步深化了员工援助计划,是对员工援助计划的细化和补充。这一时期EAP的主要目标是关注员工身心健康问题,提高员工的身心健康水平,强化团队合作,从而促进组织的劳动生产率。

4. 员工提升计划阶段

科技的发展使得社会迅速进步,办公的无纸化、电子化,信息传播的高效化使得EAP的关注目标继续扩大。身体和心理健康已经不仅仅是EAP关注的主要内容,员工素质的提高也为EAP的发展提供了新的领域。这一时期的EAP已经不仅仅是关注员工关系管理中已经出现的问题,还对员工关系管理中可能出现的或者未出现的问题进行提前发现和采取有效措施进行控制,EAP发展更加具备全面性和前瞻性。

从这四个阶段的发展可以看出,EAP的发展是和社会的现状、发展有着密不可分的关系。社会的发展成为员工援助计划不断发展的驱动力。因此,随着时代的继续发展,EAP也会随着不断扩大范围而增加更多的内容,满足更多人的需求。

（三）员工援助计划（EAP）的实施原则与实施步骤

1. EAP的实施原则

（1）保密原则

EAP解决的主要是组织内与个体相关的一些问题,这些问题包括但不局限于个体心理问题。一般情况下,个体对与个人隐私相关的问题都有保密的需求,不愿意让他人知晓,所以EAP在具体实施过程中首先要遵循的就是保密原则。EAP之所以在西方取得了较好的发展,与这些国家注重个人隐私保护和诚信制度良好有很大关系。

（2）自愿原则

EAP作为一项员工福利计划,初衷是为了解决员工个体所面对的各种问题,但这种解决是建立在员工自愿的基础上,EAP项目不具有强迫性,也不依靠管理者的命令来施行。

（3）免费原则

EAP是组织为员工提供的一项福利,只要是组织范围内的人员,甚至包括组织外部与组织内相关的人员,在组织所提供的EAP服务项目范围内,都是不需要支付费用的,该项成本由组织承担。如果员工期望接受的服务项目超出了组织提供的EAP项目范围,则员工需要额外支付费用。

（4）广泛宣传原则

EAP作为一项面向全员的福利政策,应该保证能让全体员工知晓包括组织所提供的EAP服务内容能够解决什么问题,以及提供服务的联系方式。具体方法可以通过发放宣传单、宣传手册或者通过网站登载等方式予以公布。

（5）目标明确原则

组织中员工所需要的EAP服务多种多样,所以对特定组织提供EAP项目,就要进行充分的前期调研,了解组织的具体需求,目标明确地提供服务。

2. EAP的实施步骤

第一,明确负责EAP项目的职能部门,成立EAP导入小组。EAP项目是一套系统的、长期的项目,其涉及的环节多,且环环相扣,彼此互为支持和呼应,任何一环出现问题都有可能影响到整个项目的实施和效果。公共部门可根据自身规模决定小组成员由职能部门内部成员组成或是加入其他职能部门成员,以便从不同角度提供建议,集思广益,发挥整体优势。由EAP工作小组根据组织特性和成员需求,对EAP项目进行初步需求分析。

第二,设置专职人员或指定专业机构。公共部门EAP的可根据具体情况选用适合的模式,对组织内部EAP实施部门需要设置专职人员负责EAP项目的执行,并制定岗位说明书,明确该岗位的工作职责,确立相应的工作流程和制度。对于外部的专业机构则要进行甄选,力求选择专业能力和实施能力强的机构进行联合,并对整体合作事宜通过协约形式进行明确。公共部门可根据自身规模的大小选择联合的外部专业机构。

第三,制定 EAP项目计划书。制订EAP项目计划书包括两个方面,一是组织内部EAP项目负责人制订的EAP项目计划书,另一个是外部EAP服务商提供的EAP计划书。组织内部提供的EAP项目计划书一般由人力资源部的特定人员撰写,公共部门可由本单位或部门的人力资源部门或人事部门负责,其内容包括:

(1)扫描组织环境,了解员工状态,对组织的基本情况和组织成员的需求做调查分析。

(2)根据公共部门的具体情况及其成员的需求设定EAP的目标,并从短期、中期和长期的不同角度进行阐述。

(3)选拔EAP内部专家组成员,寻找EAP外部服务商并签订协议,设计EAP的组织结构。

(4)划分EAP内部和外部组织职能,内部EAP职能要具体分配到各个组织成员,外部EAP服务商要求其提供计划书,和外部EAP服务商一起商讨确定。

(5)明确EAP相关的政策程序、具体内容、转荐机构、提供EAP服务的方式、制订实施EAP的时间表、编制EAP的宣传资料等。

(6)进行成本分析,结合组织的财务状况和年度预算尽可能在细化的基础上量化。

(7)设计比较完整、科学、易于操作的评估体系,并建立时时反馈机制。

第四,EAP的宣传推广。因为EAP在我国引入时间较短,国人对EAP的了解还不充分, 因而对EAP的宣传推广有必要成为整体EAP项目的核心组成。EAP宣传在整体的EAP执行过程中起着服务和工具双重功效,它一方面使组织成员提高自己的心理健康水平,改善生活质量,提升工作绩效;另一方面除了介绍EAP知识外,还起到反馈、监控等多项功能,减少EAP项目实施过程中的障碍,促进EAP顺利进行。

第五,提供EAP服务。完成前期的宣传工作,EAP就正式开始发挥效用。

提供EAP服务首先要对组织成员面临的压力进行评估,发现问题所在,有针对性地进行咨询、培训,使问题得以解决,做到对症下药。

(四)员工援助计划(EAP)在公共部门的实施对策

1. 公共部门人力资源管理应树立以人文本的理念

由于时代与社会的变迁、信息时代的到来、市场经济的发展、经济全球化进程的加快等因素的影响, 要实现公共部门人力资源最大程度的开发与运用,作为人力资源开发基础的管理模式必须改革与创新。"以人为本"的理念同样适用于公共部门的人力资源管理之中。首先,人本管理要求转变传统人事管理把人视为成本的观念,不能把人仅看作完成组织目标、消耗组织资源、按部就班地履行规章制度所规定的职责和义务的附属工具,而要根据组织和员工的需要,有计划地进行开发,充分发挥公共部门员工的创造力与潜能;其次,树立"人力资源是第一资源"的管理理念,尊重公共部门员工的需要,提供良好的工作环境,营造良好的人际关系与和谐向上的工作氛围,关心员工的生活、家庭,尽最大努力解决员工的后顾之忧,为员工发挥才能创造条件;最后,重视公共部门人力资源和谐心理建设。为公共部门做好心理健康工作,系统全面建设EAP提供了强有力的理论支撑。EAP从以人为本出发,关心人、理解人、尊重人、培养人、调动人的主观能动性,激发人的创造潜能,使人得到全面发展。公共部门需要EAP这样一个人力资源开发平台与载体,着力培养组织长远的战斗力,能使组织形成强大的凝聚力、向心力,塑造健康、和谐、高效的团队。

2. 公共部门人力资源管理的EAP应用要解决本土化问题

EAP离不开社会文化背景,应从中国的本土文化、中国独有的关系维度、中国人人格特征和管理实践出发, 建立具有中国特色的公共部门EAP模式。首先,正如有研究者指出的,西方的EAP是由对酒精成瘾人员的帮助发展而来的,现在的EAP在发达国家所针对的一些诸如吸毒、滥用药物、艾滋病、性骚扰等问题在中国并不特别突出。中国所处的发展阶段和呈现的问题与西方也不相同, 对于中国公共部门来说,EAP需要解决的个人问题主要应该是心理压力、情绪困扰、人际关系等问题。其次,中国人与西方人的人格特征有着显著的差异,一般认为,中国人的人格特征是精明干练、严谨自制、淡泊诚信、温顺随和、内向性格、善良友好、热情豪爽;而西方人则呈现外向性、愉悦性、公正性、稳定性和开放性的特点,因此在公共部门推行EAP应根据东方人的人性特点和社会特征,融合东西方心理学等学科知识,建立适应中国员工的EAP实施模式。最后,心理服务在我国是一个起步较晚的新兴事物,在许多人看来,寻求心理服务的人很可能有什么不正常或有精神病,要不就是有见不得人的隐私或道德品质方面有问题。

此外,在中国人的传统观念中,表露出情感上的痛苦是软弱无能的表现,对男性来说尤其如此。因此,EAP在公共部门的实施要充分考虑到这一现状,积极探索采取更加灵活性、人性化和可接受度高的模式,使EAP在公共部门真正发挥作用。

3. 公共部门实施EAP应采用渐进性推行的切入途径

渐进性变革是中国各类组织创新的一贯性策略。在公共部门人力资源管理中推行EAP也应遵循这一规律。公共人力资源管理部门应根据其行业特性和员工特质,采取调查—宣传—培训—咨询的步骤逐步推进。在调查阶段,应根据员工关注的问题量身定制调查问卷,了解员工在工作负荷、工作与家庭平衡、职业发展等方面存在的问题,以及他们对EAP的态度和需求程度。在宣传阶段,要运用各种渠道向员工推广EAP的相关知识,让他们了解EAP是组织为他们提供的解决心理问题的服务,通过这项服务他们可以学会各种缓解心理压力、调节不良情绪、增加工作积极性和生活信心的知识技能。同时,运用各种宣传品让他们初步掌握一些基本的调适心理问题的小技巧,获得心理帮助的途径,并对心理学知识有一定的了解。在培训阶段,可以组织心理学专家对员工进行职业心理健康、压力管理、时间管理、健康生活方式、工作与生活平衡、积极情绪等主题的心理培训,鼓励员工踊跃参与,并回答员工关注的各种问题。在咨询阶段,为员工提供心理咨询服务,就员工关注的工作压力、情绪障碍、子女教育、人际交往、家庭关系等问题提供全方位的咨询和帮助。必要时,要经过几轮循环,检查校正各个环节中出现的问题,不断加以改进,使整个过程达到最优化。

知识点提要:

心理健康的概念与标准。心理健康是一种平衡、积极的心理状态,既保持稳定的情绪,又可以充分发挥身心潜能的一种心理状况。关于心理健康的标准,我们引入了人本主义心理学家马斯洛等人提出的心理健康的十条标准。

公共部门员工职业倦怠与有效干预。在这一部分内容中,我们先后分析了职业倦怠的内涵、公共部门员工职业倦怠的表现及危害、公共部门工作人员职业倦怠产生的原因、公共部门工作人员职业倦怠预防与解决对策。

公共部门员工自我情绪管理。这一部分先后分析了情绪的基本内涵、情绪的分类、情绪的影响因素、不良情绪及其影响、情绪调节的有效方法。

公共部门员工的压力管理。首先,对压力的基本内涵做了定义;其次,分析了压力的类型;再次,探讨了公共部门工作人员压力源;最后,提出了公共部门工作人员压力应对策略。

公共部门员工援助计划(EAP)的有效实施。这部分内容先后分析了员工援助计划的内涵、EAP的发展历程、EAP的实施原则与实施步骤、EAP在公共部门的实施对策。

复习思考题:

1. 心理健康的标准包括哪些?
2. 公共部门工作人员职业倦怠的表现有哪些?
3. 公共部门工作人员职业倦怠产生的原因有哪些?
4. 公共部门工作人员情绪调节的有效方法有哪些?
5. 公共部门工作人员的压力源有哪些? 有效疏解心理压力的方法有哪些?
6. 什么是员工援助计划(EAP)? EAP的实施原则及实施步骤是什么?
7. 你认为员工援助计划(EAP)未来在我国公共部门的发展前景如何?

进一步阅读:

公务员心理素质测试题

1. 如果你的上司脾气很急,批评下属不留情面,大家的情绪经常受到影响,作为下属,你要如何处理?(　　)

A. 直接找上司谈话,建议其改变领导方式

B. 私下找领导沟通,婉转请求其注意自己的态度

C. 与其他同事一起商量,联名建议领导改变领导方式

2. 如果你在公务员面试中没有被录取,你会怎样想?(　　)

A. 很沮丧,觉得自己没尽全力

B. 没什么大不了的,此处不留我,自有留我处

C. 这是自己的一次宝贵经验,下次再努力

3. 如果你发现你的直接领导可能公款私用,你怎么办?(　　　)

A. 直接向上级领导反映,绝不能放过贪官污吏

B. 私下进行秘密调查,做到心中有数

C. 按照特定程序谨慎办事,既不能影响团结,也不能放任不管

4. 一份机密文件丢失,某日又出现在你的抽屉里,你将(　　　)。

A. 听之任之,反正已经回来了,不会有什么事

B. 私下请人帮忙调查,找到真正原因

C. 向直接领导报告,并检讨自己的过失

5. 在类似于火车站那样的嘈杂环境中,如果给你一篇枯燥的论文,你会(　　　)。

A. 认认真真地阅读,并能领会其中意思

B. 仔细地阅读,但经常会左顾右盼

C. 不可能集中注意力,论文内容不知所云

6. 在办公室中,如果某天你的手表丢失了,很多同事都指责同一人,你会(　　　)。

A. 责令那个同事赶紧交出来,因为群众的眼睛是雪亮的

B. 从此对那个同事敬而远之,但也不会逼迫他交出来

C. 首先不会去凭空怀疑那个同事,而是怪自己太不小心

7. 上级领导让你去组织一次招商洽谈会,可你却从来没有做过类似事情,你将(　　　)。

A. 勉为其难,硬着头皮上,绝不能辜负领导心意

B. 坦率地向领导说出自己的难处,请领导另择合适的人才

C. 坦然接受任务,然后边干边学,力争把任务完成好

8. 如果某同事当众用笑话侮辱你,你会(　　　)。

A. 痛斥该同事,以牙还牙

B. 以同样的幽默方式反击

C. 淡然一笑,不会放在心上

9. 如果你的领导文化程度不如你高,当他安排一件你不熟悉的工作时,你会(　　)。

　　A. 认真地完成任务,因为领导交代的工作必须完成

　　B. 觉得领导是在故意刁难你,想看你出丑

　　C. 觉得很倒霉,想方设法逃避这项任务

10. 如果在一次大会上,领导当众狠狠批评你,而且措辞极其难听,你将(　　)。

　　A. 据理力争,绝不会把不是自己的错误揽到自己身上

　　B. 沉默不语,认真反思自己的错误

　　C. 诚恳道歉,表示一定会努力改正错误

11. 如果你的一个朋友考上了你所在部门的公务员,他请你在面试前帮他在领导面前美言几句,你会(　　)。

　　A. 为朋友两肋插刀,他的事就是我的事,因此要想方设法帮他说好话

　　B. 做公务员要铁面无私,绝不能徇私情,所以不会在领导面前提起

　　C. 根据朋友的才能来看,如果他确实是人才,我不介意向领导推荐;反之,会尽量委婉地拒绝

12. 由于你经常跟着领导外出办事,所以有些同事嫉妒你,说你爱拍马屁,此时你(　　)。

　　A. 十分愤怒和委屈,对大家为什么不能相互理解而困惑

　　B. 听之任之,反正身正不怕影子斜

　　C. 与同事妥善沟通,向大家表明自己仅仅是为了工作需要

13. 如果领导安排你领导一个小组工作,但组员都和你比较熟悉,所以不大把你的命令当回事,你会(　　)。

　　A. 果断向领导报告,请求换到别的组或换掉组员

　　B. 严厉警告组员,要求大家从工作大局出发,不可因个人私情而影响工作

　　C. 温和地告诉大家要认真工作,团结才是制胜之道

14. 如果你的同事生活中遇到困难,而恰好你的领导在同一时刻也遇到困难,你会(　　)。

　　A. 先帮助同事,否则会被别人认为自己是在奉承领导

　　B. 先帮助领导,因为他会关系到自己的前途

　　C. 视情况轻重来帮助,无论帮了哪一方,都要对另一方表示歉意和自己的为难之处

15. 假如单位要求你监督早晨出勤情况,而某日你的一个好友因病迟到了十分钟,你会(　　)。

　　A. 仍旧记迟到十分钟,因为制度需要大家共同遵守

　　B. 不会作记录,反正只有十分钟,而且他又是自己的朋友,更何况迟到是由于生病的原因

　　C. 照记不误,同时对好友多加关怀,为他办一些力所能及的事

16. 如果单位分了房子,而你的房子又比较差,此时你爱人要求你去找领导换一套,你会(　　)。

　　A. 爱人的指示就是最高指示,直接找相关领导去说理

　　B. 耐心地给爱人解释不能去找领导的原因,好好安慰她

　　C. 坚持原则,拒绝去找领导,因为小家要服从大局

17. 在公交车上,你的旁边过来一位老大爷,你本打算让座,但当时你的腿恰好骨折了,你会(　　)。

　　A. 硬撑着站起来给老人让座,要永远保持社会美德

　　B. 假装看不见,万一自己摔倒了,腿残废的话就麻烦了

　　C. 请求旁边的同志为老人让个座位,并说明自己的原因

18. 对于工作以后的再"充电",你的看法是(　　)。

　　A. 多此一举,反正也这么大了,没必要再学习

　　B. 多多益善,人应该不断地提升自我,不能裹足不前

　　C. 在不耽误工作的情况下努力学习,要一方面服务社会,一方面改善自己

19. 如果两个同事在办公室里争吵起来,作为部门领导,你会(　　)。

　　A. 各打五十大板,责备两人不该在公共场合吵架

　　B. 先劝开两人,问明情况,再视情况作出决定

　　C. 不闻不问,尊重他人,相信他们自己会平息下来

20. 在面试过程中,如果考官对你十分冷淡,你会(　　)。

　　A. 心中很恼火,觉得自己简直是在对牛弹琴

　　B. 泰然处之,将这视为考官对自己的考验

　　C. 冷漠相视,反正以后他不一定是自己的上级

21. 假如领导每天都让你加班,而你的父亲却又生病需要你早点回家照顾,此时你会(　　)。

　　A. 坦白告诉领导自己加班有难处,毕竟父母更重要

　　B. 尽快做完工作,再回家照顾父母

C. 不知如何是好

22. 如果你在工作中遇到一位十分能干的同事，而且领导特别赏识他，你会怎么想？（　　）

A. 他好,我要比他更好

B. 其实也没什么,我只不过是才不外露而已

C. 我应该好好跟他相处,争取从他那里学些东西

23. 如果你所在单位领导的孩子生重病，他要求你开公车送往医院,此时你会(　　)。

A. 坦诚地告诉对方自己不能违背原则,帮助对方叫救护车

B. 接受安排,马上将孩子送往医院,因为生命重于一切

C. 先送往医院,然后向上级领导反映这个情况

24. 如果在公交车遇到一名男子调戏一位妇女,你上前劝阻,但此人突然拔出匕首,威胁你走开,旁人却无动于衷,你会(　　)。

A. 瞅准机会,利用一切条件和可能尽全力将该人制服

B. 赶紧走开,然后偷偷打电话报警

C. 临阵退缩,不再管这件事,毕竟刀子不长眼

25. 如果你在单位工作很长时间了,却一直没被提拔,而许多比你资历浅的人却日益高升,你会怎么想？（　　）

A. 看来这份工作并不适合我,我该换个工作

B. 我是不是也该走走领导门路？ 他们应该都是这么爬上去的

C. 是不是我有什么失误的地方？

26. 以下一些关于面试着装的规则,你认为正确的是(　　)。

A. 穿西装时,一定要打领带,且要夹领带夹

B. 面试时,不能穿旅游鞋、运动鞋、休闲鞋

C. 女士可以戴首饰,但要注意不超过五件

27. 面试礼仪是非常重要的,你认为以下正确的是(　　)。

A. 见到考官要主动问候,并快步上前与之握手

B. 接名片时,一定要双手来接,快速瞟一眼后,收入名片夹或包内

C. 临出门时,一定要说"谢谢各位考官,再见！",然后转身带上门

28. 公务员一言一行都代表国家、政府形象。所以必须遵循一定的行为规则、国际惯例。如果你是某单位接待人员,以下你认为行为错误的是(　　)。

A. 在为双方介绍时,要先介绍主人,再介绍客人

B. 男士和女士并行时,要请女士走在前方,但在上楼梯时,要走在女士前方

C. 就餐时,要主动请客人点菜,以示尊重

29. 作为公务员,每天要接待不同的人群,座位问题是非常讲究的,以下你认为不正确的是(　　)。

A. 与客人座谈时,一般请客人坐相对主位,即背靠门的位置

B. 如果开车去接重要首长,应请首长坐驾驶座正后方的位置

C. 开庆功大会时,主席台上的就座位置是:一把手居中,其余领导依职位高低按先左后右的顺序依次在一把手两旁安排

30. 面试过程中,考生可以主动问考官一些问题,但以下有些是考生不应当问的,请你选出可以问的一项。(　　)

A. 请问贵单位所招的是笔试的前两名吗?

B. 贵单位能够在工作后分我一套房子吗?

C. 这个问题我刚才没说清楚,请问我可以补充一下吗?

31. 你的能力得到领导的认可,提拔你在重要职位任职时,你会(　　)。

A. 心中十分高兴,但对自己是否能够胜任毫无信心

B. 相信除了自己,没有人会做好这份工作

C. 冷静面对,仔细分析这份工作的要求,做足准备,争取把工作做好

32. 在单位, 当你和同事们谈到A同事时, 其中一位同事说:“他又挨批了!”你会说(　　)。

A. “他的确很差劲,做什么都不认真,领导批评他是应该的。”

B. “不会吧,那他下次可真得认真点儿了。”

C. “是吗,真可怜!”

33. 单位的老领导中午时间总找你下棋, 常常到了上班时间还意犹未尽,这时你会(　　)。

A. 不厌其烦,继续陪领导下棋,谁让他是领导呢

B. 拒绝领导,并告诉他我要上班了

C. 委婉地暗示老领导上班时间到了, 并告诉他等下班后一定陪他下到过瘾

34. 上级领导派一位和你有矛盾的同事一起出差,此时你会(　　)。

A. 加强沟通,争取排解误会,希望能共同出色地完成任务

B. 为了完成好工作任务,会对他处处妥协

C. 分头行事,相信我一定会比他做得好

35. 一个朋友托你利用职务之便办件事,这件事有违你的原则,你会( )。

A. 向他讲明自己的想法和原则,并想办法争取通过其他合理的方式解决问题

B. 一口回绝,并斥责朋友不应该提出不合理的要求

C. 如果不违法,就替他做

36. 当你的朋友遇到麻烦时,总会来找你帮忙,你会想( )。

A. 他们真是事情多,不知为什么他们总来找我

B. 他们来找我帮忙,我很高兴,是我力所能及的,我就一定给予帮助

C. 只要他们来找我,我就会有求必应

37. 你新到一个工作岗位,新同事都对你很冷漠,没人主动跟你说话,此时你会想( )。

A. 新同事都充满了嫉妒心理,为此我更要做到最好

B. 可能这个环境就这样,他们应该不会针对我吧

C. 这是一个新的环境,相信通过我的努力,他们会接受我的

38. 领导派你到某区进行调查,没想到他们不但不配合你,还有意刁难你,此时你会( )。

A. 向上级领导反映情况,请求领导的进一步指示

B. 向地方摆明自己的身份,要求他们予以配合

C. 调查实情,冷静分析,争取赢得对方的配合

39. 你的一位同事因为一次误会,之后总是在背后议论你,影响了你的工作情绪,你会( )。

A. 找领导反映,说明这位同事的作为影响到了自己的情绪,要求领导立即解决

B. 指出他的缺点,告诉他"己所不欲,勿施于人"

C. 分析自己的错误,找他沟通,争取消除误会

40. 你约好去会见一位同事,可你因为疲倦睡着了,没有赴约,想打电话解释,可电话不通,你会想( )。

A. 幸亏约会没有什么大事,下次再约就行了

B. 相信他会理解的,明天再解释吧

C. 等一会儿再打电话,争取尽早做出解释并表示歉意

41. 你的上级领导是一个很冷淡的人,一次邀请你去他家吃饭,你会想(　　)。

A. 友好赴约,大方交流,也许可以发现领导生活热情的一面

B. 因为紧张,借口有事,拒绝赴约

C. 想办法给他留个好印象,做好全方位准备

42. 你怎样和新的同事进行接触?(　　)

A. 放开拘束,大胆交流,无话不说

B. 他们先主动沟通,我才会有回应

C. 积极主动,努力配合,多进行沟通

43. 当你因为工作觉得烦躁或压抑时,你会怎样?(　　)

A. 不由自主地与周围的人们生气

B. 告诉朋友自己心情不好,找他们散心

C. 设法掩饰

44. 当你在工作中遇到未预料到的突发事件时,你会(　　)。

A. 冷静分析,从容应对,争取使事情得到最好的解决

B. 紧张,尽量让自己镇定,努力寻找解决问题的办法

C. 交给直接领导,相信他一定会有办法

45. 在日常工作中,以下哪种情形符合你?(　　)

A. 办事情想得周全,认真面对每一次工作任务

B. 喜欢随时向领导请教,因为领导就是权威

C. 一切顺其自然,领导给我什么任务,就完成什么任务

46. 直接领导要求你在30日内完成一项工作,你会(　　)。

A. 稍做准备,相信自己大概在30日左右能够完成任务

B. 提前做准备,制订完备的计划,会准时甚至更早地完成工作任务

C. 会先做别的工作,告诉自己时间还长

47. 有一老人坐火车时,不小心将自己的一只名牌鞋子掉出了窗外,随即,他便立刻将另一只鞋子也扔出了窗外,此时,你会想(　　)。

A. 莫名其妙,这老人一定是神经有问题

B. 这样捡到鞋子的人就能得到一双鞋子了

C. 这老人一定是要显示自己很有钱,真没什么意义

48. 大学生放弃高薪的工作,回到农村当干部,并干得很出色,他的事例被广为宣传,你会怎样看待(　　)

A. 表示理解,但如果是我自己,也许我会选择高薪的工作。

B. 这位大学生是在炒作自己，希望以此形式来为自己往上爬打下一个基础

C. 一个人有一个人的选择，这说明许多大学生在择业上还是理智的

49. 如果你是一名村干部，遇到两个农民因琐事大打出手，你会如何解决？（　　）

A. 派人制止斗殴，对斗殴的人进行严厉的批评和教育

B. 立刻止息争斗，调查事由，协调利益，解决纠纷

C. 立刻派人止息争斗，让他们进行简单协调即可

50. 领导交办的事情，你知道是错的，你会怎么办？（　　）

A. 先确定是否真的有错，确定有错的话，就会找合适的机会向领导说明情况

B. 信任领导，因为他一定会有他的道理

C. 听领导安排，即使有错也没办法

51. 领导认为一个同事做一项工作的时候效率低下，当众要求你去协助他完成这项工作，而你协助他工作的时候，你的同事抵触情绪比较大，你会怎么办？（　　）

A. 该怎样完成就怎样完成，如果同事不配合，就向领导如实反映

B. 主动与他沟通，告诉他相信领导是对事不对人，争取互相配合，共同提高工作效率

C. 想办法排除同事抵触情绪，没法改变就自己干，相信自己做得比他好

52. 在一次招商引资的签约现场会上，正要和外商签合同时，由你负责保管的合同却怎么也找不到了，此时你会（　　）。

A. 镇定自若，想办法告诉领导推迟签约

B. 先想办法拖延时间，争取在短时间内找到合同，找不到就向领导如实汇报

C. 冷静回忆合同可能存留的位置，在短时间内找到合同，无论结果如何，事后会认真反省错误

53. 你是行政执法人员，一次你的亲友犯错向你求情，你会怎么办？（　　）

A. 如果不违背法律，也不违背大的原则，也许我会睁一只眼闭一只眼

B. 酌情考虑，如果亲友违法，只有大义灭亲；如果情节较轻，则晓之以理，对其进行教育

C. 遵循回避原则，向亲友表明自己不会过问此事

54. 社会上许多人对身处绝境的人给予帮助,尤其是一些名人常会大方捐款,你怎么看待此种现象?(　　　)

A. 关爱别人就等于关爱自己,向有困难的人伸出援助之手,是我们应当去做的

B. 这些人纯属炒作自己,借此扬名而已

C. 帮助别人是件快乐的事,如果我是名人,我也会大方出资,捐助需要帮助的人

55. 在面试中,考官说有人向他检举你曾在考试中作过弊,此时你会想(　　　)

A. 不会吧,是谁这么卑鄙,要在这个时候害我

B. 应该是考官在考验我,一般不会有人这样做,就算有,我也会从容应对

C. 我该怎么说才能让考官信任我呢?

56. 如果你的直接领导总有一种习惯让你很难接受,你会怎么办?(　　　)

A. 如果确实影响到我,我会先找合适的机会向领导委婉讲明

B. 只能将就,每一个人总会有自己的习惯

C. 直接向上级领导进行反映,要求给予解决

57. 你在执法时,发现一个食品店的某食品严重不符合国家卫生标准,店主立刻暗中向你行贿,并暗示你,如果不放他一马,他会找你麻烦,这时你该怎么办?(　　　)

A. 当场进行指责,指责他妨碍公务,加重对其罚款

B. 不卑不亢,照章行事,该如何处理就如何处理

C. 对商店食品重新进行检查,若确实违规,则依法办事,告诉他我也有自己的难处

58. 你为单位取得了成绩,可另一个同事去领功,领导表扬了他,你怎么处理?(　　　)

A. 领导表扬他,一定有领导的道理,也许是我不如他,只好下次努力了

B. 找合适的机会向领导陈述实情,不在领导和同事面前议论这位同事

C. 找这位同事进行沟通,讲明他的做法非常不应该

59. 上班的时候,往往有多件事需要你处理,你会如何安排?(　　　)

A. 按照时间先后进行办理,分身乏术

B. 灵活处理,自己能处理好的就立即办理,办理不好的就请人帮忙

C. 家有三件事,紧要处着手。要先处理重要事件,其他依次统筹安排

60. 你觉得应当怎样表现自己?( )

A. 多和大家善意沟通,投其所好

B. 多在公众场合表现自己,将自己最好的一面展示出来

C. 努力工作,在合适的时机并不掩饰自己的优点

61. 如果某天你正在接一个非常紧急的工作电话,隔壁领导正在开会,突然间要求你过去汇报一个问题,此时你会( )。

A. 跟对方道歉,然后挂断电话,先去汇报工作

B. 请领导先等一下,打完电话再过去汇报工作

C. 将尴尬情况转达给领导,请领导决定

62. 某天你去菜市场买菜,恰好遇到领导的妻子也在买菜,她请你帮她将菜送到她家里,她要去接孩子放学,但你家里有客人正等着,此时,你会认为( )。

A. 领导的事就是自己的事,要照顾好领导的生活,所以先将菜送往领导家

B. 家里的客人更重要,所以委婉地拒绝领导妻子的要求

C. 可以先帮领导妻子送菜回家,因为助人为乐是一种美德

63. 如果一天你单位领导生病了,其他同事都买了很贵重的礼物去看望他,而你却囊中羞涩,此时你会( )

A. 买同样的礼物去看望,毕竟他是上级,应该尊敬他

B. 买一点便宜的礼物带去,礼轻情义重

C. 不买礼物,但亲自去看望,问候领导,给他精神上的鼓励

64. 假设你是办公室的机要秘书,一位其他部门的领导过来拿一份不太重要的文件,但依照规定,他不能翻阅,此时你认为( )。

A. 告知该领导去办理相关手续,否则不能翻阅

B. 既然文件不太重要,就可以拿给领导看

C. 主动打电话向上级领导请示这事该如何处理

65. 假如领导带你一起出国访问,该领导心血来潮,要你陪他去赌场赌博,你会( )。

A. 跟着他去,输赢无所谓,反正他掏钱

B. 劝谏领导莫入这些场所,尽力说服领导改变主意

C. 严词拒绝,并记录在案,以便回国后向上级汇报

66. 假如领导需要一位贴身秘书,而你和你的一个非常要好的同事都想上任,此时你会( )。

A. 主动退出,朋友的友谊是非常重要的

B. 客观地展示自我能力,不计较竞争者的亲疏远近

C. 劝导朋友成全自己,因为这个职位对自己非常重要

67. 如果你正牵着你家的宠物狗散步,忽然隔壁家领导的孩子拿弹弓打伤了你的狗,你会(   )。

　　A. 忍气吞声,自认倒霉,自己掏钱为狗医治

　　B. 直接去找领导,要求领导对孩子进行教育

　　C. 不计得失,先将小狗的伤医好,再去以合适的口吻提醒领导注意孩子的安全,不让其再伤及他人

68. 倘若你正在看一份跟手头工作相关的报纸,你的领导进来了,要看这份报纸,你会(   )。

　　A. 把报纸给领导,自己找其他材料

　　B. 委婉拒绝,毕竟手头工作更重要

　　C. 请领导稍等一会,去找份别的报纸给领导

69. 如果天降暴雨,但只有你自己带了一把伞,你会(   )。

　　A. 和同事一起用

　　B. 把伞藏起来,装作自己也没带伞

　　C. 留给自己用

70. 假如领导在开会期间,虽然要求别人关掉手机,但他老是自己出去接电话,大家很不满意,作为他的秘书,你会(   )。

　　A. 以委婉的方式暗示领导关掉手机,规则应该大家共同遵守

　　B. 不闻不问,领导应该享有自己一定的权威

　　C. 趁领导不在,劝大家忍耐,尽力维护领导的权威

公务员面试自我评估测试题评分参考

1. A. 2分	B. 3分	C. 1分
2. A. 1分	B. 1分	C. 3分
3. A. 1分	B. 2分	C. 3分
4. A. 1分	B. 2分	C. 3分
5. A. 3分	B. 2分	C. 1分
6. A. 1分	B. 2分	C. 3分
7. A. 2分	B. 1分	C. 3分

8. A. 1分　　　　　B. 2分　　　　　C. 3分
9. A. 3分　　　　　B. 1分　　　　　C. 1分
10. A. 1分　　　　B. 2分　　　　　C. 3分
11. A. 1分　　　　B. 2分　　　　　C. 3分
12. A. 1分　　　　B. 2分　　　　　C. 3分
13. A. 1分　　　　B. 2分　　　　　C. 3分
14. A. 1分　　　　B. 1分　　　　　C. 3分
15. A. 2分　　　　B. 1分　　　　　C. 3分
16. A. 1分　　　　B. 3分　　　　　C. 2分
17. A. 2分　　　　B. 1分　　　　　C. 3分
18. A. 1分　　　　B. 2分　　　　　C. 3分
19. A. 1分　　　　B. 3分　　　　　C. 1分
20. A. 1分　　　　B. 3分　　　　　C. 1分
21. A. 3分　　　　B. 2分　　　　　C. 1分
22. A. 2分　　　　B. 1分　　　　　C. 3分
23. A. 3分　　　　B. 2分　　　　　C. 1分
24. A. 3分　　　　B. 2分　　　　　C. 1分
25. A. 2分　　　　B. 1分　　　　　C. 3分
26. A. 1分　　　　B. 3分　　　　　C. 1分
27. A. 1分　　　　B. 1分　　　　　C. 3分
28. A. 1分　　　　B. 1分　　　　　C. 3分
29. A. 3分　　　　B. 1分　　　　　C. 1分
30. A. 1分　　　　B. 1分　　　　　C. 3分
31. A. 1分　　　　B. 2分　　　　　C. 3分
32. A. 1分　　　　B. 2分　　　　　C. 3分
33. A. 1分　　　　B. 2分　　　　　C. 3分
34. A. 3分　　　　B. 2分　　　　　C. 1分
35. A. 3分　　　　B. 1分　　　　　C. 2分
36. A. 1分　　　　B. 3分　　　　　C. 2分
37. A. 1分　　　　B. 2分　　　　　C. 3分
38. A. 2分　　　　B. 1分　　　　　C. 3分
39. A. 1分　　　　B. 2分　　　　　C. 3分

40. A. 1分　　　　　B. 2分　　　　　C. 3分
41. A. 3分　　　　　B. 1分　　　　　C. 2分
42. A. 2分　　　　　B. 1分　　　　　C. 3分
43. A. 1分　　　　　B. 3分　　　　　C. 1分
44. A. 3分　　　　　B. 2分　　　　　C. 1分
45. A. 3分　　　　　B. 1分　　　　　C. 2分
46. A. 1分　　　　　B. 3分　　　　　C. 1分
47. A. 1分　　　　　B. 3分　　　　　C. 1分
48. A. 2分　　　　　B. 1分　　　　　C. 3分
49. A. 1分　　　　　B. 3分　　　　　C. 1分
50. A. 3分　　　　　B. 1分　　　　　C. 1分
51. A. 1分　　　　　B. 3分　　　　　C. 1分
52. A. 1分　　　　　B. 2分　　　　　C. 3分
53. A. 1分　　　　　B. 3分　　　　　C. 1分
54. A. 3分　　　　　B. 1分　　　　　C. 2分
55. A. 1分　　　　　B. 3分　　　　　C. 2分
56. A. 3分　　　　　B. 2分　　　　　C. 1分
57. A. 1分　　　　　B. 3分　　　　　C. 2分
58. A. 1分　　　　　B. 3分　　　　　C. 2分
59. A. 1分　　　　　B. 2分　　　　　C. 3分
60. A. 2分　　　　　B. 1分　　　　　C. 3分
61. A. 2分　　　　　B. 3分　　　　　C. 1分
62. A. 1分　　　　　B. 2分　　　　　C. 3分
63. A. 1分　　　　　B. 3分　　　　　C. 2分
64. A. 3分　　　　　B. 1分　　　　　C. 2分
65. A. 1分　　　　　B. 3分　　　　　C. 1分
66. A. 2分　　　　　B. 3分　　　　　C. 1分
67. A. 1分　　　　　B. 2分　　　　　C. 3分
68. A. 3分　　　　　B. 2分　　　　　C. 1分
69. A. 3分　　　　　B. 2分　　　　　C. 1分
70. A. 3分　　　　　B. 1分　　　　　C. 2分

说明：

1. 此训练题是根据公务员面试及可能遇到的问题编制的；

2. 通过此训练题可以锻炼面试回答问题的能力；

3. 此训练题也用于心理测试，在公务面试中有些行业和事业单位要进行心理测试，心理测试的试卷模式与本样题基本类似；

自评分数在180~210分之间说明你心理成熟，是面试高手；

自评分数在150~180分之间说明你心理较成熟，有一定的面试能力，但在有关细节上要多加注意；

自评分数在130~150分之间说明你心理成熟一般，有一般的面试能力，要在回答技巧上多加注意；

自评分数在100~130分之间说明你心理成熟程度较差，欠缺一定的面试能力，要注意认真总结，加大复习的力度；

自评分数在70~100分之间说明心理成熟程度很差，你欠缺面试能力，要在提高综合素质上下功夫。

参考文献

1.[美]安妮·布鲁金:《第三资源智力资本及其管理》,赵洁平译,东北财经大学出版社,2001年。

2.安莹:《我国公共部门人力资源管理存在的主要问题及对策》,《广西社会科学》2007年第6期。

3.边慧敏:《公共部门人力资源管理》,西南财经大学出版社,2003年。

4.步玉诺:《事业单位人力资源战略管理》,《人力资源管理》2015年第8期。

5.曹楠:《公共部门人力资源发展战略规划的制定与实施》,《中外企业家》2013年第9期。

6.车建国:《中外公务员薪酬制度比较研究》,硕士学位论文,中国人民大学,2004年。

7.陈德阳:《我国公务员薪酬政策的激励机制研究》,硕士学位论文,苏州大学,2004年。

8.陈颖、赵玉伟:《对我国公共部门人力资源管理若干问题的思考》,《前沿》2003年第1期。

9.段华洽、苏立宁:《论公共部门人力资源管理与企业人力资源管理的区别与互动》,《中国行政管理》2006年第6期。

10.范愿:《我国公务员加薪的社会影响分析》,《上海财经大学学报》2002年第12期。

11.伏美麟:《公共部门人力资源管理企业化改革的路径分析》,《人才资源开发》2013年第5期。

12.胡振:《我国公共部门人力资源管理研究》,硕士学位论文,内蒙古大学,2012年。

13.姜海如:《中外公务员制度比较》,商务印书馆,2003年。

14.李柳:《公共部门人力资源管理激励机制分析》,《法制与社会》2007年第11期。

　　15.李宗政:《我国公务员薪酬制度的问题及对策研究》,硕士学位论文,山东大学,2009年。

　　16.刘彩凤:《我国公共部门人力资源管理的四大问题》,《浙江工商大学学报》2005年第8期。

　　17.刘颖:《事业单位人事制度改革措施分析》,《青年时代》2015年第18期。

　　18.鲁彦平、何欣峰:《从加薪看我国公务员工资制度》,《安阳大学学报》2003年第4期。

　　19.[美]罗纳德·克林格勒、约翰·纳尔班迪:《公共部门人力资源管理:系统与战略》(第四版),孙柏瑛等译,中国人民大学出版社,2001年。

　　20.马艳红:《我国薪酬制度研究》,硕士学位论文,首都经济贸易大学,2006年。

　　21.[澳]欧文·E.休斯:《公共管理导论》(第二版),彭和平等译,中国人民大学出版社,2002年。

　　22.彭剑锋:《人力资源概论》,复旦大学出版社,2011年。

　　23.彭正龙:《公共部门人力资源管理》,同济大学出版社,2007年。

　　24.沈建磊:《公务员工资制度改革的几点建议》,《中国人力资源开发》2004年第1期。

　　25.孙晓艳:《比利时、德国公共部门人力资源管理经验与启迪》,《中国人力资源开发》2010年第5期。

　　26.王喜:《新公共管理视角下的公共部门人力资源管理研究》,硕士学位论文,内蒙古大学,2014年。

　　27.王现:《公共部门人力资源管理教程》,中国传媒大学出版社,2004年。

　　28.王秀玲:《探讨事业单位人事制度改革》,《财经界》2015年第3期。

　　29.王毅:《事业单位人力资源管理与绩效考核的几点思考》,《决策与信息》2010年第7期。

　　30.乌杰:《中国政府与机构改革》,国家行政学院出版社,1998年。

　　31.徐彩娣、黄美凤:《大数据时代的战略人力资源管理》,《城市建设理论研究》2015年第1期。

　　32.徐美珠:《新公共管理视野下中国公共人力资源管理的困境及其路径选择》,《巢湖学院学报》2006年第4期。

　　33.杨猛:《关于机关事业单位人事制度改革研究》,《经营管理者》2013年第8期。

34.张焕英、王德新、张雪峰:《公共部门人力资源管理的发展趋势与应对研究》,《理论探讨》2007年第4期。

35.张建军:《我国公共部门人力资源管理的特点及改进对策》,《人才资源开发》2007年第1期。

36.张燕:《我国公务员薪酬水平影响因素研究》,硕士学位论文,北京交通大学,2007年。

37.赵曼、陈全明:《公共部门人力资源管理》,清华大学出版社,2005年。

38.赵曙明等:《人力资源管理与开发》,高等教育出版社,2009年。

39.朱飞:《人力资源管理》,机械工业出版社,2013年。

40.朱晓卫:《公共部门人力资源开发与管理研究》,黑龙江人民出版社,2003年。

党校研究成果系列

1.《区域经济视域下的天津经济发展》 杨东方 著
2.《党务管理学》 贾锡萍 主编 钟龙彪 副主编
3.《新媒体环境下大众阅读行为与公共图书馆对策》 李玉梅 王沛战 编著
4.《党的代表大会常任制研究》 沈士光 著
5.《当代中国对外文化交流战略》 张殿军 著
6.《党政干部实用英语培训教程》 中共天津市委党校外语组 编写
7.《中国哲学与传统文化》 范玉秋 田力 编著
8.《科学无神论与共产党员的信仰》 时绍祥 著
9.《利益多元化格局中的党群关系问题研究》 张哲 著
10.《高等学校党政领导体制研究》 张晓清 著
11.《干部教育成长与执政党建设》 张亚勇 主编 于佳任 副主编
12.《中国共产党党内法规研究》 李军 著
13.《文化哲学概论》 张凤江 主编
14.《"互联网+"时代网络文化安全研究》 万希平 等 著
15.《新政治学之维》 倪明胜 乔贵平 主编
16.《公共部门人力资源战略与管理》 王健 唐巍 等 著